Anonymous

Evangelisches Gesangbuch : die kleine Palme mit Anhang

Anonymous

Evangelisches Gesangbuch : die kleine Palme mit Anhang

ISBN/EAN: 9783744654715

Hergestellt in Europa, USA, Kanada, Australien, Japan

Cover: Foto ©Thomas Meinert / pixelio.de

Weitere Bücher finden Sie auf **www.hansebooks.com**

Die Kleine Palme.

No. 3.   O sagt mir von Jesu.

„Es ist in keinem andern Heil, und ist auch kein anderer Name den Menschen
gegeben.“—Apst. Gesch. 4: 12.

Carl Röhl, nach E. E. Hewitt.   Jno. R. Sweney.

1. Wüßt' ich doch mehr von Je = su Christ, Wie er so reich an Gna = de ist,
2. Thut mir des Mei = sters Wil = len kund, So wie der=einst sein heil' = ger Mund!
3. Gött = li = ches Gold aus tie = fem Schacht, Himm = li = sches Licht nach dun = kler Nacht—
4. Sagt mir von Je = su auf dem Thron, Sagt mir vom ew' = gen Sie = ger lohn!

Wie er um Sün = der ster = bend warb, Wie er für mich am Kreu = ze starb.
Hei = li = ger Geist, du Weis = heits=quell, Leucht' in die Tie = fe klar und hell.
Hei = li = ges Wort, voll Licht und Heil, Sei mei = ner See = le Le = bens=saft.
Sagt mir vom Reich in je = ner Welt, Sagt mir vom gold = nen Him mels zelt!

CHOR.

O sagt mir von Je = su, O sagt mir von Je = su!

Sagt mir von sei = ner Gnab' und Huld, Wie er be=freit von Sünd' und Schuld.

No. 4. Der Himmel so nah.

„Du bist nicht ferne vom Reiche Gottes."—Marc. 12: 34.

Carl Röhl, nach C. E. L.　　　　　　　　　　　　　　　　C. E. Leslie.

1. Got = tes Reich ist nicht so fern, Wenn Je = sus uns nah;
2. O be = reu' die Sün = den=schuld, Wenn Je = sus dir nah!
3. O so komm' noch heut' zum Herrn, Da Je = sus dir nah!

O gieb ihm dein Her = ze gern, Da Je = sus so nah.
Denk' an Got = tes gro = ße Huld, Denn Je = sus so nah!
Bleib nicht län = ger von ihm fern, Dein Je = sus ist nah.

Ihm ver = trau = e ganz al = lein! Er er = hält dich treu und rein:
Er er = hö = ret dein Ge = bet; Nimm ihn auf, eh' es zu spät:
Wirf die Sün = den=last auf ihn! Sei ge = trost und wag' es kühn:

Rit. . . . .

Got = tes Reich ist nicht so fern, Wenn Je = sus nur nah.
Got = tes Reich ist nicht so fern, Wenn Je = sus uns nah.
Got = tes Reich ist nicht so fern, Wenn Je = sus nur nah.

No. 5. Sonnenschein des Heils.

„Gott, der Herr, ist Sonne und Schild."—Psalm 84: 12.

Carl Röhl, nach E. E. Hewitt.

J. R. Sweney.

1. Ein hel = ler Son=nen=schein er=gießt Sich mir in's Herz hin = ein;
2. Ein Lied wogt mir in mei = ner Brust, Ein hel = ler, fro = her Sang:
3. Ein neu = er Früh=ling brach mir an, Mit hol = dem Blü=then = duft;
4. Ein sü = ßes Glück wird mir zu Theil, Ein Trost in al = lem Leid;

Daß es von Won = ne ü = ber=fließt, So hell, so klar, so rein.
Mein Her = ze schwelgt in sel' = ger Lust Und singt aus tief = stem Drang.
Die Son = ne brach des Win=ters Bann, Ich ath = me Früh=lings=luft.
Gott giebt mir hier sein vol = les Heil, Und dort die Se = lig=keit.

CHOR.

O du Son = = = ne vol = ler Won = = = ne,
O du Son=nen=schein des Heils, hel = ler Son = nen=schein des Heils,

Bringst mir Heil in je = dem Kampf und Schmerz;
Der je= dem Kampf und Schmerz;

Lie = bes=blick vom Gna = den=thron, Der bringt Se = gen in mein Herz.

Copyright, 1887, by Jno. R. Sweney.

No. 6. Er nahm die Schuld mir ab.

"Da vergabst du mir die Missethat meiner Sünde."—Psalm 32: 5.

Carl Röhl, nach C. Elliott.   F. C. H.

1. Ich kam zum Hei = land, blind und blos, Mein Sün = den = e = lend war so groß;
2. Ich kam so arm, mit Sünd' be = schwert, Ich hat = te vor ihm kei = nen Werth;
3. Oft droh = te mir des Sa = tans Wuth, Dann sank mir gar der letz = te Muth;
4. Nun komm' auf Gna = be ich ge = stützt, Mein eig' = nes Thun mir doch nicht nützt;

Ich bat: "Herr, wen = de doch mein Loos; O Herr, ich komm' zu bir!"
Doch da zu Ar = men er sich kehrt, So kam er auch zu mir.
D'rauf blick' ich gläu = big auf sein Blut: "O Herr, bleib' doch bei mir."
Doch der zur Rech = ten Got = tes sitzt— Er ist nun auch bei mir.

CHOR.

Er nahm die Schuld mir ab, Er nahm die Schuld mir ab;

Du Got = tes = lamm, dein theu = res Blut Nimmt al = le Schuld mir ab.

Hirtenruf.

„Und er ruft seine Schaafe mit Namen und führet sie aus."—Joh. 10: 3.

Carl Röhl, nach Alexcenah Thomas.　　　　　　　　W. A. Ogden.

1. Horch, wie des Hir-ten Ruf er-schallt, Laut in dem Sturm-wind
2. Wer hilft dem Hir-ten vol-ler Treu, Daß er der Klei-nen
3. Fern in der Wü-ste Blach-ge-filb, Hoch auf den Ber-gen,

wie-der-hallt! Ruft den ver-irr-ten Lämm-lein zu:
Füh-rer sei? Daß die Ver-irr-ten zu ihm nah'n,
rauh und wild, Wo sich die Läm-lein nur ver-irrt,

CHOR.

„In mei-nen Ar-men— hier ist Ruh'!"
Schutz und Er-ret-tung zu em-pfahn? } Kommt zu mir,
Sucht sie der treu-e See-len-hirt.

kommt zu mir! Kommt zu mir aus der Welt Ge-wirr!

Kommt zu mir, kommt zu mir! Kommt zum Hei-land doch ihr Klei-nen!

No. 8. Wir eilen fort nach Zions Höhn.

„Ich bin der Herr und will euch ausführen."—2 Mose 6: 6.

Carl Röhl, nach Rev H. G. Jackson.   W. S. Nickle.

1. Ent = flo = hen aus Ä = gyp = ten = land Zieh'n freu = dig wir nach
2. Der Herr ist un = s're Zu = ver = sicht Am Ta = ge und bei
3. Und ist die Wü = ste dürr und leer, So ist sein Se = gen
4. Bald sind wir an dem Jor = dans = strand, Dann wa = gen wir den

Ca = na = an; Uns knüpft ein hei = lig' Bru = der = band: Wir
dun = kler Nacht; Denn er ver = läßt die Sei = nen nicht, Bis
den = noch mein. Ver = siegt die Quel = le und das Meer, So
letz = ten Schritt; O zieht mit uns zum Hei = math = land; Bald

CHOR.

ei = len fort, wir lau = ben an.
er sie glück = lich heim = ge = bracht. } Wir ei = len fort nach
öff = net er den Fel = sen = stein.
sind wir dort, d'rum ei = let mit.

Zi = ons Höh'n; Wir ei = len fort, den Herrn zu seh'n. Gott

selbst ist un = ser Schutz und Hort: Wir ei = len fort, wir ei = len fort.

Kleine Schnitter.

„Die Ernte ist groß, aber wenig sind der Arbeiter."—Matth. 9: 37.

Carl Röhl.   Rev. J. H. Weber.

1. Wir sind klei = ne Schnit = ter, Mü = hen uns mit Fleiß; Auf dem Äh = ren=
2. Wir sind klei = ne Schnit = ter Auf dem Ern = te = feld; Sün = der zu be=
3. Wir sind klei = ne Schnit = ter, Und wir ru = hen nie; Schwin gen uns' = re

fel = de Blinkt es reif und weiß. Sturm und Re = gen = güſ = ſe
frei = en Von dem Fluch der Welt, Sie zum Hei = land füh = ren
Si = chel, Raſt = los ſpät und früh. Wenn der Tag ſich nei = get,

FINE.

Ma = chen uns nicht feig', Denn wir ſam = meln Gar = ben Für das Him = mel = reich.
Aus dem Welt = ge = wühl: Das iſt uns' = re Ar = beit, Das iſt un = ſer Ziel.
Wenn die Son = ne ſinkt,—Schwingen wir uns hö = her, Wo der Lohn uns winkt.

CHOR.   D. S. al FINE.

Mü=he, Mü=he— iſt der Schnitter Loos; Mü=he, Mü=he—doch der Lohn iſt groß.

Die sühnende Fluth.

„Zu der Zeit wird das Haus Davids und die Bürger zu Jerusalem einen freien offnen
Born haben.”—Zach. 13: 1.

Carl Röhl, nach Cowper.   T. C. O'Kane.

1. Aus Je = su Wun = den quillt das Blut, quillt das Blut, quillt das Blut,
2. Der Schä = cher pries den heil'= gen Born, heil'= gen Born, heil'= gen Born,
3. O Got = tes = lamm dein theu = res Blut, theu = res Blut, theu = res Blut,
4. Seit die = sen heil'= gen Strom ich fand, Strom ich fand, Strom ich fand,

Aus Je = su Wun = den quillt das Blut, Das uns von Schuld be = freit; Dies
Der Schä = cher pries den heil'= gen Born In sei = ner letz = ten Noth; Sein
O Got = tes = lamm dein theu = res Blut Be = währt sich wun = der = bar; Es
Seit die = sen heil'= gen Strom ich fand, Sing' ich und preis' den Herrn; Und

ist die heil'= ge Gna = den = fluth, Gna = den = fluth, Gna = den = fluth, Dies
Bei = spiel sei mir stets ein Sporn, stets ein Sporn, stets ein Sporn, Sein
ist der Dei = nen höch = stes Gut, höch = stes Gut, höch = stes Gut, Es
ist auch hier mein Pil = grims = stand, Pil = grims = stand, Pil = grims = stand, Und

CHOR.

ist die heil'= ge Gna = ben = fluth Die mir das Herz er = neut.)
Bei = spiel sei mir stets ein Sporn, Im Le = ben und im Tod.
ist der Dei = nen höch = stes Gut, Und schützt sie in Ge = fahr. O herr = li = che
ist auch hier mein Pilgrimsstand, Mir glänzt ein Hoffnungsstern.)

Quel = le, Ver = söh = nungs = born! In dei = nen Flu = then Schwindet Got = tes Zorn.

Sonnenstrahlen.

„Wer da säet im Segen, der wird auch im Segen ernten." –2 Cor. 9: 6.

E. E. Magaret, nach Lanta Wilson Smith.

E. O. Excell.

1. In der Welt hie-nie-den, wo die Sor-ge weilt, Man-cher oh-ne
2. Klei-ne Lie-bes-tha-ten lin-dern oft die Noth, Hel-fen, trö-sten,
3. Sind die Ta-ge trü-be, singt ein fröh-lich Lied, Na-het dem in
4. Scheint's auch oft als sä-en wir nur Thrä-nen-saat, Gott wird nicht ver-

Frie-den wild durch's Le-ben eilt, Sucht durch Got-tes Gna-de
ra-then ist des Herrn Ge-bot; O wie viel Be-schwer-den
Lie-be dem die Hoff-nung flieht; In des Le-bens Qua-len
schmä-hen was die Lie-be that; Lie-be heilt die Schmer-zen,

Her-zen zu er-freu'n, Streut auf al-le Pfa-de gold-nen Son-nen-schein.
wer-den da ent-fernt, Wenn ihr hier auf Er-den recht zu trö-sten lernt.
übt des Glau-bens Macht, Streu-et Son-nen-strah-len in die Er-den-nacht.
Lie-be nur al-lein, Streut in dun-kle Her-zen lich-ten Son-nen-schein.

CHOR.

Son-nen-strah-len streut auf eu-re Bahn, ... Zieht im Werk der
Streu-et nur Son-nen-strah-len glau-bens-voll ü-ber die Bahn,

Lie-be, Be-tend him-mel au.... Be-tend him-mel au....

No. 12. Wir wirken für Jesum.

"Rufe den Arbeitern und gieb ihnen den Lohn."—Matth. 20: 8.

Carl Röhl, nach W. A. O.　　　　　　　W. A. Ogden.

Lebhaft.

1. Frisch und fröh-lich ziehn als mun-tre Pil-ger, Für den Mei-ster
2. Wun-der-ba-re Bot-schaft sei-ner Lie-be Brin-gen wir der
3. Fol-gen drum in De-muth un-serm Mei-ster, Der uns im-mer
4. Welch ein Tag von Se-lig-keit und Won-ne Wenn wir dort vor

wir-kend, wir da-hin; Was er uns ver-trau-et, thun wir ger-ne
schuld-be-lad-nen Welt. A-ber ach, wie klein die Schaar der Schnit-ter,
Muth und Kraft ver-leiht; Schmückt uns doch an je-nem lich-ten Mor-gen
sei-nem Thro-ne stehn; Und sein Ant-litz, hel-ler als die Son-ne,

Denn uns win-ket e-wi-ger Ge-winn. Wir-kend für
Und wie groß und weit das Ern-te-feld.
Einst die Kro-ne der Ge-rech-tig-keit.
Ü-ber all den Sei-nen leuch-ten sehn. Wir-kend, wir-kend

CHOR.

Je-sum, Ziehn wir froh da-hin, ja, ziehn wir froh da-hin;
für den Mei-ster,

Wir-kend für Je-sum, Bis zum e-wi-gen Ge-winn.
Wir-kend, wir-kend für den Mei-ster,

No. 13. Bist du rein durch das Blut?

„Und haben ihre Kleider helle gemacht im Blute des Lammes."—Off. Joh. 7: 14.

Carl Röhl, nach C. A. S.   C. A. Schaw.

1. Ist dein Her = ze ge = rei = nigt in der süß = nen = ben Fluth? Bist du
2. Wohnt die Lie = be, die heil' = ge Lie = be Got = tes in dir? Bist du
3. Kannst du freu = di = gen Glau=bens dich dem Herrn ver = trau'n? Bist du

rein   durch das Blut?   Bist du völ = lig er = neu=ert durch die
rein   durch das Blut?   Ist das Zeug=niß des Gei=stes bei = ne
rein   durch das Blut?   Ist die Hoff=nung le = ben=dig, kannst du

Bist du rein   durch das Blut?

CHOR.

heil' = gen = de Gluth? Bist du rein   durch das Blut?   Sind die
hei = lig = ste Zier? Bist du rein   durch das Blut?
stets auf ihn bau'n? Bist du rein   durch das Blut?

Bist du rein   durch das Blut?

Klei = = der weiß und rein? Sind sie rein   durch das Blut? Wan=delst
Sind die Klei = der weiß und rein? Sind sie rein   durch das Blut?

du........ im Licht al = lein,   Un = ter Je = su treu = er Hir = ten = hut?
Wan=delst du   im Licht al = lein   Je = su treu = er Hir = ten = hut?

No. 14. **Kommt zu Jesu.**

„Nahet euch Gott, so naht er sich zu euch."—Joh. 4: 8.

Carl Röhl, nach H. G. Jackson, D. D.   Viola Frost Mixer.

1. Sün = der, hörst du nicht die Mah = nung Sei = nes Gei = stes in der Brust?
2. Horch, wie ruft er dich so freund = lich, Mit un = end = li = cher Ge = buld;
3. Lan = ge schon ruft er ver = ge = bens, Und du zwei = felst im = mer noch?
4. Jetzt ist's Zeit, weil Je = sus ru = fet; Leg' dich kind = lich an sein Herz.

Noch ruft dich die ew' = ge Lie = be, O so flieh' die Sün = den=lust.
Und du willst ihn doch ver=schmä = hen, Willst ver = grö = ßern dei = ne Schuld?
Willst in Sün=den du be = har = ren? Gott ver=hüt's! so kom = me doch.
Sieh' er war = tet voll Er = bar = men, Tilgt die Schuld und stillt den Schmerz.

CHOR.

Komm' zu Je = su, komm' zu Je = su! Such' ihn mit ge=beug=tem Sinn.

Wiberholt pp.

O ver= zieh' nicht, nein ver = zieh' nicht, O komm' flieh' zu Je = su hin!

No. 15. Honig aus dem Felsen.

"Dein Wort ist meinem Munde süßer denn Honig."—Psalm 119: 103.

Carl Röhl, nach L. W. S.   Lanta Wilson Smith.

1. Fern von der Her=de fand einst mich mein Hei=land, Tief in der Sün=be, der
2. O wer er=mißt wohl den Frie=ben der See=le? Wer kann's er=zäh=len was
3. Komm Sünder, kom=me, auch du bist ge=la=ben; Bring nur dein sün=ben=be=

Wü=ste der Welt, Trug auf den Ar=men sein ir=ren=bes Schäf=lein,
Gott ihm ge=schenkt? Nie=mand ver=mag es das Glück zu be=schrei=ben,
la=be=nes Herz. Denk an die Freu=ben, die himm=li=schen bro=ben,

CHOR.

Deck=te den Tisch un=ter sei=nem Ge=zelt. Mit Ho=nig aus dem Fel=sen er=
Wenn sich das Herz ganz in Je=su ver=senkt.
Dort wo kein We=he kein Lei=ben, kein Schmerz.

quickt er die Sei=nen, Sü=ßer Ho=nig=seim, sü=ßer Ho=nig=seim! Mit

Ho=nig aus dem Fel=sen er=quickt er die Sei=nen, Bricht ih=nen Le=bens=brot.

No. 16.

Lobt den Herrn!

"Ich will singen von der Gnade des Herrn ewiglich."—Psalm 891.

Carl Röhl, nach F. S. S.   F. S. Shepard.

1. O singt dem Herrn ein freu = big Lied! O singt von Lieb' und Treu!
2. O singt dem Herrn ein Sie = ges = lied! Stimmt an den hell = sten Klang!
3. O singt dem Herrn ein Ju = bel = lied! O singt aus vol = ler Brust!
4. O singt dem Herrn ein Hoff = nungslied! Bald en = det un = ser Lauf;

Er starb für uns am Kreu = zes=stamm, Und macht die Herz = en neu.
Er macht uns frei von Sa = tans Joch. Drum sei ihm Lob und Dank.
Sein Geist macht uns des Heils ge = wiß Und vol = ler Lieb' und Lust.
Bald schwe=ben wir im Sie = ges= glanz Zu sei = nem Thron hin = auf.

CHOR.

O preist den Herrn im vol = len Chor; Er leiht uns gern sein gnä = big

Ohr! Er = höht den Na = men unf'= res Herrn: O preist ihn nah und fern.

No. 17. Sicher am gold'nen Strand.

„Und ihre Thore werden nicht verschlossen des Tages."—Off. Joh. 21: 25.

Carl Röhl, nach L. E. Jones.   W. S. Nickle.

1. Wenn ich am Ufer des Jordans steh, Heiland, verlaß mich nicht;
2. Stadt unsres Gottes auf heil'gen Höhn—Öffne die Thore weit!
3. Dort will ich ruhen vom Kampf und Streit, Schwelgen in sel'ger Ruh;
4. Stätte der Heimath, dein trautes Bild Grüßt mich hienieden schon;

Nimm mich aus irdischem Ach und Weh Hin zu dem ew'gen Licht.
Laßt mich Jerusalems Zinnen sehn, Schau'n ihre Herrlichkeit.
Dort ruh' ich ewig, von Schuld befreit, An meines Heilands Brust.
Bald wird mein sehnendes Herz gestillt Droben vor Gottes Thron.

CHOR.

Droben im himmlischen Lichtgefild, Sicher am gold'nen Strand:

Dort wo der Himmel mein Sehnen stillt, Führ ich mein Schiff zu Land.

No. 18. Sie sind alle verzieh'n.

"Ihr sind viel Sünden vergeben."—Luk. 7: 47.

Carl Röhl, nach J. H. W.   Arr. von Rev. J. H. Weber.

1. In mei = ner Sün = de grö = ster Noth Floh ich zu Je = su hin;
2. Und willst auch du ge = ret = tet sein, So nützt nicht dein Be = müh'n;
3. Drum sin = ke reu = ig vor ihm hin, Im Glau = ben wag es kühn;
4. Nun rüh = met al = le Got = tes Sohn, Der uns solch Heil ver = lieh'n;

Der nahm sich gnä = dig mei = ner an Und sprach: „Sie sind dir ver = zieh'n."
Von Sün = den rei = nigt nur das Blut: Sie sind dir längst schon ver = zieh'n.
Und sind der Sün = den noch so viel, Er hat sie al = le ver = zieh'n.
Einst jauch = zen wir vor sei = nem Thron: „Er hat uns Al = les ver = zieh'n."

CHOR.

Sie sind al = le ver = zieh'n,...... Sie sind al = le ver = zieh'n,......
ver = zieh'n,   ver = zieh'n,

Sie sind al = le ver = zieh'n,......Durch das Kreuz....... und das Blut.
ver = zieh'n,   das Kreuz

No. 19. Das gläubige Gebet.

„Die ihn anbeten, die müssen ihn im Geist und in der Wahrheit anbeten."—Joh. 4: 24.

Carl Röhl, nach J. E. S.   J. E. Shepard.

1. Weißt du oft zu Je = su Fü = ßen Im ver = bor = ge = nen Ge = bet?
2. Steigt vom Al = tar dei = nes Hau = ses Stets ein Räuch = werk auf zum Herrn?
3. Wer im Geist und in der Wahr = heit Die = ser heil' = gen Pflicht ge = nügt,
4. Wie mit glau = bens = star = ken Hän = den Reicht dein Fleh'n zu Gott em = por;

Ruh'st du gern in sei = nen Ar = men? Und be = harrst du früh uns spät?
Übst du Prie = ster = pflicht den Dei = nen? Und er = füllst sie treu und gern?
Der wird nim = mer in dem Kam = pfe Mit dem See = len = fried be = siegt.
Und der Herr der nie = mals lü = get, Leiht bir gern sein gnä = dig Ohr.

CHOR.

D'rum sei zu al = ler Zeit Zur An = dacht wohl be = reit;

Bald ver = hallt dein letz = ter Seuf = zer Auf dem Meer der E = wig = keit.

Die goldenen Thore.

„Und die zwölf Thore waren zwölf Perlen."—Off. Joh. 21: 21.

Carl Röhl, nach L. E. Jones.   W. S. Nickle.

1. O öff = net die gol = de = nen Tho = re Der Stadt auf den
2. O öff = net die gol = de = nen Tho = re! Laßt mich durch die
3. O öff = net die gol = de = nen Tho = re! Mir däucht fast, ich

e = wi = gen Höhn, Mit ih = ren kry = stal = le = nen Zin = nen; O
Herr = lich = keit ziehn; Wir strah = let ein e = wi = ger Mor = gen, Schon
sei nicht mehr fern; Dort schau' ich auf gol = be = nem Thro = ne Den

CHOR.

laßt mich mein Va = ter = land sehn.
seh ich den Licht = glanz er = glühn.   O öff = net die gol = be = nen
Sie = ger am Kreu = ze— den Herrn.

Tho = re, Daß ihr Schim = mer be = leuch = te den Pfad! O öff = net die

gol = be = nen Tho = re, Denn die e = wi = ge Herr = lich = keit naht!

Copyright, 1892, by W. S. Nickle.

Süße Gewißheit.

„Er ist treu, der sie verheißen hat."—Hebräer 10: 23.

E. C. Magaret, nach F. J. Crosby.   Mrs. Joseph F. Knapp.

1. Sü = ße Ge = wiß = heit; „Je = sus ist mein!" O welch ein Vor = schmack des
2. Völ = li = ge Wei = he, se = li = ge Lust, Bil = der der Hei = math,
3. Völ = li = ge Wei = he, se = li = ge Ruh' Zit = ti = ge Got = tes,— sie

Him = mels so rein! Er = be des Heils, von Je = su er = kauft, Gei = stes er =
tief in der Brust! Himm = li = sche Bo = ten flü = stern von fern, Wor = te der
de = cken mich zu; Fröh = lich in ihm, der mei = ner ge = denkt, Tief in das

CHOR.

füllt,— im Blu = te ge = tauft.
Lie = be,— Gna = de vom Herrn. } Dies ist mein Lied, ich sing' es so
Meer der Lie = be ver = senkt.

gern; Täg = lich und stünd = lich preis' ich den Herrn; Dies ist mein

Lied, ich sing' es so gern; Täg = lich und stünd = lich preis' ich den Herrn.

No. 22.   Ergebung.

"Mein Freund ist mein und ich bin sein." —Hohelied 2: 16

Carl Köhl, nach Benj. Hopkins.   Nellie E. Fawcett.

1. Ich bin des Herrn und er ist mein, Bin durch sein Blut von Sünden rein.
2. Ich gab mich selbst zum Opfer hin, Weil ich in mir verloren bin;
3. Ihm will ich dienen ernst und treu, Welch Loos mir auch beschieden sei.
4. Ihm soll mein Herz gewidmet sein, In Trübsal Angst und Seelenpein;

O Gnadenblick voll großer Huld! Nun bin ich frei von aller Schuld.
Da blickt mich Jesus gnädig an: "Ich hab genug für dich gethan."
Wie er mich führt so folg ich gern; Mir glänzt ein heller Hoffnungsstern.
Und wenn es einst im Tode bricht, Mein Herr, mein Gott verläßt mich nicht.

CHOR.

Selig, selig, selig, selig, Selig schon hienieden in der Zeit!

Selig, selig, selig, selig, Selig In der frohen Ewigkeit.

Wirke für den Meister.

„Gehet ihr auch hin in den Weinberg."—Matth. 20: 4.

Carl Röhl, nach Rev. John O. Foster, A. M.

W. S. Nickle.

1. Brü = der auf! in die Ern = te des Herrn, Bis die Ar = beit hie =
2. Wer das sei = ne mit Treu = e voll = bringt, Hat auf Er = den schon
3. Da = rum wir = ke im Glau = ben und gern, Gieb dich gänz = lich dem
4. Ist die Ar = beit hie = nie = den voll = bracht, O wie köst = lich da

nie = den voll = bracht! Denn es winkt schon der A = bend von fern; Und her =
reich = li = chen Lohn, Bis er dro = ben sein Ern = te = lied singt Mit der
Hei = lan = de bar, Dann nur legst du der = einst für den Herrn Rei = che
dro = ben die Ruh'! Da = rum auf, denn es na = het die Nacht, Wir = ke

CHOR.

ein bricht die sin = ste = re Nacht. Da = rum auf,.......... da = rum
Men = ge der Schnit = ter am Thron.
Gar = ben auf sei = nen Al = tar.
gläu = big für Je = su auch du! Da = rum auf,

auf,.......... Bis die Ar = beit für Je = sum voll = bracht;.... Da = rum
da = rum auf,

auf,....... da = rum auf,....... Eh' her = ein bricht die sin = ste = re Nacht.
Darum auf, da = rum auf,

No. 24. Seele wandelst du im Licht?

"So wir aber im Lichte wandeln."—1 Joh. 1: 7.

Carl Röhl, nach J. H. W.   Rev. J. H. Weber.

1. See = le wan = delst du im Lich = te der Gna = be? Führt der Herr dich wun = der
2. See = le wan = delst du im Lich = te der Gna = be? Macht sein Blut dich stündlich
3. See = le wan = delst du im Lich = te der Gna = be? Und be = glückt dich stets dies

bar? Suchst du täg = lich bei = nem Gott zu ge = fal = len? Ist die Hoff = nung
rein? Lebst du nur zu Got = tes Eh = re und Prei = se? Ist das sü = ße
Licht! O so steu = re nur ge = trost in den Ha = fen,—Bis des U = fers

CHOR.

in dir hell und klar?
Kindschaftszeugniß dein? } See = le wan = delst du im Licht, Wo dir Gna = be nie ge = bricht?
Leuchte dir in Sicht.

Und ver = traust du sei = ner treu = en Hut? See = le wan = delst du im Licht,

Wo dir Gna = be nie ge = bricht? O dann rei = nigt dich das theu = re Blut.

No. 25. Das Blut der Besprengung.

„Wenn ich das Blut sehe, will ich vor euch übergehen.“—2 Mose 12: 13.

J. G. F.

1. Je = fus am Kreuz,—mein Le = ben und Licht, Macht die Ver = lor = nen se = lig und frei;
2. Je = fus, der See = le Zu = flucht und Hort, Ret = tet den Ärm = sten, wer es auch sei;
3. Bald bricht der Tag der Scheidung her = ein! Hört der Ver = worf = nen ban = ges Ge = schrei!
4. Welch ein Er = bar = men gött = li = cher Huld, Je = fus ist gnä = dig, Je = fus ist treu!

Wer an ihn glaubt, kommt nicht ins Gericht, Er geht vor = bei,—geht scho = nend vor = bei.
Sün = der, o hört ihn,—traut sei = nem Wort: Er geht vor = bei,—geht scho = nend vor = bei.
O welch ein Glück, sein ei = gen zu sein, Er geht vor = bei,—geht scho = nend vor = bei.
Wir sind er = löst, be = zahlt ist die Schuld: Er geht vor = bei,—geht scho = nend vor = bei.

CHOR.

Er = löst durch sein Blut, Er = löst durch sein Blut,
Er = löst durch sein Blut, Wie hab' ich's so gut!

Rit.

Er = löst durch sein Blut, Denn der Rich = ter geht schonend vor = bei.
Er = löst durch sein Blut, Denn der Richter geht schonend vor = bei, vor = bei.

Foote Bros., by per.

Wirke und warte.

„Rufe die Arbeiter und gieb ihnen den Lohn."—Matth. 20: 8.

Carl Röhl, nach H. G. Jackson, D. D.   Mrs. W. S. Nickle.

1. Wir send für den Mei-ster, scheu-e kei-ne Last; Nü-tze je-den
2. Ar-beit in dem Wein-berg ge-nug ist für dich; Sie-he, wie er
3. Ru-he nach der Ar-beit, nach er-füll-ter Pflicht Fin-den wir erst

Au-gen-blick der Zeit. Su-che ohn' er-mü-den, samm-le oh-ne Rast
so ver-ö-det steht. Tau-sen-de in Ban-den, un-ter Satans Fluch!
drü-ben nach der Zeit; Un-ser Herr und Mei-ster hält was er ver-spricht,

CHOR.

Rei-fe Gar-ben für die E-wig-keit. Wir-ke, wir-ke,
Net-te was du kannst, die Zeit ver-geht. Wir-ke, wir-ke, wir-ke, wir-ke,
Und den Lohn bringt uns die E-wig-keit.

Wir-ke bis die Fei-er-stun-de schlägt. War-te,
                                         War-te, war-te,

No. 28. Führe du, ich folge.

„Christus hat uns ein Vorbild gelassen, daß ihr sollt nachfolgen seinen Fußtapfen." 1 Petri 2: 21.

E. C. Magaret, W. A. O.   W. A. Ogden.

1. O dies Ver-hei-ßungs-wort, tröst-lich und süß, Köst-li-cher als
2. Süß, sei-ner Lie-bes-gluth gött-li-ches Band, Sü-ßer als die
3. Hört auf sein freund-lich Wort: „Kommt her zum mir, Mü-de und be-

Al-les was die Welt mir ver-hieß! Sünd-los war Je-su Herz,
Lie-be die ein Herz je emp-fand! Al-le Ver-lo-re-nen
lab'-ne See-len, Ru-he ist hier!" Bringt eu-re Sün-den-last,—

Hei-lig und rein, Drum sei er mein Hei-land und mein Vor-bild al-lein.
la-bet er ein, Er, mein theu-rer Hei-land und mein Vor-bild al-lein.
er will be-frei'n, Eu-er Heil und Zu-fluchts-ort ist Je-sus al-lein.

CHOR.

Füh - - - - - re mich, ich fol - - - ge
Füh-re mich, ich fol-ge, füh-re mich, ich fol-ge

1
Dir............ im Glauben nach;
Dir im Glauben nach, ja, dir im Glauben nach;

2
Dir, o Je-su, Tag für Tag.

No. 29.   Heimkehr.

„Wir gingen alle in der Irre, wie Schaafe, ein Jeglicher sahe auf seinen Weg."—Jef. 53: 6.
Carl Röhl, nach L. E. J.   L. E. Jones.

1. „Kehrt heim, ihr Ir = ren = den, kehrt heim!" So ruft des Men = schen = sohn;
2. Kehrt heim zu Je = su, eu = rem Herr, Vom düst = ren Sün = den = lauf,
3. Kommt Schwer = be = lad' = ne, legt die Last Zu Je = su Fü = ßen hin!
4. Die Wun = den, die die Welt euch schlägt, Heilt sein all = mäch = tig Wort;

Bei ihm ist Se = lig = keit al = lein; O kommt zum Gna = den = thron!
Dann geht der gold = ne Mor = gen = stern In eu = rem Her = zen auf.
Es winkt euch dro = ben jü = ße Rast Und e = wi = ger Ge = winn.
Wer hier sein Kreuz im Glau = ben trägt, Em = pfängt die Kro = ne dort.

CHOR.

Kehrt heim,   kehrt heim!   Wa = rum wollt ihr ver = ziehn?
Kehrt heim, ihr Ir = ren = den, kehrt heim!

Kehrt heim,   kehrt heim!   Ach, wo = hin wollt ihr fliehn?
Kehrt heim, ihr Ir = ren = den, kehrt heim!   kehrt heim!

No. 30. Für dich allein.

„Als die guten Haushalter der mancherlei Gnaden Gottes.“—1. Petri 4: 10.

Carl Röhl, nach Rev. Wm. Fawcett, D. D.   W. S. Nickle.

1. O Herr, laß stets mich würdig sein Zum treuen Dienst für dich allein. In meiner Schwachheit, meiner Noth, Sei stets mein Leitstern—dein Gebot.

2. Du gabst für mich dein theures Blut, Nahmst mich in deine treue Hut: Drum möcht ich dir mein Leben weihn, Zum heil'gen Dienst für dich allein.

3. Die Welt ist noch der Sünde voll; O lehr' mich wie ich wirken soll. Gieb deinen Sinn mir in die Brust, Zu deinem Werk mit Lieb' und Lust.

4. Gieb, wenn mein Tagewerk vorbei, Daß es dir wohlgefällig sei; Und gieb mir dort vor deinem Thron, Des treuen Knechtes Gnadenlohn.

CHOR.

Für dich allein, für dich allein Setz ich mein Ein und Alles ein.

No. 31. Herr Jesu dich lieb' ich.

"Lasset uns ihn lieben, denn er hat uns zuerst geliebt."—1. Joh. 4: 19.

Carl Röhl.   A. J. Gordon.

1. Mein Je = ſus, dich lieb' ich, ich weiß du biſt mein;
2. Dich lieb' ich, denn du haſt zu = erſt mich ge = liebt:
3. Dich lieb' ich im Le = ben, dich lieb' ich im Tod;
4. In Woh = nun = gen dro = ben voll Har = fen = ge = tön,

Dir weiht ich mein Her = ze, mein Le = ben al = lein;
Dich hab ich am Kreu = ze zu To = de be = trübt;
Dich preiſ' ich fort = an ſelbſt in bit = te = rer Noth;
Dort werd ich, o Je = ſu, dich e = wig er = höhn;

Mein theu = rer Er = lö = ſer, mein Hei = land biſt du,
Und hat dich die Welt auch mit Dor = nen ge = krönt,
Und kommt einſt das En = de dann iſt mir nicht bang;
Ich ſin = ge, die Kro = ne des Heils auf dem Haupt,

In dir ſind ich je = li = ge, himm = li = ſche Ruh'.
O Hei = land, mein Kö = nig, du haſt mich ver = ſöhnt.
Denn du biſt mein Le = ben, mein Troſt, mein Ge = ſang.
Dein Lob, mein Er = lö = ſer, an den ich ge = glaubt.

No. 32. Ruhend in den Armen meines Herrn.

„Selig ist der Mann, welchem Gott keine Sünde zurechnet."—Röm 4: 8.

Carl Röhl, nach E. A. Hoffman.   A. J. Showalter.

1. O welch sel'ge Luft trag ich in der Brust, Ruhend in den Armen
2. Auf der schmalen Bahn geht es himmel-an, Ruhend in den Armen
3. Ob Gefahr auch droht, hat's doch keine Noth, Ruhend in den Armen
4. Bricht die Nacht herein bin ich nicht allein, Ruhend in den Armen

meines Herrn! Aller Sünden-schmerz floh mein banges Herz,
meines Herrn! Licht ist nun mein Pfad bis zur gold-nen Stadt,
meines Herrn! „Jesus, treu-er Hort!" sei mein Lo-sungs-wort,
meines Herrn! Lebt mein schwacher Muth trau' ich auf sein Blut,

CHOR.

Ruhend in den Armen meines Herrn. Ruhend,
Ruhend in Jesu,

ruhend, Quälen-der Angst und Sorge fern. Ruhend,
ruhend in Jesu, Ruhend in Jesu,

ruhend, Ruhend in den Armen meines Herrn.
ruhend in Jesu,

No.33.   Näher zum Kreuz.

„Wenn ich nur dich habe, so frage ich nichts nach Himmel und Erde."—Psalm 73: 25.

Carl Röhl, nach Mrs. Fanny J. Crosby.   Mrs. J. F. Knapp.

1. Nä = her zum Kreuz! o Sehnsuchtsdrang! Nä = her, im = mer nä = her; Nä = her zum Kreuz! sei mein Ge = sang; Nä = her, im = mer nä = her! Nä = her zum Kreuz, zu Je = su Blut, Nä = her der heil' = gen Gna = ben = fluth, Nä = her der See = le höch = stem Gut— Nä = her, im = mer nä = her, Nä = her, im = mer nä = her!

2. Nä = her, o Je = su, wo du bist! Nä = her, sünd = lich nä = her; Wo nur die Welt ge = kreu = zigt ist— Nä = her, im = mer nä = her! Wo sich mein Glau = bens = muth er = hebt, Wo mich die Hoff = nung nur be = lebt, Lie = be mein Jun = res tief durch = bebt— Nä = her, im = mer nä = her, Nä = her, im = mer nä = her!

3. Nä = her zu Je = su im Ge = bet! Nä = her, im = mer nä = her; Wo uns die Him = mels = luft um = weht, Nä = her, im = mer nä = her! Wo sich der Gna = ben = strom er = gießt, Der aus dem Her = zen Got = tes fließt, Wo man das Le = bens = brod ge = nießt— Nä = her, im = mer nä = her, Nä = her, im = mer nä = her!

4. Nä = her zu Got = tes heil' = gem Thron! Nä = her, im = mer nä = her; Nä = her zum ew' = gen Sie = ges lohn! Un = auf = halt = sam nä = her! Nä = her der Ruh' nach Müh' und Schweiß, Nä = her der Schaar wie Schnee so weiß, Nä = her zum ew' = gen Got = tes = preis— Nä = her, im = mer nä = her, Nä = her, im = mer nä = her!

No. 34. Die wunderbare Kunde.

„Und kündlich groß ist das gottselige Geheimniß.“—Tim. 3: 16.

Carl Röhl, nach Rev. J. H. McHose.   Chas. H. Gabriel.

1. O dies Wun-der der gött-li-chen Lie-be— Dies Ge-heim-niß der Gna-de wie groß! Daß mein Hei-land aus hei-li-gem Trie-be Für uns Sün-der sein Herz-blut ver-goß!

2. Doch dies Wun-der im Glau-ben er-fas-sen— Bist du hier-zu, mein Bruder be-reit? Je-sus will dir die Sün-den er-las-sen; Da-rum nü-tze die flüch-ti-ge Zeit.

3. Ein-mal wer-den die Tho-re ge-schlos-sen Zu der Wun-der-stadt dro-ben im Licht; Denn das Blut das für Al-le ge-flos-sen, Es er-ret-tet die Säu-mi-gen nicht.

CHOR.

O ver-neh-met die herr-li-che Kun-de, Von Je-su dem Sie-ger und Held! Rüh-met ju-belnd mit froh-em Mun-de: „Er er-löst die ge-fal-le-ne Welt!“

No. 35. Er ist dein Stecken und Stab.

„Dein Stecken und Stab trösten mich."—Psalm 23: 4.

Carl Röhl, nach Dr. S. Fillmore Bennett.   Chas. H. Gabriel.

1. Drü-cken dich Kum-mer und Sor-gen; Dünkt dir der A-bend so lang:
2. Bist du auf fin-ste-rem Pfa-de, Führt er dich si-cher zum Ziel;
3. Mu-thig! die gött-li-che Wahr-heit Siegt in den Käm-pfen der Zeit;

Sei nur ge-trost denn der Mor-gen Weckt dich zum Ju-bel-ge-sang.
Denn wie der Tag so die Gna-de, Sind auch der Käm-pfe gar viel.
Dro-ben in himm-li-scher Klar-heit Schwin-den Ver-su-chung und Leid.

CHOR.

Hof-fe ge-trost auf den Hei-land! Der sich zum
Hof-fe, hof-fe, hoff' auf den Hei-land! Der

Op-fer dir gab;.......... Hof-fe ge-trost auf den
sich zum Op-fer dir gab; Hof-fe, hof-fe,

Hei-land! Er ist dein Ste-cken und Stab..........
hoff' auf den Hei-land! Er ist dein Ste-cken und Stab.

No. 36. Preise den Herrn mit Freuden.

„Du bist mein Gott und ich danke dir; mein Gott ich will dich hoch preisen."—Psalm 118: 28.

Carl Röhl, nach Fanny J. Crosby.   Jno. R. Sweney.

Moderato.

1. Ist dein Je = sus dei = ne Lust, Preis' den Herrn mit Freu = den; Wohnt sein
2. Wandelst du in sei = nem Licht, Preis' den Herrn mit Freu = den; Wan = ket
3. Pflegst du flei = ßig das Ge = bet, Preis' den Herrn mit Freu = den; Übst du's

Frie = de in der Brust, Preis' den Herrn mit Freuden. Treibt die inn=re Gluth dich an,
dei = ne Hoffnung nicht, Preis' den Herrn mit Freuden. Bist du dir des Heils be=wußt,
täg = lich früh und spät, Preis' den Herrn mit Freuden. Giebt er dir zum Hoch=ge=nuß,

Daß dein Herz nicht schwei=gen kann, Fürch=te Niemand, sei ein Mann: Preis' den
Mei=dest du die bö = se Lust, Hast du Frie=den in der Brust: Preis' den
Sei = nen heil'=gen Lie = bes=kuß, Daß dein Herz ihn lo = ben muß: Preis' den

CHOR.

Herrn mit Freuden. Preis' den Herrn,   Preis' den Herrn mit Freuden! Preis' den
Preis' den Herrn,..........

Herrn,   Preis' den Herrn mit Freuden, Daß es al = = = le Welt er=
Preis' den Herrn..........   Daß es al = le Welt er=fährt, daß es

Preis' den Herrn mit Freuden. Schluß.

fährt,   Preis' den Herrn, preis' den Herrn mit Freu=den!
al = le Welt er = fährt,

No. 37.   Auf dem schmalen Pfade.

"Ich bin der Weg, die Wahrheit und das Leben."—Joh. 14: 6.

Carl Röhl.   F. J. Burdett.

1. Ich wan = dle auf dem schma = len Pfad', Hab' ei = nen herr = li = chen Füh = rer;
2. Nun folg' ich kei = nem eit = len Wahn, Hab' ei = nen herr = li = chen Füh = rer;
3. D'rum stimm' ich stets dies Lob = lied an, Hab' ei = nen herr = li = chen Füh = rer;

Mir winkt von fern die gol = d'ne Stadt, Hab' ei = nen herr = li = chen Füh = rer.
Und pil = g're auf der Him = mels=bahn, Hab' ei = nen herr = li = chen Füh = rer.
Und zieh' ge = trost nach Ca = na = an, Hab' ei = nen herr = li = chen Füh = rer.

CHOR.

Je = sus, Je = sus, Du bist mein herr = li = cher Füh = rer;

Je = sus, Je = sus, Du bist mein herr = li = cher Füh = rer.

No. 38. Nachfolge.

„Wer nicht sein Kreuz trägt und mir nachfolgt, der kann nicht mein Jünger sein."—Luk. 14: 27.

Carl Röhl, nach E. W. Blandy.   Arr. von J. S. Norris.

Andantino con Espressione.

1. Horch, ich hör' den Hei = land ru = fen, Horch, ich hör' den Hei = land ru = fen,
2. Durch des Oel=bergs dun= kle Schat=ten, Durch des Oel=bergs dun= kle Schatten,
3. Bis zum ew'= gen Rich= ter= thro = ne, Bis zum ew'= gen Rich= ter thro = ne,
4. End = lich krönt er mich mit Eh = ren, End = lich krönt er mich mit Eh = ren,

Horch, ich hör' den Hei= land ru = fen: „Nimm dein Kreuz und fol = ge, fol = ge mir!"
Durch des Oelbergs dun= kle Schat=ten—Folg' ich treu= lich, treu lich mei = nem Herrn.
Bis zum ew'= gen Rich= ter=thro = ne Folg' ich Je = su, Je = su, mei = nem Herrn.
End= lich krönt er mich mit Eh = ren, Hebt mich aufwärts, aufwärts bis zum Thron.

CHOR.

1—3. Wie er führt, will ich ihm fol = gen, Wie er führt, will ich ihm fol = gen,
4. Ja, er krö = net mich mit Eh = ren, Ja, er krö = net mich mit Eh = ren,

Wie er führt, will ich ihm fol = gen, Denn er führt mich, führt mich hin zum Ziel.
Ja, er krö = net mich mit Eh = ren, Hebt mich aufwärts, aufwärts bis zum Thron.

No. 39. Herr, ich komme.

„Welchen Gott hat vorgestellet zu einem Gnadenstuhl."—Römer 3: 25.

Carl Röhl, nach C. A. H.   Rev. C. A. Hoffman.

1. Herr, ich nah' zum Gna=ben=thro=ne Mit ge=beug=tem Sinn;
2. Sünd' und Schuld will ich be=ken=nen; Sieh' mein Herz— es bricht.
3. Oh=ne dich bin ich ver=lo=ren, Du nur bist mein Heil;
4. Schau in Gna=den auf mich Ar=men, Gieb mir See=len=ruh'!

Nimm zu dei=nem Schmer=zens=loh=ne— Herr, nimm mich hin.
Möcht mich gern dein ei=gen nen=nen; Ver=schmäh' mich nicht.
Dei=ne Huld hat mich er=ko=ren, O, sei mein Theil.
Schen=ke, Herr, mir dein Er=bar=men—Mein Heil bist du.

CHOR.

Herr, ich kom=me, Herr, ich kom=me! Hö=re mein Fle=hen nun;

Heil' in Gna=ben al=len Scha=den, Laß mich in Je=su ruhn.

Gnadenfülle.

„Von seiner Fülle haben wir alle genommen, Gnade um Gnade."—Joh. 1: 16.

Carl Röhl, nach Abbie Mills.   W. S. Nickle.

1. Stim=met an, ihr theu=ren Brü=der, Eu=res Dan=kes fro=he Lie=der;
2. Laßt uns sei=ne Macht ver=kün=den, Rüh=met laut das Heil von Sün=den;
3. O du rei=che Gna=den=fül=le In des Her=zens ar=mer Hül=le,
4. Wenn wir einst dich dro=ben se=hen, Und ge=rei=nigt vor dir ste=hen,

Singt von Je=su Gna=den=fül=le: Das ist un=sres Got=tes Wil=le.
Ei=ne Welt in Nacht und Ket=ten, Will der Got=tes=sohn er=ret=ten.
Die uns Je=sus täg=lich sen=det, Bis sein Heil'=ges Werk voll=en=det!
Wol=len wir in schön'=ren Wei=sen Dei=ne Gna=ben=fül=le prei=sen.

CHOR.

Hal=le=lu=jah, Gna=ben=fül=le, In des Her=zens tief=ster Stil=le!

Rit.

Gött=lich' Heil in Chri=sti Wun=den Hat mein seh=nend Herz ge=fun=den.

No. 41. Der gute Hirte.

„Ich bin ein guter Hirte."—Joh. 10: 12.

Carl Röhl.   W. S. Nickle.

1. Treu - er Hei - land führ' die Dei - nen Mit dem sanf - ten Hir - ten - stab.
2. Wir sind dein und wol - len freu - dig Dei - nem Schutz - e uns ver-trau'n.
3. Nim - mer wirst du uns ver - las - sen In dem Dun - kel die - ser Welt;
4. O so hilf daß wir dich lie - ben, Treu dir die - nen in der Zeit,

Wei - de uns auf grü - nen Au - en, Von der Wie - ge bis zum Grab.
In Ver - su - chung und Ge - fah - ren Laß uns gläu - big auf dich bau'n.
Und wenn un - sre Trüb - sal en - det Führst du uns zum Him - mels-zelt.
Bis wir dro - ben dich be - grü - ßen In der sel - gen E - wig-keit.

CHOR.

Füh - re, füh - re, Füh - re uns auf grü - nen Au'n!

Bis an's En - de Laß uns kind - lich dir ver - trau'n.

Der Hirtenruf.

„Es ist erschienen die heilsame Gnade Gottes allen Menschen."—Titus 2: 11.

Carl Röhl, nach Rev. I. M. D.   Rev. I. M. Driver.

Freudig.

1. Chri = stus er = schien, Heil uns! Heil uns! Her = zen er = glüh'n, Heil
2. Der Hei = land kam, Heil uns! Heil uns! So wun = der = sam, Heil
3. Himm = li = sche Welt! Heil uns! Heil uns! Got = tes Ge = zelt! Heil

uns! Heil uns! Tief von der Sün = de be = fleckt, Schwarz und mit
uns! Heil uns! Kam von der himm = li = schen Welt, In un = ser
uns! Heil uns! Bist du auch weit = hin ver = irrt, Je = sus der

Schau = de be = deckt, Seuf = zend nach Frie = den und Ruh', Ru = fet dein
Er = den = ge = zelt, La = det die Mü = den zur Ruh', Ruft die Ver=
lie = ben = de Hirt Brin = get sein Schäf = lein zur Ruh', Hörst du, er

CHOR.

Hei = land dir zu, dir zu.
lor = nen her = zu, her = zu.   O hörst du den Ruf? Hörst du den Ruf?
ru = fet dir zu, dir zu.

Willst du ihn län = ger ver = schmäh'n? Hörst du den fle = hen = den Ruf, den Ruf?

No. 43. Voran!

„Die Ernte ist da."—Mark. 4: 29.

E. E. Magaret, nach G. W. Crofts.

D. B. Towner.

1. Vor=an, ihr Chri=sten, stark und kühn, Die sich im Werk des Herrn be=mühn, Eilt
2. Vor=an! Ein Je=der sei be=reit, Es naht die gold=ne Ern=te=zeit; Ihr
3. Vor=an, und sam=melt Gar=ben ein, Von dro=ben schaun der En=gel Reihn,—Die
4. Vor=an! Der Tag ist bald ent=flohn, Die gold=ne Son=ne neigt sich schon, Drum

in das Ern=te=feld hin=ein, Hell strahlt der Mor=gen=Son nen=schein.
Schnit=ter kommt von Berg und Thal Und schwingt der Si=chel schar=fen Stahl.
Zeu=gen schaar vom Him=mels=zelt; Auf, ret=tet die ver=lor=ne Welt.
auf zur Ar=beit! es ist Zeit! Einst krönt den A=bend Herr=lich=keit.

CHOR.

Zieht vor=wärts, zieht vor=wärts Mit dem Herrn ver=eint,...... Zieht
Zieht vorwärts, zieht vorwärts Mit dem Herrn ver=eint, zieht vorwärts,

vor=wärts, zieht vor=wärts, Die Mor=gen=son=ne scheint.
Zieht vor=wärts, zieht vor=wärts,

No. 44. Die Stadt mit den Straßen von Gold.

„Und die Gassen der Stadt waren lauter Gold."—Off. Joh. 21: 21.

E. E. Magaret.   Rev. J. S. Norris.

1. Un = ser war = tet ein Heim voll er = ha = be = ner Pracht, Wo die
2. Dort be = grü = ßen wir Je = sum, den Kö = nig und Herrn, Mit dem
3. Je = des Herz, das wir be = tend zu Je = su ge = führt, Ist der
4. Al = le Sor = ge und Leid sind dort e = wig ent = flohn, Fro = her

Wo = ge des Le = bens = stroms rollt; ...... Dort ist e = wi = ger Früh = ling, dort
Ant = litz so freund = lich und hold; ...... Je = der Se = li = ge strahlt wie ein
Se = lig = keit herr = li = cher Gold, ... Der wie ed = les Ge = stein un = sre
Dank wird dem Höch = sten ge = zollt, ... Und das Lamm in das Licht auf dem

giebt's kei = ne Nacht, In der Stadt mit den Stra = ßen von Gold ......
fun = keln = der Stern, In der Stadt mit den Stra = ßen von Gold ......
Kro = nen ver = ziert, In der Stadt mit den Stra = ßen von Gold ......
leuch = ten = den Thron, In der Stadt mit den Stra = ßen von Gold.

CHOR. Got = tes = stadt, ...   Strah = lend wie Gold,

Got = tes = stadt, Got = tes = stadt,   Hei = li = ge, hei = li = ge

Got = tes = stadt, ...

Woh = nung des Herrn! ....   Got = tes = stadt, Got = tes = stadt,

Die Stadt mit den Straßen von Gold. Schluß.

Strah-lend wie Gold, Sieht dich mein Glau-be von fern......

Sieht dich mein Glau be, mein Glau-be von fern......

No. 45. Nimmer ermüden.

Carl Röhl, nach C. E. L.   "Sehet zu, wachet und betet."—Mark. 13: 33.   C. E. Leslie.

Fröhlich.

1. Kom-met zum Haus der An-be-tung, kommt, Schließt die off'-nen Rei-hen!
2. Vä-ter und Müt-ter, o kommt her-bei, Schließt die off'-nen Rei-hen!
3. Je-sus der Hei-land ruft Al-len zu: Schließt die off'-nen Rei-hen!

Ko-stet's auch Mü-he und heil'-gen Ernst, Wenn wir uns ganz ihm wei-hen.
Brü-der und Schwestern, ver-laßt die Welt, Gott wird uns Sieg ver-lei-hen.
Droht auch hie-nie-den oft Spott und Hohn, Dro-ben sollt ihr euch freu-en.

Chor.

D'rum wacht und be-tet Je-sus spricht; Niemals er-mü-det, fürch-tet nicht;

Rit. nur bei Wiederholung.

Wir-ket so lang der Tag euch lacht, Bald bricht her-ein die dun-kle Nacht.

No. 46. O laß mich dich erkennen.

„Das ist aber das ewige Leben, daß sie dich, daß du allein wahrer Gott bist und den du gesandt hast Jesum Christum erkennen."—Joh. 17: 3.

Carl Röhl, nach Mrs. M. L. Davidson.   J. H. Fillmore.

1. O laß mich dich er-ken-nen— Dein Wort und dein Ge-bot!
2. O Hei-land zieh' mich in-nig An dei-ne Je-su-brust.
3. Du strahlst an al-len Or-ten Mir wie ein hel-ler Stern;
4. Und wenn im To-des-grau-en Mein Herz er-schre-cken will,

Hilf mir, mich dein zu nen-nen, Auch in der letz-ten Noth.
Du See-len-freund, dein bin ich, Mein Glück und mei-ne Lust.
Und Zi-ons gold-ne Pfor-ten, Sie schei-nen nicht mehr fern.
Laß mich dein Ant-litz schau-en, Da wird's ge-trost und still.

CHOR.

O laß mich dich er-ken-nen, Laß dei-nen Geist mich ziehn,

Mein Herz von Lie-be bren-nen Und je-den Zwei-fel fliehn.

Wandelnd im Licht.

„So wir im Lichte wandeln so haben wir Gemeinschaft unter einander."—1 Joh. 1: 7.

Carl Röhl, nach Abbie Mills.   W. S. Nickle.

1. Wan-delnd im Licht, zieh' ich fröh-lich da-hin, Ru-he in Je-su wo-
2. Wan-deln im Licht bringt mir köst-li-chen Lohn, Se-gen die Fül-le vom
3. Dro-ben am Thro-ne, so köst-lich und hell, Spru-delt der Lie-be kry-
4. Wan-deln im Licht ist ein Wan-deln mit Gott, Wie die Mär-ty-rer troß

im-mer ich bin, Ihm, dem Ge-lieb-ten zum Dien-ste be-reit,
himm-li-schen Thron; Stark durch die Gna-de, in Glück und in Noth,
stal-le-ner Quell, Wel-cher sich seg-nend von o-ben er-gießt;
Schan-de und Spott, Glau-bens-voll zo-gen durch Dun-kel und Nacht

CHOR.

Wel-cher mich Sün-der vom To-de be-freit.
Fol-ge ich wil-lig des Höch-sten Ge-bot.   Wan-dle im Licht, See-le,
Se-lig die Her-zen durch wel-che er fließt.
Hin zu Je-ru-sa-lems gol-de-ner Pracht.

wan-dle im Licht, Hörst du das Lob-lied der E-wig-keit nicht? „Ehr' sei dem Va-

ter, dem Geist und dem Sohn," Dies ist das Lied vor dem himm-li-schen Thron.

No. 48. Jesus, meine Zuflucht.

"Der Höchste ist deine Zuflucht."—Psalm 91: 9.

E. E. Magaret, nach T. G. Colfax.

Grant C. Tullar.

Moderato.

1. Ihm sage ich, ihm klage ich All meine Sorgen lait;
2. Er hilft so gern; sag' nur dem Herrn Dein Leiden, deine Noth;
3. Ist er dir nah', was zagst du da, Dringt Satan auf dich ein;
4. Dort findest du die Himmelsruh' Wonach dein Herz gesucht;

Er hilft in Leid und Traurigkeit Und giebt dem Herzen Rast;
Er steht dir treu und redlich bei, Wenn dich Gefahr bedroht;
In jedem Streit und Herzeleid Wird er dir Sieg verleihn.
Ein ew'ges Heil wird dir zu Theil,—Des Glaubens süße Frucht;

Wo ich auch bin, ich weiß wohin, Denn Jesus ist mein Freund;—
Dein Jesus ist zu jeder Frist Der seinen Erb' und Theil;
An seiner Hand halt' betend Stand, Ob auch die Rüstung drückt,
Dort wird dir klar, was dunkel war In deinem Erdenlauf;

Mich trifft kein Harm in seinem Arm, Der's treulich mit mir meint.
Sein Blut allein macht Herzen rein Und bringt der Welt das Heil.
Bis dich zum Lohn vor seinem Thron Die Siegestrone schmückt.
Das Paradies, das er verhieß, Thut seine Pforten auf.

CHOR.

Ob sich die Wogen thürmen Und brausen fort und fort......

Jesus, meine Zuflucht. Schluß.

Mein Hei = land wird mich schir = men, Der See = le Zu = fluchs = ort.

No. 49.   Näher zu dir.

"Darein er euch berufen hat durch unser Evangelium zum herrlichen Eigenthum unseres Herrn Jesu Christi."—2 Teff. 2: 14.

C. C. Magaret, nach J. S. N.   J. S. Norris.

Andantino.

1. Je = fu, mein Herz und mein Le = ben Sei = en dir e = wig ge = weiht,
2. Hilf mir die Sün = de zu bäm = pfen, Leh = re mich wan = deln im Licht,
3. Gna = de um Gna = de em = pfan = gen, Je = fu, dir ähn = li = cher fein,

Daß ich dir, kind = lich er = ge = ben, Fol = ge durch Freu = de und Leid.
Daß mir in Stür = men und Käm = pfen Nim = mer der Frie = de ge = bricht.
Dies ist mein tief = ftes Ver = lan = gen, Je = fus, nur Je = fus al = lein.

CHOR.

Hei = le mich, Je = fu, von Sün = den, Zie = he zum Kreu = ze mich hin;

Laß es mich täg = lich em = pfin = den, Daß ich dein Ei = gen = thum bin.

Sehnsucht.

„Die solches sagen, die geben zu verstehen, daß sie ein Vaterland suchen."—Ebräer 11: 14.

Carl Röhl.

Mäßig.

1. Ü = berm Ster = nen = hee = re da blü = hen die Freu = den, Und der letz = te Kum = mer
2. Wo die Se = li = gen auf den grü = nen = den Mat = ten Wandeln durch den Him = mels =
3. Un = srer Lie = ben vie = le, — die wei = len dort o = ben, Nach des Le = bens Kampf und

weicht; Un = ser Herz ist frei von den quä = len = den Lei = den, Kei = ne
raum, Wo in Pal = men = hai = nen die lieb = li = chen Schat = ten Sie um =
Streit; Al = lem Weh und Lei = den der Er = de ent = ho = ben Ist ihr

To = des = furcht uns beugt! — Da = hin laßt uns fröh = lich ziehn, Wo die
wo = gen, wie ein Traum; Da = hin sehnt sich oft mein Herz, Denn der
Erb = theil, — Herr = lich = keit! — Ach wie weit ist's noch da = hin, Bis auch

CHOR.

Blu = men e = wig blühn Und der Ju = bel nim = mer schweigt.)
Er = de Lust und Scherz Ist nur Tand und lee = rer Schaum. } Le = be =
ich dort o = ben bin? Ma = che du mich, Herr, be = reit.)

wohl, du Thränenthal, Denn mich zieht's zum Freudensaal: „Erden = Me = sech" = le = be wohl!

Mein froher Sang.

„Ich will dem Herrn singen, daß er so wohl an mir thut."—Psalm 13: 6.

Carl Röhl, nach J. E. Shepard.   Chas. H. Gabriel.

1. Mir er-klingt ein Freu-den-sang Aus des Her-zens tief-stem Drang;
2. Mit der Höl-le Macht im Krieg, Lau-tet mei-ne Lo-sung: "Sieg!"
3. O welch' jü-ste, sel'-ge Luft— Him-mels-frie-den in der Brust!

Denn mein Hei-land nahm mich an, Sprach mich frei vom Sün-den-bann.
Denn mein Hei-land steht mir bei, Trotz des Sa-tans Wuth-ge-schrei.
Zieh' ich fröh-lich mei-ne Bahn, Bis zum sel'-gen Ca-na-an.

CHOR.

D'rum er-tönt mein froh-er Sang, ... Aus des

D'rum er-tönt mein froh-er Sang, mein froh-er Sang, Aus des

Her-zens tief-stem Drang, ... Bis der-einst auf sel'-gen

Her-zens, aus des Her-zens tief-stem Drang, Bis der-einst auf sel'-gen

Höh'n ....

Höh'n, auf sel'-gen Höh'n E-wig schal-let, er-schallt das Lob-ge-tön.

No. 52. Ehre sei Gott, Hallelujah!

„Lobe den Herrn meine Seele, Hallelujah!"—Psalm 104: 35.

E. C. Magaret, nach Fanny J. Crosby. W. J. Kirkpatrick.

1. O wir sin = gen ihm so ger = ne, = je = nen heh = ren Sang:
2. Er ent = hüllt uns Je = su Lie = be, die vom Tod be = freit:
3. Wir sind Wan = drer nach der Hei = math mit den gold = nen Au'n:
4. Dort be = sin = gen wir den Hei = land, der uns so ge = liebt:

Eh = re sei Gott, Hal = le = lu = jah! Denn es tönt in ihm der
Eh = re sei Gott, Hal = le = lu = jah! Und er = hebt uns, wie auf
Eh = re sei Gott, Hal = le = lu = jah! Wo wir einst in sei = ner
Eh = re sei Gott, Hal = le = lu = jah! Mit der Schaar der U = ber=

Glau = be, der die Welt be = zwang: Eh = re sei Gott, Hal = le = lu = jah!
Flü = geln, in die Herr = lich = keit: Eh = re sei Gott, Hal = le = lu = jah!
Schö = ne un = sren Kö = nig schau'n: Eh = re sei Gott, Hal = le = lu = jah!
win = der, die den Thron um = giebt: Eh = re sei Gott, Hal = le = lu = jah!

CHOR.

Da = rum auf, du Volk des Herrn, Sin = ge laut im vol = len Chor; Denn die

Hei = math ist nicht fern, Und die See = le schwebt em = por;—Un = srer Wallfahrt lich = ter

Ehre sei Gott Hallelujah! Schluß.

Stern Weist nach Zi=ons Per=len=thor: Eh = re sei Gott, Hal=le = lu = jah!

No. 53. Singt von Jesu Liebe.

E. C. Magaret.

„Die Liebe Christi dringet uns also."—Corinther 5: 14.

Dr. S. B. Jackson.

1. Fröh = lich singt von Je = su Lie = be, Die sein Geist uns of = fen bart;
2. In = nig singt von Je = su Lie = be, Denn sie stimmt die Her = zen weich!
3. Gläu = big singt von Je = su Lie = be, Ruht ge = trost an sei = ner Brust:

Mäch = tig wie des Him = mels Trie = be, Wie des Him = mels Thau so zart.
Wenn uns nichts im Le = ben blie = be, Sei = ne Lie = be macht uns reich.
Sei es hei = ter o = der trü = be, Er bleibt un = sres Her = zens Lust.

CHOR.

Singt von Je = su Lie = be, Wun = der = bar und süß!.......
Singt von Je = su Lie = be, Wun = der = bar und süß!

Fröh = lich singt von Je = su Lie = be, Die er uns ver = hieß.
In = nig singt von Je = su Lie = be, Die er uns ver = hieß.
Gläu = big singt von Je = su Lie = be, Die er uns ver = hieß.

No. 54. Welch ein herrlicher Heiland.

"Euch nun, die ihr glaubet, ist er köstlich."—1 Petr. 2: 7.

Carl Röhl, nach H. G. Jackson, D. D.

A. Beirly.

1. Mein Hei = land kam als Got = tes = lamm Und starb für mich am
Kreuz = es = stamm: Welch' ein herr = lich = er Hei = land! Am Öl = berg in Geth =
se = ma = ne Trug er mein Leid und Sün = den = weh; Welch' ein herr = lich = er
Hei = land! Welch ein herr = lich = er Hei = land, Mein Heil, mein Er =
lös = er! Welch ein herr = lich = er Hei = land Ist Chri = stus der Herr!

2. Er trug sein Kreuz auf Gol = ga = tha Und süh = net mei = ne
Schuld all = da; Welch'ein herr = lich = er Hei = land! D'rauf rief er laut: "Es
ist vollbracht!" Was ar = me Sün = der se = lig macht: Welch' ein herr = lich = er

3. Den Tod, das Grab be = siegt der Held, Zum Hei = le für die
gan = ze Welt; Welch'ein herr = lich = er Hei = land! Er schwingt sich auf zum
Him = mels = thron, Als Got = tes ein = ge = bor'ner Sohn; Welch' ein herr = lich = er

4. O Fürst des Le = bens Je = sus Christ, Der du für mich ge =
stor = ben bist; Welch'ein herr = lich = er Hei = land! Laß' mich hin = fort nur
dir al = lein zu treu = em Dienst er = ge = ben sein; Welch' ein herr = lich = er

CHOR.

No. 55. Selige Ruhe.

„Wer zu seiner Ruhe gekommen ist, der ruhet auch von seinen Werken, gleichwie Gott von E. C. Magaret, nach W. D. Cornell.   seinen."—Ebr. 4: 10.   Rev. W. G. Cooper.

1. An der Tie = fe des Her = zens, da rauscht's wie Ge = sang, Wie ein
2. O wie süß die = se Ru = he, die Je = sus be = scheert, Die = ser
3. Ich ge = nie = ße es heu = te, dies se = li = ge Glück, Mein Er =
4. Und mich dänkt, wenn mein Au = ge nach Noth und Ge = fahr, Einst den
5. O Herz, bist du hier, oh = ne Ru = he und Rast Auf den

Lied aus den Psal = men mir zu, Und es wiegt, wie der Har = fe me =
Frie = den im Stur = me der Welt, Die der Tod uns nicht raubt und kein
lö = ser stillt Sor = gen und Schmerz; Sein all = mäch = ti = ger Arm treibt die
Für = sten des Frie = dens er = blickt, Ist es dies, was im Lie = be der
stür = mischen Mee = re der Zeit, Nur vor = an, bis du Je = sum im

lo = di = scher Klang, Mei = ne See = le in himm = li = scher Ruh'.
Er = den = leid stört, Die uns blei = ben, wenn al = les zer = fällt.
Fein = de zu = rück, Und sein Son = nen = schein fül = let mein Herz.
herr = li = chen Schaar Mei = ne See = le vor Al = lem ent = zückt:—
Glau = ben er = faßt, Der dir Ru = he und Frie = den ver = leiht.

CHOR.

Ruh', Ruh'! se = li = ge Ruh' In des Le = bens Ver = wir = rung und Schuld; Um =

flu = the die See = le und be = cke sie zu Mit Wo = gen der Lie = be und Huld!

No. 56. Laß mich zu dir fliehen.

„Sei mir ein starker Fels und eine Burg, daß du mir helfest."—Psalm 31: 3.

Carl Röhl, nach F. M. D.   F. M. Davis.

1. Laß mich zu dir flieh'n, o Fels der Zei = ten, Wenn mein
2. Laß mich zu dir flieh'n, o Fels der Zei = ten, Wenn die
3. Laß mich zu dir flieh'n, o Fels der Zei = ten, Wenn die
4. Laß mich zu dir flieh'n, o Fels der Zei = ten, Wenn die

Schiff vom Sturm be = droht; Wenn kein Licht=strahl durch die Wol=ken
Sün = de mich be = drückt; Wenn des Sa = tans Pfei = le um mich
Nacht den Lebenspfad um=hüllt, Wenn der Lei = dens = be = cher ü = ber=
E = wig = keit mir naht; Wenn ich durch das Thal des To = des

CHOR.

drin = get, Laß mich stets zu dir hin = flieh'n.
flie = gen Laß mich stets zu dir hin = flieh'n.
flie = ßet, Laß mich stets zu dir hin = flieh'n.
schrei = te, Laß mich stets zu dir hin = flieh'n.

Laß mich,

Je = su, zu dir flieh'n, Dem Fels der Zei = ten, zu dir flieh'n! Wenn die Le = bens=

stür = me um mich brau = sen, Laß mich im=mer, im=mer zu dir flieh'n.

No. 57.   Er ladet euch ein.

"Kommet her zu mir Alle, die ihr mühselig und beladen seid, ich will euch erquicken."—Matth. 11: 28.

Carl Röhl, nach E. E. L.   E. E. Leslie.

Allegro.

1. Sün = der, kommt doch zu ihm, der das Heil euch er = warb.
2. In dem Dien = ste des Herrn ist das Kreuz oft = mals schwer,
3. In Je = ru = sa = lem dro = ben die hei = li = ge Schaar

Sinkt ihm gläu = big zu Fuß, der auf Gol = ga = tha starb.
Doch die Kro = ne er = glänzt uns von o = ben so hehr.
Bringt dem Kö = ni = ge Eh = re und An = bet = ung dar;

Hört sein brün = sti = ges Flehn; Eilt sein Ant = litz zu sehn.
Drum so seid denn be = reit Für den hei = li = gen Streit.
Ist be = en = det der Lauf Nimmt euch Je = sus hin = auf.

CHOR.

Dankt und preist den Herrn, Denn er la = det euch ein; Dankt und preist den Herrn,

Dankt und preist den Herrn, Dankt und preist den Herrn, Denn er la = det euch ein.

By permission.

No. 58. Jesus ist der Kinder Freund.

„Solcher ist das Reich Gottes.“—Markus 10: 14.

Carl Röhl, nach E. Benj. Hopkins.   Mrs. W. S. Nickle.

1. Lasset uns besingen Jesu Huld, Jesus ist der
2. Kommt, ihr Kinder, kommt, sein Herz ist weich, Jesus ist der
3. Laßt ihn ein in eure Herzen ziehn, Jesus ist der

Kinder Freund; Der am Kreuze litt für unsre Schuld,
Kinder Freund; „Ihrer,“ spricht er, „ist das Himmelreich,“
Kinder Freund; Glaubt's, ihr findet keinen Freund wie ihn,

CHOR.

Jesus ist der Kinder Freund.
Jesus ist der Kinder Freund.
Jesus ist der Kinder Freund.

Jesus ist der
Kinder bester Freund Der es mit ihnen am treusten meint,

Bis er sie dereinst mit sich vereint, Jesus ist der Kinder Freund.

No. 59.

Jesu Liebe.

"Die Liebe ist sein Panier über mir."—Hohe Lied S. 2: 4.

E. C. Magaret, nach C. E. R.   Chas. E. Real.

1. Von Je = su Lie = be sin = gen, Die uns von Schuld be = freit,
2. Auf Je = su Gna = de trau = en, Die uns sein Wort ver = spricht,
3. Um Je = su Leh = re kämp = fen, Sie ü = ben froh und gern,
4. Für Je = su Wahr = heit lei = den, Wenn uns das Kreuz be = schwert,
5. In Je = su Na = men be = ten Ver = leiht uns Got = tes kraft,
6. Auf Je = sum Chri = stum ster = ben, Heißt e = wig se = lig sein;

Sich ihm zum Op = fer brin = gen, O wel = che Se = lig = keit!
Das bau = et Furcht und Grau = en, Und giebt dem Her = zen Licht.
Die eig = nen Lü = ste dämp = fen, Das macht uns stark im Herrn.
Und nim = mer von ihm schei = den, Das ist, wie man ihn ehrt.
Und zeigt in al = len Nö = then, Die wah = re Rit = ter = schaft.
Er führt den Him = mels = er = ben Zur Sa = bath = ru = he ein.

CHOR.

Du bist es, o Je = su, Dem sich mein Herz er = giebt; Du
Du bist es, o Je = su, Auf den mein Herz ver = traut; Du
Du bist es, o Je = su, Der mir den Sieg ver = leiht; Du
Du bist es, o Je = su, Der mich im Leid be = glückt; Du
Du bist es, o Je = su, Der mein Ge = bet er = hört; Du
Du bist es, o Je = su, Der Grab und Tod be = zwang; Du

führst mich end = lich heim zu dir, Der mich so in = nig liebt.
führst mich end = lich heim zu dir, Wo man dein Ant = litz schaut.
führst mich end = lich heim zu dir, Zum Frie = den nach dem Streit.
führst mich end = lich heim zu dir, Wo mich die Kro = ne schmückt.
führst mich end = lich heim zu dir, Wo nicht's die Freu = de stört.
führst mich end = lich heim zu dir, Zum ew' = gen Lob = ge = sang.

No. 60. Jesus liebt die Kleinen.

„Lasset die Kindlein zu mir kommen."—Matth. 19: 14.

Carl Röhl, nach Chas. H. Gabriel.   J. M. Black.

SOLO.

1. Ich weiß die Mam = ma liebt mich, Wie sie nur lie = ben kann;
2. Das Vög = lein singt sein Lied = lein Vom Mor = gen bis zur Nacht;
3. Oft les' ich die Ge = schich = ten Der bun = ten Mär = chen = welt;—

Sie sagt's, und o, sie täuscht nicht, Sie hat's noch nie ge = than.
Der Wald, das Feld, die Wie = se Schmückt sich mit Blü = then = pracht;
Doch giebt es ei = ne Kun = de, Die mir weit mehr ge = fällt;

Drum weiß ich auch, mein Je = sus Liebt Kin = der groß und klein;
Und was sie mir ver = kün = den, Ist Got = tes Lieb' und Treu';
Das ist die al = te Kun = de Vom Hei = land Je = sus Christ,

Er schützt und schirmt mich täg = lich, Wo im = mer ich mag sein.
Drum ist auch sei = ne Lie = be Mir je = den Mor = gen neu.
Und von dem Va = ter = hau = se, Wo mei = ne Hei = math ist.

CHOR.

Er liebt, er liebt mich so, Er liebt, er liebt mich so;

Ich weiß er ist mein Hei = land, Denn o, er lieb mich so.

No. 61. Wird das Thor des Himmels sich öffnen?

„Deine Thore sollen stets offen stehen."—Jes. 60: 11.

E. E. Magaret, nach E. R. Latta.　　　　　　　　　　　C. E. Leslie.

1. Wenn mein Werk hie = nie = den für Je = sum ge = than, Und das
2. Wenn der Pfad zu En = de durch ir = di = sche Au'n, Wo der
3. Wenn der Sor = gen = strom, der die Er = de durch = fließt,—Wenn das
4. O du Heim der From = men, so se = lig und rein! Mei = ne

Licht der Son = ne auf im = mer er = blich; Werd' ich dann der Hei = math der
Feind der See = le uns dro = hend um = schlich: Werd' ich dort die Mau = ern Je =
Weh und Leid die = ses Le = bens ent = wich: Ob mich Je = su dann wohl dort
See = le sehnt sich und su = chet nur dich! Werd' ich dort bei Je = su im

Se = li = gen nahn? Wird das Thor des Him = mels sich öff = nen für mich?
ru = sa = lems schau'n? Wird das Thor des Him = mels sich öff = nen für mich?
o = ben be = grüßt? Wird das Thor des Him = mels sich öff = nen für mich?
E = wig = keit sein? Wird das Thor des Him = mels sich öff = nen für mich?

CHOR.

Öff = net es sich, öffnet es sich? Wird das Thor des Himmels sich öffnen für mich? Werd' ich

dann der Hei = math der Se = li = gen nahn? Wird das Thor des Himmels sich öffnen für mich?

No. 62.

Erlöſt.

„Du haſt mich erlöſt, Herr, du treuer Gott."—Pſalm 31: 6.

Carl Röhl.

J. R. Weber.

1. Einſt ging ich auf der brei = ten Bahn Zum e = wi =
2. Ich kam zu Je = ſu ſchuld = be = wußt, Mich ganz ihm
3. Nun bin ich im = mer frei und froh— O Se = lig =

gen Ver = der = ben; Doch plötz = lich tönt's wie Don = ner = ruf: Willſt
zu er = ge = ben; Da blick = te er mich gnä = dig an, Gab
keit hi = nie = den! Mir bleibt in je = dem Kampf der Sieg, Und

du als Sün = der ſter = = ben? O ſag' was das be =
mir ein neu = es Le = = ben. O ſag' was das be =
tief im Her = zen Frie = = den. O ſag' was das be =

ben = ten ſoll, Im Ster = ben ver = der = ben? O Herr mein
ben = ten ſoll, Er = ge = ben, zum Le = ben? O Herr mein
ben = ten ſoll, Hi = nie = den ſchon Frie = den? O Herr mein

Gott du weißt es wohl: Mein Au = ge thränt, mein Herz iſt voll.
Gott du weißt es wohl: Mein Au = ge thränt, mein Herz iſt voll.
Gott du weißt es wohl: Mein Au = ge thränt, mein Herz iſt voll.

MEYER & BROTHER, CHICAGO, ILL.

No. 63.

Heimwärts.

„Israel ziehet hin zu seiner Ruhe."—Jerm. 31: 2.

Carl Röhl.   Josef Kreith.

Gemüthlich.

1. Mit ju = gend = lich fro = hem Ge = mü = the Er = he = ben wir freu = dig das Herz; Wir prei = sen die himm = li = sche Gü = te, Gleich köst = lich in Freu = den und Schmerz,.. Gleich köst = lich in Freu = den und Schmerz.

2. Die Welt hat nur Kum = mer und Sor = gen, Nur Sün = de und eit = les Be = müh'n; Doch uns winkt ein herr = li = cher Mor = gen Wir seh'n ihn im O = sten er = glüh'n,... Wir sehn ihn im O = sten er = glüh'n...

3. Fahrt wohl, o ihr Freu = den des Le = bens! Wir schei = den ge = las = sen und gern. Schon win = ket als Ziel un = sres Stre = bens Die Kro = ne der Eh = ren von fern,..... Die Kro = ne der Eh = ren von fern.....

4. D'rum schif = fen wir mu = thig von hin = nen, Dem Ha = fen der Se = lig = keit zu. Schon blin = ken Je = ru = sa = lems Zin = nen, Dort fin = den wir se = li = ge Ruh',.... Dort fin = den wir se = li = ge Ruh'....

No. 64.   ## Welch ein köstlicher Heiland.

„Mein Geist freuet sich Gottes, meines Heilandes." —Lucas 1: 47.

G. Weiler.   Emma E. Meyer.

1. Durch Christi Blut sind wir versöhnt; Welch ein köst = li = cher Hei = land!
2. Ich rühme sei = nes Blu = tes Kraft, Welch ein köst = li = cher Hei = land!
3. Er rei = nigt See = le, Herz und Sinn, Welch ein köst = li = cher Hei = land!
4. Er füh = ret mich auf rech = tem Pfad; Welch ein köst = li = cher Hei = land!
5. Er giebt mir hier schon Sieg auf Sieg, Welch ein köst = li = cher Hei = land!
6. Drum geb' ich ihm mein Herz al = lein, Welch ein köst = li = cher Hei = land!

Sein Tod hat uns mit Heil ge = krönt! Welch ein köst = li = cher Hei = land!
Das mich zum Le = ben neu er = schafft, Welch ein köst = li = cher Hei = land!
Dann herr = schet er und wohnt da = rin, Welch ein köst = li = cher Hei = land!
Und hält mich, wenn Ge = fahr sich naht, Welch ein köst = li = cher Hei = land!
Und einst Tri = umph nach Streit und Krieg, Welch ein köst = li = cher Hei = land!
Es soll der Welt ge = treu = zigt sein, Welch ein köst = li = cher Hei = land!

CHOR.

Welch ein köst = li = cher Hei = land ist Je = sus, mein Je = sus!

Welch ein köst = li = cher Hei = land ist Je = sus, mein Herr!

No. 65. Der gute Hirte.

Carl Röhl. „Der Herr ist mein Hirte, mir wird nichts mangeln.“—Psalm 23: 1. Grant C. Tullar.

1. Der Herr ist mein Hir = te, mir man = gelt nichts; Er führt mich wun = der =
2. Er füh = ret auf rech = tem Pfa = de sein Kind, Wie ich mich auch ver =
3. Er be = cket den Tisch und schen = ket mir ein: Er = quickt mein ar = mes
4. Und ob ich auch wan = dre im fin = stern Thal, So fürcht' ich kei = ne

bar; Auf grü = nen Au = en lab' ich mich, an Quel = len hell und klar.
irrt; Er su = chet das Ver = lor = ne auf; Er ist ein treu = er Hirt.
Herz; Er salbt mein Haupt, er macht mich rein, Und stil = let je = den Schmerz.
Noth; Er steht mir bei in Kampf und Streit, Ver = läßt mich nicht im Tod.

CHOR.

Er füh = ret zum Brun = nen des Le = bens mich hin; Ich tau = che hin =

ein— sein Werk ist voll = bracht; Nun geh' ich im Lich = te wo

im = mer ich bin; Er führt mich bei Tag und bei Nacht.

Wiedersehn!

„Wir, die wir glauben, gehen in die Ruhe."—Ebräer 4: 3.

C. C. Magaret, nach H. G. Jackson.   Mrs. W. S. Nickle.

1. Nicht e = wig währt der Trennung Leid; Gott=lob! es giebt ein Wie = der = sehn,
2. Wie lieb = lich das Will=kom=men dort!—Die Bli = cke leuch=tend und ver=klärt!—
3. Dies fro = he Wie=der=sehn ver=süßt Der Er = den=thrä=nen bit = t're Fluth,
4. Wie süß, die Teu = ren wie=der=sehn, Die man hie = nie = den einst ver = lor;

Wenn wir in stil = ler A = bend=zeit Dort o = ben einst vor An = ker gehn.
Der Hän = de=druck!—das sanf=te Wort!—Die Freu = de die da e = wig währt!—
Die auf dem Pfad des Le = bens fließt, Und oft = mals beugt den fro = hen Muth.—
Mit ih = nen Je = su Ruhm er=höhn Im lau = ten ew'gen Ju = bel=chor.

CHOR.

Wir tref = fen uns am an = dren Strand, Wo Freun=de wan= deln Hand in Hand;

Wo Sor = ge, Leid und Schmerz ver=gehn, Dort folgt ein ew' = ges Wie = der = sehn.

No. 67. Ich weiß daß mein Erlöser lebt.

Carl Röhl. „Ich weiß daß mein Erlöser lebt."—Hiob 19: 25.

1. Ich weiß daß mein Er = lö = ser lebt,..... Der mir den
2. Wohl hab ich kei = nen Lohn ver = dient, ... Auf ihn ver=
3. O Je = su Chri = ste, Got = tes = lamm,... Du kamst aus
4. Bald en = det hier mein Pil = ger lauf,.... Du öff = nest

D. C.—Bald kommst du, Herr, und rufst mir zu:...... Ge = treu = er

Him = mel auf = ge = than. Wenn auch mein Herz im Kam = pfe bebt,
trau' ich ganz al = lein. Er ist's der mich mit Gott ver = söhnt,
heil' = gen Him = mels=höhn, Und starbst für mich am Kreu = zes = stamm;
mir das Him = mels=thor: Dann schwing ich mich zu Je = su auf,

Knecht, geh' ein zur Ruh'! Bald kommst du, Herr, und rufst mir zu:

FINE. CHOR.

Einst nimmt er mich in Gna = den an.
Sein Blut wäscht mich von Sün = den rein.   } Drum ist in die = ser
Nun kann auch ich vor Gott be = stehn.
Zur ew' = gen Herr = lich = keit em = por.

Ge = treu = er Knecht, geh' ein zur Ruh'!

D.C.

Welt all = hier . Mein Wan = del, Je = su, schon mit dir.

Meyer & Brother, Chicago, Ill.

No. 68. Seligkeit im Herzen.

„Denn aus Gnaden seid ihr selig geworden."—Epheser 2: 5.

E. E. Magaret, nach Mrs. G. W. Davis. Chas. H. Gabriel.

1. Seit ich Frie-den fand in des Hei-lands Wun-den, Ist mein Herz voll
2. Seit mir Gott ge-schenkt sei-nes Gei-stes Trie-be, Ist mein Herz voll
3. Seit des Glau-bens Band mich mit Gott ver-ei-nigt, Ist mein Herz voll
4. Seit mir Ka-naan winkt auf dem Weg zum Le-ben, Ist mein Herz voll

Se-lig-keit! Seit der Sün-de Tand und die Last ver-schwun-den, Ist mein
Se-lig-keit! Und mich tief ver-senkt in den Strom der Lie-be, Ist mein
Se-lig-keit! Seit die teu-re Hand mich von Sün-den rei-nigt, Ist mein
Se-lig-keit! Und mein Mund be-singt was mir Gott ge-ge-ben, Ist mein

CHOR.

Herz voll Se-lig-keit. O wie se-lig, se-lig! o wie se-lig ist mein Herz!

Je-der Tag hel-ler scheint; Ich be-sie-ge je-den Feind. O wie se-lig,

se-lig! o wie se-lig ist mein Herz, Vol-ler Lust und Se-lig-keit!

Copyright, 1894, by Chas. H. Gabriel.

Bleib' nah bei Jesu.

"Wandelt wie die Kinder des Lichts."—Epheser 4: 1.

E. E. Magaret.   John Lane.

1. Wenn dein Fuß je den Weg des Him = mels be = trat, Bleib' nah bei
2. Sei ge = trost, ob auch Stür = me dich to = bend um=wehn, Bleib' nah bei
3. Willst du vor den Pfei = len des Sa=tans si = cher sein, Bleib' nah bei
4. Wir sind bald da = heim bei dem himm = li = schen Heer; Bleib' nah bei

Je = su, dei=nem Herrn; Denn er füh = ret dich recht und er = ken = net den Pfad.
Je = su, dei=nem Herrn; Welche Freu = de und Trost sein Ant = litz zu sehn,
Je = su, dei=nem Herrn; Nimm den Glau=bens = schild und der Sieg wird endlich dein,
Je = su, dei=nem Herrn; Mit den Lie = ben ver = eint und wir schei den nim mer=mehr,

CHOR.

Bleib' nah bei Je = su, dei = nem Herrn. Bleib' nah bei Je = su,

bleib' nah bei Je = su, Bleib' nah bei Je = su, dei = nem Herrn. Bei

Tag und bei Nacht, Sei stets auf der Wacht, Bleib' nah bei Je = su, dei = nem Herrn.

Himmelan!

E. T. Magaret. „Ihr seid gekommen zu dem Berge Zion."—Ebräer 12:22. Rev. E. S. Ufford.

Lebhaft.

1. O daß al = le Got = tes = kin = der, die im Glau = ben heim = wärts gehn,
2. Dies ge = hei = me Vor = wärts = drin = gen lernt ein je = der rech = te Christ,
3. Von den Hö = hen dro = ben grü = ßet ihn der En = gel lich = te Schaar,

Auf des Le = bens rau = her, dor = nen = vol = ler Bahn, Un = ter
Weil der Er = de Reiz ihn nicht be = glü = cken kann: Wenn er
Wenn er hier im Glau = ben schon den Sieg ge = wann; Und dem

Lei = den und Ge = fah = ren ih = re Lo = sung Recht ver = stehn: „Im = mer
glän = big kämpft und rin = get und be = stän = dig wach = sam ist, Echt es
Sie = ger reicht der Hei = land einst die Le = bens = kro = ne dar; Da = rum

CHOR.

mu = thig und ge = trost him = mel = an!" Nur ge = trost him = mel = an,
Nur ge = trost him = mel = an,

Im = mer mu = thig und ge = trost him = mel = an! Nur ge = trost
him = mel = an! Nur ge = trost

Himmelan! Schluß.

him-mel-an,(him-mel-an,) Im-mer mu-thig und ge-trost him-mel-an!

No. 71. Gottvertrauen.

"Er ist ein Schild Allen die auf ihn trauen."—Psalm 18: 31.

E. C. Magaret, nach W. H. Gardner.   J. H. Tenny.

1. Dir, Gott, al-lein zu trau'n, Bricht auch die Nacht her-ein, Das heißt auf Fel-sen
2. Dir, Mei-ster, will ich trau'n, Denn du bist im-mer nah; Du siehst die Thränen
3. Dir, Je-su, will ich trau'n, Dir, der mich führt und hält; Ich darf dein Ant-litz
4. Dir, Got-tes Sohn, zu trau'n, Und dei-ner To-des-pein, Ver-scheu-chet Angst und

CHOR.

bau'n, Denn du bist Gott al-lein. Dir will........ ich, Herr, ver-trau-en,
thau'n, Die sonst kein Au-ge sah.
schau'n, Mich de-cket dein Ge-zelt.
Grau'n; Dir will ich ganz mich weihn. Dir, Heiland, will ich al-lein vertrauen,

E-wig-lich ver-trau-en; Auf dei-ne Macht nur
E-wig-lich, ja, e-wig-lich ver-trau-en, Auf dei-ne Macht,

Rit.

bau-en, Hie-nie-den in der Welt, Hie-nie-den in der Welt.
ja, Macht nur bau-en,

No. 72. Traue auf Jesum.

„Wohl Allen, die auf ihn bauen."—Psalm 2: 12.

C. C. Margaret, nach J. H. S.   Rev. J. H. Stockton.

1. Kommt, Seelen voller Sündenlast, Sucht Gnade bei dem Herrn;
2. Gab Jesus doch sein theures Blut Für unser Leid und Weh.
3. Er ist fürwahr der rechte Pfad, Er führt der Heimath zu;
4. Kommt, laßt uns Alle, Hand in Hand Zur Heimath droben ziehn;

Er giebt dem Herzen süße Rast, Drum traut ihm froh und gern.
O taucht in diese Purpurfluth, Sie macht euch weiß wie Schnee.
Und wer sich gläubig zu ihm naht Geht ein zur ew'gen Ruh.
Wir preisen ihn im Vaterland Mit Jubelmelodien.

CHOR.

O vertraue, o vertraue, ja vertraue ihm

Selig wirst du, selig wirst du selig nur durch ihn.

By permission.

No. 73.   Gott liebt sein Volk.

„Wie er hatte geliebt die Seinen, die in der Welt waren, so liebte er sie bis an's Ende."—Joh. 13, 1.

E. E. Margaret.   C. H. Gabriel.

1. Gott liebt sein Volk wie die Heer = de der Hirt, Der treu = lich sucht wenn sich
2. Gott liebt sein Volk—welch ein herr = li = ches Wort! Wusch uns im Blu = te auf
3. Gott liebt sein Volk! o ihr Men = schen er = wacht! Hat er doch eu = er in

ei = nes ver = irrt; Hält mit all = mächt = ger Hand ü = ber sie Wacht.
Gol = ga = tha dort; Bir = get sie heim = lich in sei = nem Ge = zelt;
Gna = den ge = dacht. Prei = set den Herrn der die Sün = den ver = giebt,

CHOR.

Bis er sie si = cher zur Hür = de ge = bracht.
Deckt sie mit Flü = geln des Heils in der Welt. } Singt Halle = lu = jah, sagt's
Und uns, sein Volk, bis in E = wig = keit liebt.

Rit.   A tempo.

na = he und fern! Al = les was O = dem hat lo = be den Herrn! Las = set das

Wort al = le Lan = de durchwehn: „Gott liebt sein Volk!" Halle = lu = jah! A = men.

„Und so Jemand auch kämpfet, wird er doch nicht gekrönet, er kämpfe denn recht."—1 Tim. 2: 5.
Carl Röhl.   Sullivan.

1. Vor-wärts, Chri = sti Strei = ter, In den heil = gen Krieg! Denn die Kreu = zes =
2. Wie zur Schlacht ge = rü = stet Zie = het Christi Heer; Setzt sich je = dem
3. Wenn auch al = le Freu = den Die = ser Welt ver = gehn, Wird doch Christi
4. Vor-wärts, drum, ihr Brü = der! Schließt euch mu = thig an; Schwingt das Schwert des

fah = ne Führt durch Kampf zum Sieg. Un = ser Herr und Mei = ster
Fein = de rit = ter = lich zur Wehr! Wie die from = men Vä = ter
Kir = che E = wig = lich be = stehn. Wenn sich gleich die Höl = le
Gei = stes Tap = fer Mann für Mann! Brin = get un = serm Feld-herrn

Scheu = et kei = nen Feind; Vorwärts drum zum Kam = pfe, Mit dem Herrn ver = eint!
Man = gen um den Sieg, Stehn auch wir ge = rü = stet In dem heil = gen Krieg.
Ge = gen uns ver = eint, In dem Kreu = ze sie = gen Wir ob je = dem Feind.
Freu = dig Preis und Ruhm, Wei = het Herz und Le = ben Ihm zum Ei = gen thum;

CHOR.

Vor = wärts, Chri = sti Strei = ter, In den heil = gen Krieg;

Denn die Kreu = zes = fah = ne Führt durch Kampf zum Sieg.

Meyer & Brother, Chicago, Ill.

No. 75. Liebster Jesus, du bist mein.

"Mein Herr und mein Gott."—Joh. 20: 28.

H. C. Apfelbach.   P. Bilhorn.

1. Lieb = ster Je = sus, du bist mein, Was ich ha = be es sei dein;
2. In des Hei = lands treu = er Hut Weicht der Sor = gen ban = ge Fluth;
3. Lieb = ster Je = sus, Tag für Tag, Laß mich treu dir fol = gen nach,

Ma = che dir zu dei = nem Ruhm Dies mein Herz zum Hei = lig = thum.
Ich ge = nie = ße Him = mels = lust, Herr, an dei = ner treu = en Brust.
Laß mein Herz sich nicht ver = irrt, Und der Glau = be stär = ker wird.

CHOR.   nicht,............

Lieb = ster Je = = = sus, laß mich nicht, laß mich nicht, Laß mich
Lieb = ster Je = sus,   Laß mich nicht,

gehn............... in

ge = hen, Laß mich gehn in dei = nem Licht;...... Was ich ha = = be
Laß mich gehn in   deinem Licht,   Was ich hab

es ist dein;...... Lieb = ster Je = = sus, du bist mein!
ist al = les dein;   Lieb = ster Je = sus, du bist mein!

Eile zu ihm.

„Eile und errette dich daselbst."—1 Mose 19: 22.

E. C. Magaret, nach E. O. E.   E. O. Excell.

1. See = le, was hält dich vom Hei=lan=de fern? Je = sus er = war=tet auch dich;....
2. Wäh = le die schma=le, doch si = che = re Bahn, Je = sus er = war=tet auch dich;....
3. Bald sinkt die Son = ne,—die Nacht bricht her=ein! Je = sus er = war=tet auch dich;...
4. Hö = re ihn ru=fen: „O kom=met zu mir!" Je = sus er = war=tet auch dich;....
5. Wäh=rend wir be=ten, so sie = he nicht fern, Je = sus er = war=tet auch dich;....

dich, auch dich;

Hast du denn Nie=mand da dro=ben beim Herrn? Je = sus er = war=tet auch dich.......
Trauf sich die En = gel dem Wan=de=rer nahn, Je = sus er = war=tet auch dich.....
Hö = re auf Je = sum und sa = ge nicht, Nein? Je = sus er = war tet auch dich....
Vol = le und frei = e Ver=ge=bung ist hier, Je = sus er = war=tet auch dich......
Oh = ne zu zö=gern, komm ei=lend zum Herrn, Je = sus er = war=tet auch dich......

dich, auch dich.

CHOR.

Ei = le zu ihm, ei = le zu ihm! Je=sus er = war = tet auch dich;....

dich, auch dich;

Ei = le zu ihm, ei = le zu ihm! Je = sus er = war = tet auch dich......

dich, auch dich

By permission.

No. 77. Glaube und lebe.

„Wer an mich glaubet, der wird leben."—John 11: 25.

E. E. Magaret, nach W. A. O.   W. A. Ogden.

1. Hört die Kun = be von dem Herrn, Hal = le = lu = jah! Die
2. Die = se Botschaft, o wie schön, Hal = le = lu = jah! Die
3. Le = ben bie = tet er euch an, Hal = le = lu = jah! Ein
4. Laßt euch sa = gen wie ich kam, Hal = le = lu = jah! Zu

Bot = schaft sei = nes Heils an dich, Sei = nes Wor = tes Kraft und Kern;
Bot = schaft, die euch Frie = den giebt, Aus des Him = mels Lich = ten Höhn,
Le = ben vol = ler Se = lig = keit, Das kein Tod zer = stö = ren kann,
Je = su, als er mich ge = heilt; Auf sein Wort, das ich ver = nahm,

D. S.—S' ist die Bot = schaft eu = res Herrn,

FINE.

Hal = le = lu = jah! „Wer da glaubt der le = bet e = wig = lich!"
Hal = le = lu = jah! Von dem Hei = land der euch in = nig liebt.
Hal = le = lu = jah! Glaubt an Je = sum der es euch ver = leiht.
Hal = le = lu = jah! Bin ich gläu = big hin zum Herrn ge = eilt.

Hal = le = lu = jah! „Wer da glaubt der le = bet e = wig = lich!"

CHOR.   D. S.

Da = rum glaubt,.... o Brü = der, glaubt   Glaubt und le = bet e = wig = lich.
Darum glaubt, o Brüder glaubt, Darum glaubt,

Sendet Licht.

„Komm hernieder in Macedonien und hilf uns."—Ap. Gesch. 16: 9.

E. E. Magaret, nach C. H. G.   Chas. H. Gabriel.

1. Es er=schallt ein Ruf weit ü=ber Meer und Land, „Sen=det Licht!......
2. Ma=ce=do=niens Ruf er=tö=net weit und breit,
3. Um das Heil in Chri=sto laßt uns gläu=big flehn,
4. Laßt uns nie er=mat=ten in dem Werk des Herrn,   „Sen=det Licht!

Sen = det Licht!"   Reicht ver=lor=nen See=len ei=ne Ret=ters=hand;
                    Habt ein gol=den Op=fer für den Herrn be=reit,
                    Daß die Gei=stes=win=de je=des Land durchwehn:
Sen=det Licht!" Denn uns winkt die Kro=ne und der Lohn von fern;

Sen = det Licht,............   Sen = det Licht!......
       Sen = det Licht,   Sen = det Licht!

CHOR.

Sen = det Licht,............   des Wor=tes hel = les Licht! Daß es
Sen = det Licht,............   das je = de Nacht   durch = bricht, Und das

scheint......... in al = le Welt!...........
Dun = = kel rings er = = = hellt...........
                                   Dun = kel rings er=hellt.

Wunderbar ist der Heiland.

„Und er heißt „Wunderbar"!"—Jes. 9: 6.

J. A. Mulfinger, nach G. C. T.   Grant C. Tullar.

1. Wunderbar ist der Heiland, tönt's vom Himmel klar; Wunderbar ist der Heiland,
2. Wunderbar ist der Heiland auf dem wilden Meer, Wunderbar ist der Heiland,
3. Wunderbar ist der Heiland in dem Sturm der Zeit; Wunderbar ist der Heiland,
4. Wunderbar ist der Heiland in Geth-se-ma-ne; Wunderbar ist der Heiland,
5. Wunderbar ist der Heiland, Licht in Sünden-nacht; Wunderbar ist der Heiland,

spricht der Wei-sen Schaar; Wunderbar ist der Hei-land, bringt ihm Kro-nen dar;
„Ruh" ge-bie-tet er; Wunderbar ist der Hei-land, zähmt der Wel-len Heer;
hülf-reich, stets be-reit; Wunderbar ist der Hei-land, klag ihm all dein Leid;
stirbt in Angst und Weh; Wunderbar ist der Hei-land, wäscht mich weiß wie Schnee;
der mich se-lig macht: Wunderbar ist der Hei-land, ihm sei Preis ge-bracht;

D. S.—Sei-ne Gna-de und Lie-be wäh-ren e-wig-lich;

FINE. CHOR.

Wunder-bar ist der Hei-land auch für mich. Wunder-bar ist der Hei-land,

Wunder-bar ist der Hei-land auch für mich.

D. S.

wunder-bar auch für mich; Er, der die Welt zu ret-ten, an dem Kreuz verblich.

No. 80. Führe mich Heiland.

"Gedenke an ihn in allen deinen Wegen, so wird er dich recht führen."—Sprüche Sal. 3: 6.

E. C. Magaret, nach F. M. D.   "Du bist bei mir,"—Psalm 23: 4.   Frank M. Davis.

Mit Ausdruck.

1. Führ' mich, Herr, so irr' ich nicht,   Führ' mich heim zum ew'gen Licht;
2. Du, die Zuflucht, die mich schirmt,   Wenn's im Le=ben tobt und stürmt;
3. Hei=land, wenn mein Tag sich neigt   Und der Sturm des Lebens schweigt.
1. Führ' mich,   Herr, so irr' ich nicht, Führ' mich   heim zum ew'gen Licht;

Si = cher, wer dir einver=leibt,   Und in dei=ner Lie=be bleibt.
Welch ein Trost! du bist bei mir,   All mein Hof=fen ruht in dir.
Laß mich ruhn mit dir vereint,   Wo man nicht mehr klagt und weint.
Si = cher,   wer dir einverleibt, Und in   beiner Lie=be bleibt.

CHOR.

Hei = land, füh = re, füh = re mich, so irr' ich nicht;.........
irr' ich nicht;

Rit. e dim.

Füh=re mich durch's Leben hin,   Bis hin=auf zum ew=gen Licht.
Le=ben hin,   ew'gen Licht.

From "Carols of Joy". By per.

No. 81. Dort möchte ich sein.

"Ich habe Lust abzuscheiden und bei Christo zu sein."—Phil. 1: 22.

J. A. Mulfinger, nach Harriet E. Jones.   J. H. Meredith.

1. In den Woh=nun=gen dort o=ben, In der Hei=math licht und rein,
Wo sie froh und freu=dig sa=gen, Nach der Er=de Angst und Pein,

2. Wo die Sie=ges=pal=men we=hen In der Ü=ber=win=der Reih'n,
Wo die Hal=le=lu=jahs tö=nen In dem ew=gen Son=nen=schein,

3. Wo der Glanz der Le=bens=fro=nen, Reich ge=ziert mit E=del=stein,
Wo der Flug der Zei=ten en=det, Wo die Lüf=te klar und rein,

Wo die sel=gen Je=su lo=ben, O dort möch=te ich sein!
Von dem Kreuz, das sie ge=tra=gen, O dort möch=te ich sein!
Die den Preis des Herrn er=hö=hen; O dort möch=te ich sein!
Und den Lob=ge=sang ver=schö=nen; O dort möch=te ich sein!
Je=dem Ü=ber=win=der loh=nen; O dort möch=te ich sein!
Und der Er=den=lauf vol=len=det; O dort möch=te ich sein!

CHOR.

O dort möch=te ich sein, Ja, dort möch=te ich sein!

Bei dem Hei=land und Er=lö=ser Möch=te ich e=wig sein!

No. 82.

Der allerbeste Freund.

„Der Zöllner und Sünderfreund."—Lucas 7: 34.

J. A. Mulfinger.

M. L. McPhail.

1. Den Freund, den al = ler = be = sten Freund, Hab' ich im Herrn ge = fun = den;
2. Der Freund, der al = ler = be = ste Freund, Er gab für mich sein Le = ben;
3. Der Freund, der al = ler = be = ste Freund, Voll Lie = be, Huld und Gna = den,
4. Der Freund, der al = ler = be = ste Freund Wird einst mich zu sich neh = men,

Mit Lie = bes = sei = len zog er mich, Ich bin mit ihm ver = bun = den.
Ja, mehr als das, hat er ge = than, Er hat sich mir ge = ge = ben.
Ist stets mein Füh = rer und mein Rath, Mein Schutz auf al = len Pfa = den.
Zur ew = gen Ruh im Va = ter = haus, Vor = bei sind Angst und Grä = men.

Und nun ge = hört mein Herz ihm ganz, Er wird mich si = cher lei = ten;
Ich nen = ne nichts mein ei = gen mehr, Sein ist's für al = le Zei = ten,—
Von ihm, der mich so in = nig liebt, Kann mich kein Feind ver = lei = ten,
Er ist vor = an = ge = gan = gen mir Die Stät = te zu be = rei = ten,

Denn er ist mein und ich bin sein In al = le E = wig = kei = ten.
Mein Herz, mein Le = ben, Kraft und Gut In al = le E = wig = kei = ten.
Nicht Tod, noch Le = ben,—kei = ne Macht, In al = le E = wig = kei = ten.
In der ich mit ihm woh = nen will In al = le E = wig = kei = ten.

No. 83. Gehe nicht an mir vorbei.

„Bleibe bei uns, denn es will Abend werden."—Lucas 24: 29.

E. E. Magaret, nach Dr. M. H. Stephens.　　　　　　　　　　　P. P. Bilhorn.

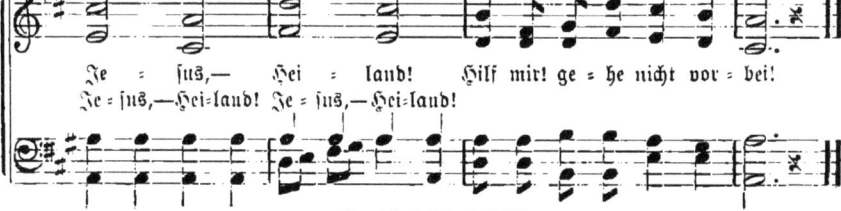

1. Ge = he nicht an mir vor = ü = ber, Kö=nigs=sohn vom Kreu=zes=stamm;
2. Hier vor bei = nes Thro=nes Stu = fen, Im Be=griff mich dir zu weihn,
3. Herr, die Men = ge mei = ner Sün = den, Ich be = ken = ne sie vor dir;
4. Hei=land, brich des Sa = tans Ket = ten! O ver=nimm des Her = zens Schrei!
5. E = wig sei der Herr ge = prie = sen, Er ging nicht an mir vor = bei!

Täg = lich wird's im Her = zen trü = ber; Hilf mir, o du blu = tend Lamm!
Kann ich mich auf nichts be = ru = fen Als auf dei = ne Huld al = lein.
Laß mich jetzt Ver = ge = bung fin = den! Thu' dein Gna = den=werk an mir!
Komm zu rei = ni = gen, zu ret = ten! Hilf mir! ge = he nicht vor = bei!
Gna = de hat er mir er = wie = sen Er ver=nahm des Her = zens Schrei.

CHOR.

Je = sus,— Hei = land! Hö = re mei = nes Her = zens Schrei!
Je = sus,—Hei=land! Je = sus,—Hei=land!

Je = sus,— Hei = land! Hilf mir! ge = he nicht vor = bei!
Je = sus,—Hei=land! Je = sus,—Hei=land!

No. 84.   Jesu Macht und Liebe.

„Denn Liebe ist stark, wie der Tod."—Hohelied Sal. 8: 6.

E. C. Magaret, nach Abbie Mills.   Walter A. Keller.

1. Singt von Je = su Macht und Lie = be! Kennt ihr nicht das tie = fe Meer?
2. Singt von Je = su Macht und Lie = be! Habt ihr Gna = be Tag für Tag?
3. Singt von Je = su Macht und Lie = be! Führt er nicht durch Kampf zum Sieg?
4. Singt von Je = su Macht und Lie = be! Sind die Klei = der weiß und rein?

Streun nicht ih = re heil = gen Trie = be Rei = ne Freu = den rings um = her?
Daß ihm eu = er Herz ver = blie = be, Sprach er: „Fol = ge du mir nach?"
Daß sich eu = er Glau = be ü = be In des Le = bens heil = gem Krieg?
Führt der Weg, oft rauh und trü = be, Euch zur Got = tes = stadt hin = ein?

CHOR.

Singt von Je = su Macht und Lie = be! Hal = le = lu = jah, welch ein Glück!

Un = ter ih = rem sel = gen Trie = be Klingt's im Her = zen wie Mu = sik!

Copyright, 1894, by Meyer & Brother, Chicago, Ill.

No. 85. Nimmermehr alt.

„Siehe, ich mache Alles neu."—Off. Joh. 21: 5.

E. E. Magaret, nach Rev. W. W. Baily.   J. R. McRose.

1. O hör - tet ihr nie von dem se - li - gen Land, Deß Herr - scher als
2. In - mit - ten des Reichs ei - ne herr - li - che Stadt, Die Je - sum als
3. Ein Heim von un - end - li - cher Schön - heit ist dort, Be - rei - tet von
4. Dort herr - schen nur Frie - den und Lie - be al - lein: Die Schä - tze sind
5. Hie - nie - den um - ge - ben uns Leid und Ge - fahr: Die Sor - gen, die

Kö - nig der Lie - be be - kannt, Die Bür - ger un - sterb - lich, in
Leuch - te und Le - bens-quell hat; Auf gol - de - nen Gas - sen das
Je - su, dem Hei - land und Hort; Die Mau - ern von Jas - pis, — ich
dau - ernd, die Freu - den sind rein; Die Freun - de, im Gra - be einst
blei - chen das lo - ki - ge Haar. Oft zieht's mich nach o - ben mit

D. S.—Wie fröh - lich die Kun - de im

FINE.

En - gels - ge - stalt, O wird es be - stehn—wird man dort nicht mehr alt?
Lob - lied er - schallt; O sagt, ist es wahr, wird man dort nicht mehr alt?
grü - ße sie bald; Ihr fun - keln - der Glanz, der wird nim - mer-mehr alt.
schwei - gend und kalt, In Je - su ver - klärt, wer - den nim - mer-mehr alt.
sanf - ter Ge - walt; Im se - li - gen Heim wird man nim - mer-mehr alt.

Her - zen er - schallt: „Da-heim bei dem Herrn wird man nim - mer-mehr alt."

CHOR.   **D.S.**

Nein, alles ist neu, und wird nimmer verblühn; Die Nacht ist vorbei und der Morgen erschien!

No. 86. **Die gute Aussaat.**

„Frühe säe beinen Samen."- Pred. S. 11: 6.

C. C. Magaret, nach J. A. F.   Fred. A. Fillmore.

1. Sä'st du flei = ßig den Sa = men des Le = bens, Bru = der, Früh am Mor = gen
2. Sä'st du flei = ßig den Sa = men des Le = bens, Bru = der, In der Nacht beim
3. Sä'st du flei = ßig den Sa = men des Le = bens, Bru = der, An des Le = bens

weit und breit? Sä'st du flei = ßig den Sa = men des Le = bens, Bru = der, In der
Ster = nen = schein? Sä'st du flei = ßig den Sa = men des Le = bens, Bru = der, Für die
rau = hem Pfad? Bist du fer = tig für die Zeit der Ern = te, Bru = der, Wenn der

CHOR.

schwü = len Mit = tags = zeit? Denn die Zeit der Ern = te kommt her = an,
Ern = te, weiß und rein?
gro = ße Tag sich naht?   kommt her = an,

Und der Schnit = ter Werk ist bald ge = than;   Sind der Gar = ben
                   bald ge = than;

vie = le Wenn wir einst am Zie = le Uns dem gro = ßen Herrn der Ern = te nahn?

Copyright, 1888, by Fillmore Bros.

No. 87. Er bringt mich hinüber.

„Ob ich schon wanderte im finsteren Thal, fürchte ich kein Unglück, denn du bist bei mir."—Psalm 23: 4.

E. C. Magaret, nach A. F. M.   A. F. Myers.

Langsam.

1. Ich weiß wer am fin-ste-ren Strom mir treu-lich zur Sei-te ver-
2. Mich schreckt nicht die ei-si-ge Fluth, noch zor-ni-ger Wo-gen Ge-
3. Und muß ich hin-ein in die Fluth, bringt Je-sus mich si-cher an's
4. Bald schlägt auch die Stun-de für mich; doch ist mir's zur Rei-se nicht

weilt, Das Grau-en ver-bannt; Mit lie-ben-der Hand Die
brüll; Der Herr, der mich führt Und al-les re-giert, Er
Land. Vor jeg-li-chem Harm Be-schützt mich sein Arm! Ich
bang; Der Herr ist mein Licht, Die Hei-math in Sicht, Und

CHOR.

Flu-then des To-des zer-theilt?
wintt, und ihr To-ben wird still.
lau-de am gol-de-nen Strand.
brü-ben tönt En-gel-ge-sang.

Mein Je-sus, er trägt mich durch

Flu-then und Wo-gen Hin-ü-ber in's bes-se-re Land; (o Land;) Mich

Rit.

trägt sei-ne Hand An den gol-de-nen Strand, Hin-ü-ber in's bes-se-re Land.

No. 88. Das Jubeljahr.

„Diese lebten und regierten mit Christo tausend Jahre.“—Off. Joh. 20: 4.

E. C. Magaret, nach H. Bonar.   M. L. McPhail.

1. Das Haupt empor, ihr Got=tes=strei=ter, Steht fest in Noth und in Ge=fahr;......
2. Bringt al=ler Welt die fro=he Kun=de, Er=zählt sie der Be=dräng=ten Schaar;....
3. Und ob auch Wol=ken oft ver=dun=keln Den Morgen=him=mel blau und klar,......
4. O komm, du schö=ne Zeit auf Er=den, Wenn un=ser Herr wird of=fen=bar;......

Bald kommt der Herr, und als Be=glei=ter Das gro=ße Hall=und=Ju=bel=jahr.
Es kommt zu Got=tes Zeit und Stun=de, Das gro=ße Hall=und=Ju=bel=jahr.
Bald wird die Son=ne gol=den fun=keln Im gro=ßen Hall=und=Ju=bel=jahr.
Laß uns in ihm er=fun=den wer=den Im gro=ßen Hall=und=Ju=bel=jahr.

CHOR.

Ein Ju=bel=jahr............ nach Nacht und Grau = en, Das Morgen=
Ein Ju=bel=jahr nach Nacht und Grau en, Nacht und Grauen,

roth............ vom Pa=ra=dies;............... Der lich=te
Das Mor=gen=roth vom Pa=ra=dies, vom Pa=ra=dies;

Tag............ auf Zi=ons Au = en, Den uns Pro=
Der lich=te Tag auf Zi=ons Au en, Zi=ons Au=en,

Das Jubeljahr. Schluß.

phe - - - - ten-mund ver-hieß......................
den uns Pro-phe-ten-mund ver-hieß, der-einst ver-hieß.

No. 89. Er kam um mich zu retten.

„Du bist mein Helfer und Erretter."—Psalm 40: 18.

E. C. Magaret, nach Henrietta E. Blair. Wm. J. Kirkpatrick.

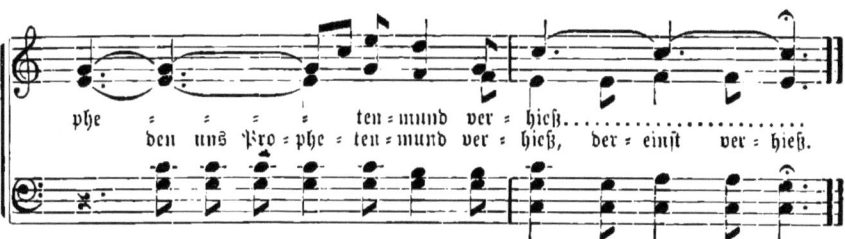

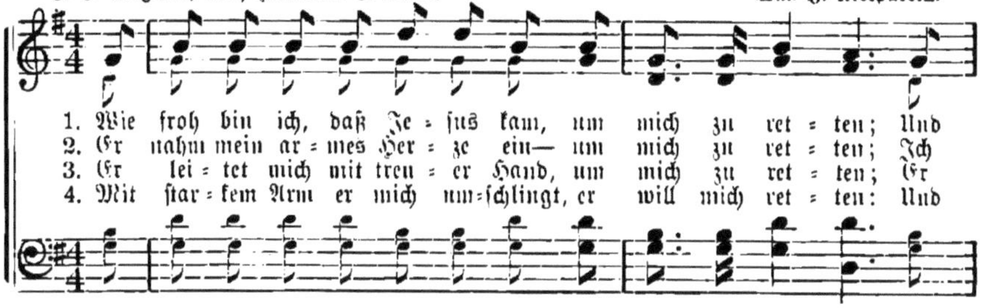
1. Wie froh bin ich, daß Je-sus kam, um mich zu ret-ten; Und
2. Er nahm mein ar-mes Her-ze ein— um mich zu ret-ten; Ich
3. Er lei-tet mich mit treu-er Hand, um mich zu ret-ten; Er
4. Mit star-kem Arm er mich um-schlingt, er will mich ret-ten: Und

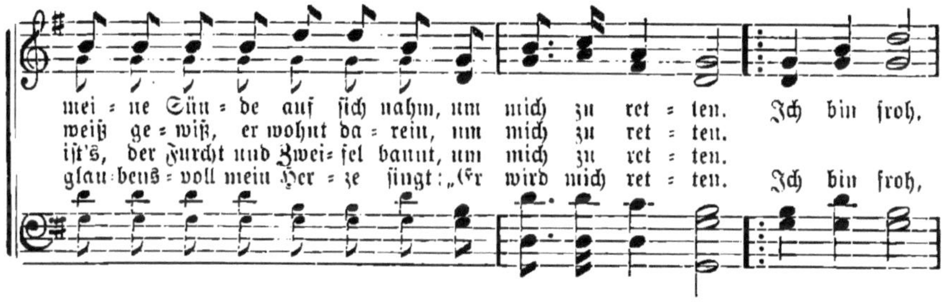
mei-ne Sün-de auf sich nahm, um mich zu ret-ten. Ich bin froh,
weiß ge-wiß, er wohnt da-rein, um mich zu ret-ten.
ist's, der Furcht und Zwei-fel bannt, um mich zu ret-ten.
glau-bens-voll mein Her-ze singt: „Er wird mich ret-ten. Ich bin froh,

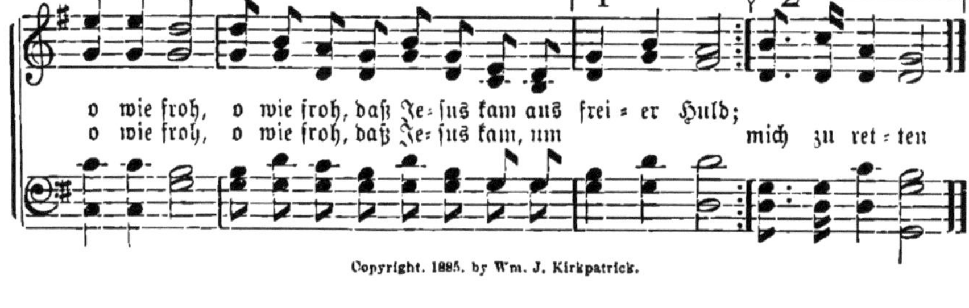
1
2
o wie froh, o wie froh, daß Je-sus kam aus frei-er Huld;
o wie froh, o wie froh, daß Je-sus kam, um mich zu ret-ten

No. 90.   Der Heiland ruft.

"Heute, so ihr seine Stimme hören werdet, verstocket eure Herzen nicht."—Ebräer 4: 7.

E. E. Magaret, nach Rev. H. G. Jackson, D. D.   Miß Emma E. Meyer.

1. O Sün = der, hört das Wort des Herrn, Er ruft euch,— es ist Zeit;
2. Fort von der Sün = de Her = ze = leid, Er ruft euch,— es ist Zeit;
3. Fort von des Zwei = fels Schlan = gen = brut, Er ruft euch,— es ist Zeit;
4. O wer = det euch des Heils be = wußt, Er ruft euch,— es ist Zeit;

Wählt ihn zum Füh = rer,—folgt ihm gern, Er ruft euch,—kommt noch heut!
Von inn = rer Furcht, von äuß = rem Streit; Er ruft euch,—kommt noch heut!
Von un = frucht = ba = rer Thrä = nen Fluth; Er ruft euch,—kommt noch heut!
Zur Ru = he, Freu = de, Him = mels = luft, Er ruft euch,—kommt noch heut!

CHOR.

Kommt Sün = der, kommt noch heut, Kommt heu = te noch zu Je = sus,

Macht euch be = reit, Denn es ist Zeit; Er ruft euch,—kommt noch heut.

No. 91. An der Heimath lichtem Strande.

„Die Erlösten des Herrn werden gen Zion kommen mit Jauchzen."—Jes. 35: 10.

E. E. Magaret, nach Fred Woodrow.   T. C. O'Kane.

1. Ei = ne Stadt der Freu = de thront, An der Hei = math lich = tem Stran=de,
2. Schmerz und Seufzen sind ver=bannt, An der Hei = math lich = tem Stran=de,
3. Dort wird Je = sus of = fen = bar, An der Hei = math lich = tem Stran=de,
4. In die Stadt so schön und rein, An der Hei = math lich = tem Stran=de,

Von der Sel' = gen Schaar be=wohnt, An der Hei = math lich = tem Stran=de;
Fort des To = des kal = te Hand, An der Hei = math lich = tem Stran=de;
Un = ter der Er = löß = ten Schaar, An der Hei = math lich = tem Stran=de;
Ziehn die From = men jauch=zend ein An der Hei = math lich = tem Stran=de;

Auf der gold = nen Stra = ßen Pracht Hal = ten lich = te En = gel wacht,
Kei = ner, den der Kum = mer drückt, Den der Sün = de Reiz be = strickt,
Heh = rer Lob = ge = sang er = tönt, Hei = li = ge mit Gott ver = söhnt,
Welch ein fro = hes Wie = der = sehn, Wenn wir dort vor An = ker gehn,

FINE.

Und vor=bei ist je = de Nacht, An der Hei = math lich = tem Stran=de;
Dort sind Al = le hoch be = glückt, An der Hei = math lich = tem Stran=de;
Und Mär = ty = rer stehn ge = krönt An der Hei = math lich = tem Stran=de;
Und ver=klärt vor Je = sus stehn An der Hei = math lich = tem Stran=de;

REFRAIN.   **D. S.**

An dem lich = = = ten Stran=de, An dem lich = = = ten Stran=de.
An dem lich=ten Stran=de,   Au dem lich=tem Strande;

Copyright, 1891, by Chas. H. Gabriel.

No. 92. Streue des Wortes köstliche Saat.

„Frühe säe deinen Samen und laß deine Hand des Abends nicht ab."—Pred. Sal. 11: 6.

Carl Röhl, nach W. A. Ogden.   Geo. C. Hugg.

1. Streu = e des Wor = tes köst = li = chen Sa = men; Streu = e ihn
2. Streu = e nur flei = ßig aus; denn Ge = bei = hen Wird dir der
3. Streu = e voll Zu = ver = sicht, zweif = le nim = mer; Streu = e im

gläu = big in Je = su Na = men; Will auch dein Ei = fer manch=
Va = ter dro = ben ver = lei = hen, Und dir die Kräf = te täg=
Glau = ben aus, wir = ke im = mer; Leuch=tet doch freund=lich der

mal er = lah = men, Streu = e ihn treu = lich auf Hoff=nung aus.
lich er = neu = en, Bis dei = ne Ar = beit hier einst voll=bracht.
Hoff=nung schim = mer, Bald kommt die Ern = te, dein ew' = ger Lohn.

CHOR.

Streu = = e aus am Mor = gen, Streu = = e
Streu=e den Samen aus, Streu=e den Samen aus, Streu=e am ho=hen Ta=

hoch am Ta = = ge, Streu = = e auch am
ge, Streu=e den Sa = men aus, Streu=e den Sa = men aus,

A = = bend, Streu=e des Wor=tes köft=li=che Saat........
Streue den Samen aus, streu=e Saat.

No. 93. Jesu Ruf!

„Kommet her zu mir alle, die ihr mühselig und beladen seid, ich will euch erquicken."—Matth. 11: 28.

E. C. Magaret, nach R. E. H.   R. E. Hudson.

1. Kommt, ihr See=len müd' und matt, Je=sus la=det freundlich ein; Er ist en=re
2. Sind die Sün=den Ber=gen gleich? Je=sus la=det freundlich ein; Sei=ne Lie=be
3. Sind die Sün=den ſchar=lach=roth? Je=sus la=det freundlich ein; Er be=freit von
4. Kommt, ihr Wandrer, hei=math=los, Je=sus la=det freundlich ein; Sein Er=bar=men,

REFRAIN.

Ru=he=ſtatt, Kommt, o kommt her=ein. Je=sus ruft euch heu=te, Heu=te,
macht euch reich, Kommt, o kommt her=ein.
Schuld und Tod, Kommt, o kommt her=ein.
o wie groß, Kommt, o kommt her=ein.

heu=te, heu=te,

heu = te, Ruft und la = det freund lich ein; Kommt, o kommt her=ein!

heu = te,

No. 94. Im Kämmerlein.

„Haltet an am Gebet."—Römer 12: 12.

E. C. Magaret, nach Abbie Mills.   W. S. Nickle.

1. Him = mels=luft darf ich ge = nie = ßen, Stil = le Se = lig = keit ist mein,
2. Bei des Früh=lichts er = sten Strah=len Eilt mein Herz zu Got = tes=sohn;
3. Drückt mich heiß des Mit=tags Schwü=le, Gönnt die Welt mir kei = ne Rast,
4. Nei = gen sich die A = bend=schat = ten Nach den Käm=pfen, schwer und lang,
5. Ü = ber = all im Er = den=le = ben, Wo mein Fuß auch geht und steht,

Wenn sich Herz und Mund er = gie = ßen, Im Ge = bet vor Gott al = lein.
Hel = ler, als sich Wol = ken ma = len, Ist der Glanz um sei = nen Thron.
Halt ich mit = ten im Ge=wüh = le, Be = tend mei = nen Herrn um = faßt.
Läßt sein Arm mich nicht er = mat = ten, Und mein Herz ist voll Ge = sang.
Darf ich mich dem Herrn er = ge = ben, Find ich Ru = he im Ge = bet.

CHOR

O wie süß, wenn in der Stil = le, Hei = li = ge An = dacht mich um=weht,

Und der Gna = de rei = che Fül = le Nie = der=träu = felt im Ge = bet.

Copyright, 1891, by W. S. Nickle.

No. 95. Der Pilgerpfad.

„Ich bin beides, dein Pilger und dein Bürger."—Psalm 39: 13.

C. C. Magaret, nach Rev. H. G. Jackson, D. D.

Miß Emma C. Meyer.

1. Aufwärts, ohne zu ermatten, Zieht der Pilger seinen Pfad;
2. Tornen sie chen, Thränen fließen Auf dem Pfad zum ew'gen Glück;
3. Gehts auch oft durchs Thal der Sorgen, Scheint die Nacht ihm schwer und bang;
4. Oft, kaum kann sein Herz es fassen, Sieht er in des Abends Gluth;
5. Bald wird er da drüben lauden, In des Meisters Bild verklärt;

Bald im Lichte, bald im Schatten, Bis der ew'ge Morgen naht.
Doch des Heilands Schritte ließen Golduе Spuren drauf zurück.
Freude folgt am großen Morgen, Und sein Seufzen wird Gesang.
Perlentore, goldue Gassen, Und des Stroms krystallne Fluth.
Wo das Wandern überstanden, Und die Freude ewig währt.

CHOR.

Ja, der Pfad wird immer heller, Täglich nimmt die Klarheit zu;

Und die Schritte werden schneller Nach dem Land der ew'gen Ruh'.

No. 96. Seine Güte währet ewiglich.

„Seine Güte währet ewiglich."—Psalm 118: 1.

E. C. Magaret, nach W. A. O.   W. A. Ogden.

1. S'ist das schön = ste Wort, das auf Er = den klingt; S'ist das
2. S'ist das schön = ste Wort, das den Muth er = hebt; S'ist das
3. S'ist das schön = ste Wort, das dein Herz ent = zückt; Wenn dich
4. S'ist das schön = ste Wort, das im Him = mel tönt. Wenn der

schön = ste Wort, das der Mund be = singt; S'ist das
schön = ste Wort, das die Brust durch = bebt; S'ist das
Kum = mer plagt, wenn dich Schuld be = drückt, Bli = cke
Herr sein Volk, das durch ihn ver = söhnt, Auf den

schön = ste Wort, das die Welt durch = bringt: „Die
schön = ste Wort, das die Welt be = lebt: „Die
gläu = big auf und du wirst be = glückt: „Die
Thron er = hebt und als Sie = ger krönt: „Die

Gü = te Got = tes wäh = ret e = wig = lich!"

Chor.

Sei = ne Gü = = = = te wäh = ret e = wig = lich!" Sei = ne
Gü = te, sei = ne Gü = te,

Seine Güte währet ewiglich. Schluß.

Gü = = = = te wäh=ret e=wig=lich; Drückt die Sün=den=last, Su=che
Gü=te, sei=ne Gü=te,

bei ihm Rast; Die Gü = te Got=tes wäh=ret e = wig=lich!"

No. 97. Mein Licht und mein Heil.

„Ich freue mich deines Heils."—1 Sam. 1: 2.

Carl Röhl.

1. Wach' auf, du Volk des Herrn, Und sing ihm Ruhm und Preis!
2. Nur wer ihn nie er=kannt Ver=schwei=ge sei=nen Ruhm;
3. Einst wer=den wir ihn schau'n, Der Sün=den=noth ent=rückt,
4. Dann brin=gen wir ihm dar Ein Lied im hö=hern Chor;

Chor.—Ich freu' mich dei=nes Heils, Ich freu' mich dei=nes Heils;

D. C. Chor.

Wer prei=set sei=nen Gott nicht gern, So gut er's kann und weiß?
Doch wer sich je sein Kind ge=nannt, Preis' ihn im Hei=lig=thum.
Und e=wig Frie=dens=hüt=ten bau'n, Von Him=mels=glanz ent=zückt.
Das neu=e Lied der sel'=gen Schaar Schallt e=wig=lich em=por.

Du bist mein Licht, du bist mein Heil, Ich freu' mich dei = nes Heils.

Unter seinem Fittig.

„Unter dem Schatten deiner Flügel habe ich Zuflucht bis das Unglück vorüber gehe."—Psalm 57: 2.
Carl Röhl, nach Mary D. James.   W. Warren Bentley.

1. Wehr=los und ver=las=sen sehnt sich Oft mein Herz nach stil=ler Ruh';
2. Drückt mich Kummer, Müh' und Sor=ge, Mei=ne Zu=flucht bist nur du,
3. Si=cher bin ich und ge=bor=gen, Denn bei dir ist sü=ße Ruh';
4. Kommt dann mei=ne letz=te Stun=de, Geh' ich ein zur ew'=gen Ruh';

Doch du be=deckst mit dem Fit=tig Dei=ner Lie=be sanft mich zu.
Ret=test mich aus al=len Äng=sten, Trö=stest mich und deckst mich zu.
Mag es auch im Le=ben stür=men, Herr, dein Fit=tig deckt mich zu.
Und du deckst mit dei=nen Flü=geln E=wig=lich dein Kind=lein zu.

REFRAIN.

Un=ter dei=nem sanf=ten Fit=tig Find ich Frie=den Trost und Ruh';

Denn du schir=mest mich so freund=lich, Schü=tzest mich und deckst mich zu.

By permission.

No. 99.   **Ein Blick auf Jesum.**

„Und aufsehen auf Jesum, den Anfänger und Vollender des Glaubens."—Heb. 12: 2

Carl Röhl.   Arr für dieses Werk.

1. Droh'n auch in fin - st'rer Sün - den - nacht Die Wet - ter - wol - ken schwer, Und
2. Wenn theu - re Freun - de fer - ne stehn, Ver - wand - te mich verschmähn: Und
3. So zieh' ich froh durch Kampf und Streit Ge - rü - stet mei - ne Bahn; Mich

braust der Stürme wil - de Macht Ver - he - rend um mich her; So
die die mir die Näch - sten sind, Mich sel - ten recht ver - stehn; Dann
zieht ein stil - les Seh - nen stets Nach je - nem Ka - na - an. Und

ist mir doch nicht bang, Bleibt auch der Ret - ter lang; Ein Blick auf Je - sum
klag' ich ihm mein Leid, So wan - delt er's in Freud'; Ein Blick auf Je - sum
kommt dann auch der Tod, So hat es kei - ne Noth; Ein Blick auf Je - sum

D. S.—ich auch oft ver - zagt und seufzt mein Herz und klagt; Ein Blick auf Je - sum

FINE. CHOR.

macht mein Her - ze still, so still. Ein Blick auf Je - sum macht mein Her - ze

macht mein Her - ze still, so still.

D. S.

still, so still, Ein Blick auf Je - sum macht mein Her - ze still, so still: Ein

Meyer & Brother, Chicago, Ill.

Selig durch die Wunden Jesu.

„Das Blut Jesu Christi, seines Sohnes macht uns rein von aller Sünde."—1. Joh. 1: 7.

Carl Röhl, nach L. E. Jones.   J. H. Meredith.

1. Mein Sün = den = e = lend ist da = hin, Ich bin se = lig durch die
2. Einst war mein Herz von Sün = den schwer, Ich bin se = lig durch die
3. Es war mein Schmerz, den — Je = sus trug, Ich bin se = lig durch die
4. Er starb für mich! Nun bin ich sein, Ich bin se = lig durch die

Wun = den Je = su: Sein Kreu = zes = tod ist mein Ge = winn, Ich bin
Wun = den Je = su; Die Schuld ver = sank in's tief = ste Meer, Ich bin
Wun = den Je = su; Als man ihn an das Fluch = holz schlug, Ich bin
Wun = den Je = su; Sein Blut macht mich von Sün = den rein. Ich bin

CHOR.

se = lig durch die Wun = den Je = su. Ich bin se = lig durch das Blut,

Se = lig durch das Blut, Se = lig durch die Wun = den Je = su; Wie

groß auch mei = ne Sün = den = noth, Ich bin se = lig durch die Wun = den Je = su.

No. 101.   Heiliges Buch.

„Selig sind die Gottes Wort hören und bewahren."—Lucas 11: 28.

Carl Röhl, nach Rev. H. G. Jackson, D. D.   Miß Emma E. Meyer.

1. Hei = li = ges Buch, du gött = lich' Wort, Treu = er Füh = rer zum
2. Hei = li = ges Buch, Ge = setz des Herrn, Dei = ne Leh = ren be =
3. Hei = li = ges Buch, von Gott ge = sandt, Glanz von o = ben im

Him = mels = port, Licht auf dem fin = ste = ren Pil = ger = pfad,
folg' ich gern, Sind es doch Wor = te von Got = tes Sohn,
Er = den = land, Schön = ster Stern, der die Nacht durch = bricht,

CHOR.

Leuch = te zur ew' = gen Got = tes = stadt. ⎫
E = wi = ges Le = ben ist ihr Lohn. ⎬ Leuch = te freund = lich mit
Fül = le mein Herz mit Trost und Licht. ⎭

dei = nem Schein In die fin = ste = re Welt hin = ein! Leuch = te in

Furcht und Zwei = fels = nacht, Bis uns der ew' = ge Mor = gen lacht!

No. 102. **Unwandelbar.**

„Alle Gottesverheißungen sind Ja in ihm und Amen in ihm."—2 Cor. 1: 20.

Carl Röhl, nach A. H.   Abby Hutchinson.

1. Je = sus, dein theu = res Wort Bleibt e = wig wahr, Zu = flucht und Frie = dens = ort,
2. Frei von der Sün = den = schuld Machst du mein Herz; Herr, dei = ne gro = ße Huld
3. Lie = be hört nim = mer auf, Lie = be be = steht, Wenn auch im Zei = ten = lauf

Selbst in Ge = fahr; Bricht auch die Nacht her = ein, Leuch = tet sein hel = ler Schein.
Til = get den Schmerz. Nun bin ich dir ge = weiht, Zie = he durch Kampf und Streit
Al = les ver = geht. Lie = be, die Gott ge = bot, Siegt ü = ber Grab und Tod,

In al = ler Angst und Pein Tröst = lich und klar. Je = sus, dein theu = res Wort,
Die = ser be = weg = ten Zeit Froh him = mel = wärts. Frei von der Sün = den = schuld,
Treibt uns in al = ler Noth Recht in's Ge = bet. Lie = be hört nim = mer auf,

Rit.

Theu = res Wort, theu = res Wort, Je = sus, dein theu = res Wort Bleibt e = wig wahr.
Sün = den = schuld, Sün = den = schuld, Frei von der Sün = den = schuld Machst du mein Herz.
Nim = mer auf, nim = mer auf, Lie = be hört nim = mer auf, Lie = be be = steht.

Meyer & Brother, Chicago, Ill.

No. 103. Er starb für uns.

Carl Röhl, nach F. S. Shepard.

"Durch seine Wunden sind wir geheilet."—Jesaias 53: 5.

J. H. Meredith.

Moderato.

1. O Got=tes=lie=be, vol=ler Huld, Die uns das Heil er=warb;
2. So stirbt kein Mensch für sei=nen Freund, So stirbt nur Got=tes Lamm;
3. O möch=te die=se Lie=bes=gluth In al=len Her=zen glühn;
4. O sieh' das Op=fer ist ge=bracht Für un=sre Sün=den=schuld;

Zur Til=gung un=srer Sün=den=schuld, Am Holz des Flu=ches starb!
Ja, selbst für sei=nen größ=ten Feind Litt er am Kreu=zes=stamm.
Und un=sres Je=su theu=res Blut Noch Vie=le zu sich ziehn.
Er=gieb dich sei=ner Lie=bes=macht Und rüh=me sei=ne Huld.

CHOR.

Wer ihm kind=lich ver=trau=et, Wer ihm kind=lich ver=trau=et,

Wer ihm kind=lich und gläu=big ver=trau=et, Der hat das ew'=ge Heil.

No. 104. Der Friedenshafen.

"Er brachte sie zu Lande nach Wunsch."—Psalm 107: 30.

E. C. Magaret, nach Rev. H. G. Jackson, D. D.   Miß Emma E. Meyer.

1. Auf des Le = bens dun = keln Wo = gen Wirft uns wild der Sturm um = her,
2. In den grau = en Wol = ken=schlei = ern Sieht der Glau = be kei = nen Stern;
3. Al = so sahn die Wo = gen to = ben Einst die Zwöl = fe, angst = er = füllt;
4. Laßt den Sturm noch wil = der wü = then, Und den Ha = fen fer = ne sein;

Rings der Him = mel schwarz um = zo = gen, Zor = nig schäumt das fin = stre Meer.
Doch, der Loth = se weiß zu steu = ern, Und der Ha = fen ist nicht fern.
Bis der Hei = land sich er = ho = ben Und das wil = de Meer ge = stillt.
"Der im Schiff" wird uns be = hü = ten, Und von al = ler Furcht be = frei'n.

CHOR.

Gott, der Herr, wird euch be = schir = men, Un = ser Ret = tungs = an = ker sein;

Und wir lau = fen nach den Stür = men In den Frie = dens = ha = fen ein.

No. 105.

Ehre sei dem Herrn.

„Ehre sei Gott in der Höhe!" Lucas 2: 14.

Carl Röhl.

R. E. Hudson.

1. O stimm mit tau-send Zun-gen an: Eh-re sei dem Herrn, un-serm Gott!
2. Dies ist mein schön-ster Lob - ge-sang: Eh-re sei dem Herrn, un-serm Gott!
3. Mein Le-ben-lang preis' ich den Herrn: Eh-re sei dem Herrn, un-serm Gott!
4. Dies war mein Lied als ich ihn fand: Eh-re sei dem Herrn, un-serm Gott!

Es prei-se wer ihn prei-sen kann: Eh-re sei dem Herrn, un-serm Gott!
Er strömt aus tief-stem Her-zens drang: Eh-re sei dem Herrn, un-serm Gott!
Sein Lob er-schal-le nah und fern: Eh-re sei dem Herrn, un-serm Gott!
So sing ich noch in je-nem Land: Eh-re sei dem Herrn, un-serm Gott!

CHOR.

Eh-re sei dem Herrn, Eh-re sei dem Herrn, Eh-re sei dem Herrn, un-serm Gott!

Eh-re sei dem Herrn, Eh-re sei dem Herrn, Eh-re sei dem Herrn, un-serm Gott!

No. 106. Immer bereit.

"Der Meister ist da und ruft dich."—Joh. 11: 28.

E. C. Magaret.   M. L. McPhail.

DUETT. Sop. & Alt.

1. Ir = gend = wo — auf al = len Pfa = ben, Ir = gend = wann — zu je = der Zeit, —
2. O dies kind = li = che Ver = trau = en In der See = le, reich und zart;
3. Frie = den, gleich des Mee = res Fül = le, — Ru = he die die Welt nicht kennt;
4. Welch ein Glück ist mir be = schie = den, Wenn dein Au = ge mich be = grüßt;
5. Ist der Weg auch rauh und stei = nicht, Führt er doch zur Ru = he ein!

Fröh = lich o = der Kreuz = be = la = ben, Bin ich Gott zum Dienst be = reit.
Nur auf sei = ne Gna = be bau = en, Der für mich ge = treu = zigt ward;
Glau = be, der in lich = ter Hül = le, Je = sum, Gott und Hei = land nennt;
Und der Dienst für dich hie = nie = den Mir das schwe = re Kreuz ver = süßt,
Soll dein Knecht, mit dir ver = ei = nigt, Frei von Kreuz und Lei = ben sein?

Und ich weiß das er in Gna = ben, Mir in al = lem Sieg ver = leiht.
Sei = ner Wun = den Pur = pur schau = en, Der sein Lie = ben of = fen = bart.
Des = sen Herz in heil' = ger Stil = le Lie = bend für die Sei = nen brennt,
Wäh = rend sich ein Strom voll Frie = den In das ar = me Herz er = gießt,
Eins mit dir, ver = klärt, ge = rei = nigt! Dies be = gehr' ich, Herr, al = lein,

Und ich weiß daß er in Gna = ben, Mir in Al = lem Sieg ver = leiht.
Sei = ner Wun = den Pur = pur schau = en, Der sein Lie = ben of = fen = bart!
Des = sen Herz in heil' = ger Stil = le Lie = bend für die Sei = nen brennt!
Wäh = rend sich ein Strom voll Frie = ben In das ar = me Herz er = gießt.
Eins mit dir, ver = klärt, ge = rei = nigt! Dies be = gehr' ich, Herr, al = lein.

CHOR.

Ir = gend = wo, — auf al = len Pfa = ben, Ir = gend = wann, — zu je = der Zeit,

Fröh = lich o = der Kreuz = be = la = ben, Bin ich Gott zum Dienst be = reit.

No. 107. Niemand weiß es als Jesus.

„Er kennet was für ein Gemächte wir sind; er gedenket daran, daß wir Staub sind."—Psalm 103: 14.
E. C. Magaret, nach R. M. Offord.   J. J. Lowe.

1. Nie-mand hat je mein E = lend ge=kannt, Nie=mand all hier als Je = sus,
2. Nie=mand hat je mein Lei = den ge = sehn, Nie=mand all hier als Je = sus,
3. Nie=mand ver = steht mein jenz=zen=des Herz, Nie=mand all hier als Je = sus,
4. Nie=mand be = freit von Sor = ge und Qual, Nie-mand all hier als Je = sus,
5. Laßt uns ver = eint den Hei = land er=höhn, Eh = re und Preis sei Je = sus,

Nie=mand er=hob ei = ne ret=ten=de Hand, Nie=mand der hilft wie Je = sus.
Freundlich er=hört er mein brün=sti=ges Flehn, Nie=mand der hilft wie Je = sus.
Bal=sam und Trost in Ver=su=chung und Schmerz, Schenkt mir mein treuer Je = sus.
Ste=cken und Stab in dem fin=ste=ren Thal Ist mir und bleibt mir Je = sus.
Bis wir ihn dort in der Herr=lich=keit sehn, E = wig ver=eint mit Je = sus.

Chor.

Ihm ver=trau' ich all mein Leid, Arzt und Freund ist Je = sus;

Trost und See = len = freu = dig = keit, Die ver=leiht mir Je = sus.

No. 108. Der beste Freund ist Jesus.

"Mein Freund ist mein und ich bin sein."—Hohelied 6: 2.

E. T. Magaret, nach P. P. B.

P. P. Bilhorn.

DUETT. Sop. (oder Ten.) & Alt.

1. O kein Freund, der mich liebt, wie Je = sus, Wenn des Le = bens Stür = me mich be = drohn; Er er = quickt das wun = de Herz, Er giebt Kraft im tief = sten Schmerz; O kein Freund der mich liebt, wie Je = sus!
2. Wel = chen Freund fand ich einst in Je = sum, Der das Herz mit Trost und Frie = den füllt; Hält er mich mit star = kem Arm, Fürcht ich we = der Leid noch Harm; O kein Freund der mich liebt, wie Je = sus!
3. Geht mein Fuß auch im fin = stren Tha = le, Wo die eis' = ge Fluth des Jor = dans rollt; Kei = ne Schre = cken fürcht' ich da, Denn mein Hei = land ist so nah'; O kein Freund der mich liebt, wie Je = sus!
4. Wenn wir end = lich die Hei = math schau = en Mit den Lie = ben die vor = an = ge = eilt, Prei = sen wir ihn im = mer = dar Mit der blut = ge = wasch = nen Schaar; O kein Freund der mich liebt, wie Je = sus!

CHOR. Fröhlich.

Kein Freund, der uns liebt, wie Je = sus, Kein Freund, der uns liebt, wie Je = sus im = mer = fort,

Der beste Freund ist Jesus. Schluß.

Je-sus, Er ver-nimmt dein hei-ßes Flehn, Und er
Je-sus, hier und dort;

eilt dir bei-zu-stehn; O kein Freund der uns liebt wie Je-sus!

No. 109. Hier auf Erden bin ich ein Pilger.

1. Hier auf Er-den bin ich ein Pil-ger, Und mein Pil-gern, und mein
2. Wo die Son-ne auf im-mer schei-net, O wie sehn' ich, o wie
3. In dem Lan-de, zu dem ich ge-he, Mein Er-lö-ser, mein Er-

Chor.—Hier auf Er-den bin ich ein Pil-ger, Und mein Pil-gern, und mein

FINE.

Pil-gern währt nicht lang; O laß mich zie-hen zu je-nen
sehn' ich mich da-hin! Ich bin ein Wan-d'rer in frem-den
lö-ser ist das Licht. Da ist kein Kum-mer und kein Ver-

Pil-gern währt nicht lang.

D.C. Chor.

Hö-hen, Wo Frie-dens-pal-men auf e-wig we-hen!
Lan-den, Mein Herz ist trau-rig, mein Geist in Ban-den.
der-ben, Da ist kein Ir-ren und auch kein Ster-ben.

No. 110.

Der Gnadenborn.

„Zu der Zeit wird das Haus Davids einen freien, offnen Born haben."— Sach. 13: 1.

E. C. Magaret.   W. S. Nickle.

1. Ja, ich hab' den Born ge = fun = den Mit der Pur = pur = ro = then Fluth,
2. See = len = ru = he durst' ich fin = den Und in Je = su sü = ße Raft;
3. Oft muß ich des Tag's ge = den = ken, Da der heil' = ge Geist er = schien,
4. O wie leicht, sein Joch zu tra = gen! Sei = ne Freu = de mccht mich reich;
5. Laßt mich al = ler Welt ver = kün = den Die = sen Born — den Got = tes = fohn,

Strö = mend hell aus Je = su Wun = den; Und mich rei = nig = te sein Blut.
O wie schnell die Sor = gen schwin = den, Wenn sein Arm mich traut um = faßt!
Mit der Kind = schaft Glück zu schen = ken Und Ver = ge = bung, nur durch ihn.
Von ihm ler = nen, ihn zu fra = gen, Was kommt die = ser Won = ne gleich?
Der uns rei = ni = get von Sün = den Für den Sitz auf sei = nem Thron.

CHOR.

Ja ge = fun = den, ja ge = fun = den Hab' ich die = se Se = gens = fluth;

Hal = le = lu = jah für die Wun = den Und die Kraft in Je = su Blut!

No. 111.   Drüben in dem seligen Land.

„Nun aber begehren sie eines besseren Vaterlandes, nämlich eines himmlischen."—Ebräer 11: 16.

E. E. Magaret, nach C. H. G.   Chas. H. Gabriel.

1. Un = fre Schrit te ei = len der Hei=math zu, Drü=ben in dem fel = gen Land;
2. Und wir fin = gen mit der Er=lö=sten Schaar,Drü=ben in dem fel = gen Land;
3. Wenn der Er = de Sor=gen und Leid ent=flohn, Drü=ben in dem fel = gen Land;
4. Und die Schaar der Lie=ben ist um uns her, Drü=ben in dem fel = gen Land;

Nach dem Wan=dern kommt ei = ne fü = ße Ruh, Drü=ben in dem fel = gen Land.
Brin=gen Preis und Eh = re dem Kö = nig bar, Drü=ben in dem fel = gen Land.
Nimmt uns Je = fus zu sich auf fei nen Thron, Drü=ben in dem fel = gen Land.
Auf dies Wie der=fehn folgt kein Scheiden mehr, Drü=ben in dem fel = gen Land.

CHOR.

Drü = ben in dem fel = gen Land! Drü=ben in dem fel = gen Land! Ruhn wir

im = mer = bar Mit der gro = ßen Schaar; Drü=ben in dem fel = gen Land.

No. 112. Ein Retter in der Zeit der Noth.

"Sei mir ein starker Fels und eine Burg, daß du mir helfest."—Psalm 31: 3.

E. E. Magaret.   A. J. Showalter.

1. Der Herr ist un=ser Fels und Hort, Ein Ret=ter in der Zeit der Noth;
2. Ein Schirm bei Tag, ein Schutz bei Nacht, Ein Ret=ter in der Zeit der Noth;
3. Und ob's auch drau=ßen tobt und stürmt, Ein Ret=ter in der Zeit der Noth;
4. O Got=tes=fels, o Zu=fluchts=ort, Ein Ret=ter in der Zeit der Noth;

Kein Leid noch Un=fall trifft uns dort, Ein Ret=ter in der Zeit der Noth.
Uns schre=cket kei=nes Fein=des Macht, Ein Ret=ter in der Zeit der Noth.
Wir sind ge=bor=gen und be=schirmt, Ein Ret=ter in der Zeit der Noth.
Sei un=sre Hül=fe fort und fort, Ein Ret=ter in der Zeit der Noth.

CHOR.

O Je=sus ist ein Fels in dem dürren Land, Im dür=ren Land, im dür=ren Land;

Je=sus ist ein Fels in dem dür=ren Land, Ein Ret=ter in der Zeit der Noth.

No. 113. Jesus kam des Wegs daher.

„Und alsobald ward er sehend."—Markus 10: 52.

E. E. Magaret, nach Rev. J. Hoffman Batten.　　　　　　　J. H. Meredith.

1. Der Bett = ler saß blind an des We = ges Rand, Und Je = sus kam da = her,
2. Ein Wort von dem Mei = ster,—der Schlei = er sank, Denn Je = sus kam da = her,
3. Ich hör = te Ge = sang aus der En = gel Reihn, Denn Je = sus kam da = her,
4. O kommt zu dem Hei = land der ret = ten kann, Denn jetzt kommt er da = her,

kam des Wegs da = her; Da ward ihm ein Ret = ter von Gott ge = sandt, Denn
kam des Wegs da = her; Und gött = li = cher Glau = be das Herz durchdrang, Denn
kam des Wegs da = her; Sie stim = men in's Lied der Er = lö = sung ein, Denn
kommt des Wegs da = her; Der Sün = der ruft laut und der Tag bricht an, Wenn

CHOR.

Je = sus kam des Wegs da = her.
Je = sus kam des Wegs da = her.
Je = sus kam des Wegs da = her.
Je = sus kommt des Wegs da = her.

Mein Le = ben war dun = kel von
leuch = tet da = rin = nen des

1

Noth und Schuld, Doch Je = sus kam da = her, kam des
Va = ters Huld.

2

Wegs da = her: Nun Denn Je = sus kam des Wegs da = her.

Weißer als Schnee.

„Wasche mich, daß ich schneeweiß werde."—Psalm 51: 9.

Carl Röhl, nach James Nicholson.　　　　　　　　　　　　　Wm. G. Fischer.

1. Herr Je = sus ich wä = re so ger = ne ganz heil, Und
2. Laß, Herr, bei = ne Gna = de mich völ = lig be = frei'n; O
3. Wie könn = test du, Hei = land, mich Ar = men ver = schmähn? O

woll = te, du wü = rest mein e = wi = ges Theil; Drum stil = le mein
hilf mir, mein Al = les dir gänz = lich zu weihn; Hier lieg' ich, Er =
sprich nur ein Wört = chen so ist es ge = schehn; Ich su = che bis

Seh = nen und hei = le mein Weh; O Hei = land, komm wa = sche mich
bar = mer, im Stau = be und fleh': O Hei = land, komm wa = sche mich
end = lich dein Ant = litz ich seh'; O Hei = land, komm wa = sche mich

CHOR.

wei = ßer als Schnee. Wei = ßer als Schnee, ja wei = ßer als

Schnee; O Hei = land, komm wa = sche mich wei = ßer als Schnee.

No. 115. Im Vaterhause.

"Ja, der Geist spricht, daß sie ruhen von ihrer Arbeit."—Off. Joh. 14: 13.

E. E. Magaret.   Arr.

Moderato.

1. { Weit ü=ber Jor=dans dun=klen Wo=gen, Auf lich=ten Au'n,
   { Dort in dem Glanz der gold=nen Son=ne Wei=len sie nun,

2. { Uns lie=ßen sie am ö=den Stran=de, Ein=sam al=lein.—
   { Von Er=den=leid und Weh ge=schie=den, An Je=su Brust

3. { O welch ein Land! von Licht und Le=ben Herr=lich ge=schmückt,
   { Je=su, mein Herz ist voll Ver=lan=gen, Hö=re mein Flehn;

Von kla=rer Him=mels=luft durch=zo=gen, Kannst du die Sel'=gen schau'n.
Um nach dem Sieg in Freud' und Won=ne E=wig in Gott zu ruhn.
Hell, wie der Glanz im Va=ter=lan=de, Strahlt ih=rer Kro=nen Schein.
Fühlt ih=re See=le tie=fen Frie=den, Se=li=ge Him=mels=luft.
Wo mich die Theu=ren einst um=ge=ben, Rein und von Gott be=glückt!
Laß mich, die mir vor=an=ge=gan=gen, Bei dir im Him=mel sehn.

CHOR.

O mein Herz ist voll Ver=lan=gen Hier im Welt=ge=braus

Sie einst auf e=wig zu um=pfan=gen Dro=ben im Va=ter=haus.

No. 116. Pilgerlied.

„Wir haben hier keine bleibende Stadt, sondern die zukünftige suchen wir."—Hebräer 13: 14.

Carl Röhl, nach H. G. Jackson, D. D.

Miß Emma E. Meyer.

Fröhlich.

1. Wir mar=schi=ren Hand in Hand nach dem heil'=gen Land, Fol=gen Je=su, un=serm
2. Wir mar=schi=ren Hand in Hand nach dem heil'=gen Land, Und wir scheu=en kei=ne
3. Wir mar=schi=ren Hand in Hand nach dem heil'=gen Land, Wo die Se=li=gen im

Füh=rer, un=ver=droß=sen; Stellt sich Sa=tan in den Weg, wir sind
Mü=hen noch Be=schwer=den; Un=ser Füh=rer öff=net Quel=len im
ew'=gen Frie=den woh=nen; Durch den Jor=dan geht's hin=ü=ber zum

kampf=ge=wandt, Ü=ber je=den Feind zu sie=gen fest ent=schlos=sen.
Wü=sten=sand, Und das Him=mels=man=na soll uns täg=lich wer=den.
gold'=nen Strand, Dort wird Gott der Sei=nen Treu=e e=wig loh=nen.

CHOR.

Mu=thig ziehn wir Hand in Hand Nach dem ew'=gen Ka=na=an,

Scheu=en kei=ne Mü=hen, noch Schmach und Leid; Denn wir sind be=reit Zum

Pilgerlied. Schluß.

heil'gen Kampf und Streit, Bis uns Je=sus dro=ben krönt in der Herr=lich=keit.

No. 117. Gottes Erntefeld.

"Sehet in das Feld, denn es ist schon weiß zur Ernte."—Joh. 4: 35.

Carl Röhl, nach J. E. S.   F. E. Shepard.

1. Herr=lich wogt das gold'=ne Äh=ren=feld; Sieh' die Ern=te reif und weiß!
2. Horch, der Hei=land ruft auch dich her=zu In die Ern=te reif und weiß!
3. Ei=le, denn die ed=le Zeit ver=geht; Sieh' die Ern=te reif und weiß!

Es be=deckt die wei=te, wei=te Welt— Got=tes Ern=te reif und weiß.
Fol=ge sei=nem Ru=fe; geh' auch du In die Ern=te reif und weiß.
Wir=ke treu=lich, rin=ge im Ge=bet Für die Ern=te reif und weiß.

CHOR.

Zieh' hin=aus........ in's wei=te Land,...... Mit der Si==chel in der
Zieh' hin=aus in das Land, Halt sie stets

Hand;.... Ist die Zahl der Schnitter auch noch klein; Bringe froh die Gar=ben ein.
in der Hand;

No. 118. **Ist auch eine dort für mich?**

E. E. Magaret.   Joh. 14: 2.   Emma E. Meyer.

1. Woh = nun = gen im Va = ter = land Hat be = rei = tet Got = tes Hand;
2. Kro = nen, hel = ler als ein Stern, Schmü = cken dort das Volk des Herrn
3. In Ge = wän = dern, weiß und rein, Klei = det sie ihr Kö = nig ein;
4. Har = fen, be = ren sü = ßer Ton, Preis't den gro = ßen Got = tes = sohn,

Vie = le freu'n dort o = ben sich. Ist auch ei = ne dort für mich?
Vor dem Thro = ne e = wig = lich. Ist auch ei = ne dort für mich?
Al = le la = det er zu sich. Ist auch ei = nes dort für mich?
Klin = gen dro = ben e = wig = lich. Ist auch ei = ne dort für mich?

CHOR.

Ist auch ei = ne dort für mich? Ist auch ei = ne dort für mich?
Ist auch ei = ne dort für mich? Ist auch ei = ne dort für mich?
Ist auch ei = nes dort für mich? Ist auch ei = nes dort für mich?
Ist auch ei = ne dort für mich? Ist auch ei = ne dort für mich?

Vie = le freu'n dort o = ben sich; Ist auch ei = ne dort für mich?
Vor dem Thro = ne e = wig = lich; Ist auch ei = ne dort für mich?
Al = le la = det er zu sich; Ist auch ei = nes dort für mich?
Klin = gen dro = ben e = wig = lich; Ist auch ei = ne dort für mich?

No. 119. **Lobet Gott den Herrn!**

"Jauchzet dem Herrn alle Welt, singet, rühmet und lobet."—Psalm 98: 4.

Carl Röhl, nach E. A. H. Rev. Elisha A. Hoffman.

Mit Begeisterung.

1. Preist den Herrn der für euch starb, Rüh=met sei=nen Na=men, Ze=ba=oth;
2. Er— das Heil, das uns er=quickt, Rüh=met sei=nen Na=men, Ze=ba=oth;
3. Er der Born der e=wig quillt, Rüh=met sei=nen Na=men, Ze=ba=oth;
4. Dro=ben wer=den wir ihn schau'n, Rüh=met sei=nen Na=men, Ze=ba=oth;

Der das Heil am Kreuz er=warb, Rüh=met sei nen Na=men, Ze=ba=oth.
Des=sen Lie=be uns be=glückt, Rüh=met sei=nen Na=men, Ze=ba=oth.
Und mein tief=stes Seh=nen stillt, Rüh=met sei=nen Na=men, Ze=ba=oth.
Auf des Him=mels lich=ten Au'n, Rüh=met sei=nen Na=men, Ze=ba=oth.

CHOR.   ff   f   m

Lo=bet Gott den Herrn! Preiset un=sern Gott! Rühmet seinen Na=men, Ze=ba=oth!

ff   f   m

Lobet Gott den Herrn! Preiset unsern Gott! Rühmet und er=he=bet un=sern Gott!

Garbe und Krone.

„Sie kommen mit Freuden und bringen ihre Garben."—Psalm 126: 6.

E. C. Magaret.   Emma E. Meyer.

1. O singt eu = re Lie = ber dem Hei = lan = de heut', Der euch zu er =
2. Der Mei = ster hat viel für die Sei = nen ge = than, Er schen = te nicht
3. Die Ern = te ist reif und die Dämm'rung bricht ein, Die Glo = cke am

lö = sen er = schien; Seid Je = su mit Freu = ben zum Dien = sie be = reit,
Mü = he noch Schweiß, Drum laßt uns mit bank = ba = rem Her = zen ihm nahn,
A = bend er = tönt; Zum Per = len = thor brin = ge bie Gar = ben hin = ein,

CHOR.

Und sam = melt bie Gar = ben für ihn.....
Und wir = ken mit Ei = fer und Fleiß... } Die Gar = ben sind reif, Drum
Dort wirst bu von Je = su ge = krönt...

sam = melt sie ein, Die köst = li = chen Stun = ben bes Le = bens ent = fliehn; Balb

winkt uns bie Rast Nach Mü = he und Last, Drum sammelt die Gar = ben für ihn.....

No. 121. Krönt ihn.

"Mit Preis und Ehre hast du ihn gekrönt."—Ebräer 2: 7.

E. C. Magaret, nach Mrs. Ella Lauder.　　　　　　　　　D. B. Towner.

1. Hoch vom Him=mels=dom er = klin = gen Wun = der = sü = ße Wei = sen,
2. Krönt, o krönt den Herrn der Gna = den, Für die heil'= gen Trie = be
3. Krönt, o krönt den Mann der Schmer = zen! Seht, er trägt zum Loh = ne
4. Krönt den To = des = ü = ber = win = der, Der aus Gra = bes=bau = den

Die den Hei = land prei = sen; Lau = schet, wie die En = gel sin = gen
Sei = ner Sün = der = lie = be; Der am Kreu = ze, fluch = be = la = den,
Ei = ne Dor = nen = kro = ne! Weiht dem Dul = der eu = re Her = zen,
Sieg=reich auf = er = stan = den; Er, das Le = ben sei = ner Kin = der,

Und den Ruhm des Herrn er = höhn!
Starb zum Heil der gan = zen Welt.
Jetzt er = ha = ben auf dem Thron.
Ist mit Hei = lig = keit ge = krönt.

CHOR.

Krönt ...... den Eh = ren=
Krönt ihn, krönt den

tö = nig; Jauchzt dem Soh = ne Da = vids,—krönt den Herrn der Welt!
Eh = ren = kö = nig,

Krönt...... den Eh = ren = kö = nig,—Krönt den Hei = land al = ler Welt!
Krönt ihn, krönt den Eh = ren=kö=nig,—

No. 122.   Am Kreuz.

„Es sei aber ferne von mir rühmen, denn allein von dem Kreuz unsers Herrn Jesu Christi."—Gal 6: 14.
E. E. Magaret, nach T. G. Colsag.   Grant C. Tullar.

Kräftig.

1. Am Kreuz voll Schmach und Wun = den, Von Sün = den tief ge = beugt,
2. Am Kreuz voll Schmach und Wun = den, Ließ ich mein Leid und Weh',
3. Am Kreuz voll Schmach und Wun = den Ward ich ein Kind des Herrn;
4. Am Kreuz voll Schmach und Wun = den Ist Hei = lung! Komnt her = bei,

Hat Je = sus mich ge = fun = den Und Gna = be mir er = zeigt.
Die Fle = cken sind ver = schwun = den, Er wusch mich weiß wie Schnee.
Mir schien nach dun = kler Stun = den Der hel = le Mor = gen = stern.
Ihr, die der Feind ge = bun = den, Er macht euch rein und frei.

Auf Gol = ga = tha, am Kreu = ze dort, Wo er, mein Heil, er = blich,
Auf Gol = ga = tha am Kreu = zes = stamm Ward mei = ne See = le rein;
Auf Gol = ga = tha ver = schwand die Nacht, Ein neu = er Tag be = gann,
Am Kreu = zes = stam = me gab er sich Für uns zum Lö = se = geld;

Ist mei = ner See = le Zu = fluchts = ort, Da = rin ver = birgt sie sich.
Das Mit = tel war das Op = fer = lamm Und sei = ne To = des = pein.
Der mich so froh und glück = lich macht, Daß ich's nicht sa = gen kann.
Krönt ihn als Kö = nig e = wig = lich, Den Herrn der gan = zen Welt.

No. 123. Hand in Hand mit Jesu.

"Du leitest mich nach deinem Rath."—Psalm 73: 24.
"Ich nahm Ephraim bei seinem Arm und leitete ihn."—Hosea 11: 3.

C. C. Magaret, nach Jessie H. Brown.　　　　　　　　　　D. B. Towner.

1. Hand in Hand mit Je=su kann ich si=cher gehn, Wird er doch im
Le=ben Al=les recht ver=sehn; A=ber oh=ne Je=sum senfzt mein
Herz und klagt:—Hand in Hand mit Je=su bin ich un=ver=zagt.

2. Hand in Hand mit Je=su bin ich nie al=lein, Freun=de mö=gen
schei=den, er bleibt e=wig mein; Wenn er mich auch manch=mal in die
Au=gen sich im To=de zu; Wenn ich dann er=wa=che, werd' ich

3. Hand in Hand mit Je=su geh' ich ein zur Ruh', Schlie=ßen mei=ne
Au=gen sich im To=de zu; Wenn ich dann er=wa=che, werd' ich
bei ihm sein; Hand in Hand mit Je=su geht's zum Him=mel ein.

4. Hand in Hand mit Je=su dro=ben auf dem Thron: Müh=sam war die
Ar=beit, herr=lich ist der Lohn: Köst=lich iß's zu ru=hen nach dem
Er=den=leid, Hand in Hand mit Je=su, in der E=wig=keit.

CHOR.

Hand in Hand mit dem Herrn kann mir nichts ge=schehn;

Hand in Hand mit Je=su Werd' ich si=cher gehn.

No. 124. Unsere Sonntagschule.

„Lernet von mir."—Matth. 11: 29.
„Des Herrn Furcht ist Anfang zu lernen."—Sprüche Sal. 1: 7.

E. C. Magaret, nach James R. Smith.

Jno. R. Sweney.

Moderato.

1. O Sonn=tag=schul', ... mir lieb und werth, ... Wo man so
2. O Sonn=tag=schul', ... wo je = der gern .... Das Lob be=
3. O Sonn=tag=schul', ... du Gar=ten=beet, ... Das wohl ge=
4. O Sonn=tag=schul', ... du klei=ne Welt, ... Auf die der

viel .... von Je=su hört, ... Wo man sein Wort .... mit Freuden
singt .... des theuren Herrn; .... Wo un=ser Herz, ... an sei=ner
pflegt .... voll Pflänzlein steht; .... Sie blühn für ihn, ... den Herrn, al=
Thau .... des Himmels fällt; .... Hier ler = nen wir .... das wah=re

liest, ... Das vol = ler Trost .... und Hoffnung ist. ....
Hand, ... Den Weg be = tritt .... in's Va = ter = land. ....
lein, ... Sein Lä = cheln ist .... ihr Son=nen = schein. ....
Glück, ... Und dan = ken Gott .... mit fro = hem Blick. ....

CHOR.

O theu = re Sonntag=schul', Du Heim voll Sonnenschein, Wir ge = hen, Groß und

Klein, So gern zu dir hin = ein. Wir den = ken oft an dich, Und

Unsere Sonntagschule. Schluß.

ste = hen in = nig = lich: "Laß un = fre Schu = le, Herr, vor dir ge = deihn. (dir gedeihn.)

No. 125. Segensströme.

"Das sollen gnädige Regen sein."—Hes. 34: 26.

E. C. Magaret, nach El. Nathan.　　　　　　James McGranahan.

1. Sen = de uns Strö = me voll Se = gen Nie = der, o Hei = li = ger Geist,
2. Sen = de uns Strö = me voll Se = gen, Sü = ße Er = quick = ung der Welt,
3. Sen = de uns Strö = me voll Se = gen, Hei = land, dein Er = be ver = dorrt,
4. Sen = de uns Strö = me voll Se = gen, Laß sie uns heu = te noch sehn,

Daß sie die Her = zen be = we = gen Wie es dein Wort uns ver = heißt.
Mäch = tig = lich rau = schend ent = ge = gen Ü = ber das dür = sten = de Feld.
Komm, es in Gna = den zu pfle = gen, Eh = re dein gött = li = ches Wort.
Daß sich die Schlummernden re = gen; Je = sus, ver = nimm un = ser Flehn.

CHOR.

Strö = = me voll Se = gen, Trop = fen ge = nü = gen uns nicht;
Strö = me, Strö = me voll Se = = gen,

Sen = de uns "gnä = di = ge Re = gen", Wie es dein Wort uns ver = spricht.

Copyright, 1883, by James McGranahan.

No. 126. Ich will dort sein Lob besingen.

"Ich will singen von der Gnade des Herrn ewiglich."—Psalm 89: 2.

E. E. Magaret, nach P. H. Dingman.   Jno. R. Sweney.

1. Du fragst: „Was macht dich glücklich, dein Herz so froh und leicht?" Das kommt, weil mir mein
2. Ich war ein armer Wandrer, bis er mich zu sich nahm, Mein Leben voller
3. O würde je der Sünder vor seinem Throne knie'n! Er heißt ihn gern will-
4. Für Jesum will ich leben, allein zu seinem Ruhm; Und ruft mich seine

Hei = land, die Gnadenhand gereicht; Er führte mich zum Lichte aus
Sün = de, mein Herz voll Furcht und Scham; Doch als sein Blut am Kreu = ze, Ver-
kom = men, er wartet längst auf ihn. O wüßte er, wie Je = sus das
Stim = me in's ob = re Heiligthum, So werd' ich mit den Frommen, nach

Dunkelheit und Nacht, Da = für sei, liebster Je = sus, dir Lob und Dank gebracht.
ge = bung zu mir sprach, Welch Augenblick voll Segen, welch Freuden-rei = cher Tag.
Herz zu trösten weiß, Er sän = ge heute mit mir ein Lied zu sei = nem Preis.
Kreuz und Erden-leid, Das Lob des Herrn besingen in al = le E = wig = keit.

CHOR.

Ich will dort sein Lob be = sin = gen,...........   Und wir
So will ich, so will ich;

jauch = zen: Hal = le = lu = jah, im Him = mel e = wig = lich; — Ich will dort sein Lob be =

Ich will dort sein Lob besingen. Schluß.

sin = gen.......... Und wir jauchzen: Hal-le-lu-jah, im Him-mel e = wig = lich.

So will ich, so will ich;

No. 127. Ewige Ruhe.

„Darum ist noch Ruhe vorhanden dem Volke Gottes."—Heb. 4: 9.

Carl Röhl.   Rev. W. McDonald.

1. Dro = ben in des Him = mels Fer = nen Ist ein sel' = ges Hei = math =
2. Uns die Stät = te zu be = rei = ten, Zog der Hei = land schon vor =
3. Vor wärts, Schiff = lein, steu = re mu = thig Je = nem Him = mels = stran = de

land, Wo schon man = cher mü = de Pil = ger Sü = ße Got = tes = ru = he fand.
aus; Ruft uns zu vom fer = nen Stran = de: „Sei ge = treu und hal = te aus!"
zu; Bald wirst du vor An = fer ge = hen In dem Ha = fen sel' = ger Ruh'.

CHOR.

Da ist Ruh' für die Mü = den, Da ist Ruh' für die Mü = den,
An dem fer = nen Jor = dans = stran = de, Wo auf E = dens Ge = fil = den

Da ist Ruh' für die Mü = den, Da ist ew = ge Ruh'.
Le = bens = bäu = me e = wig blü = hen, Da ist ew = ge Ruh'.

Meyer & Brother, Chicago, Ill.

No. 128. Mache Jesu Liebe kund.

„Ich will erzählen, was Gott an meiner Seele gethan hat."—Psalm 66: 16.

E. C. Magaret, nach J. M. W.   J. M. Whyte.

1. O Bru = der, bist du froh, daß dir Gott ver = ziehn? Mach' uns heut' die
2. Auf Gol = ga = tha am Kreuz! War der Hei = land dort? Mach' uns heut' die
3. Be = rühr = te dei = ne Hand sei = nes Klei = des Saum? Mach' uns heut' die
4. Der Kampf ist bald vor = bei und es naht der Sieg! Mach' uns heut' die

Lie = be Je = su wie = der kund; Er starb für dich am Kreuz, und du
Lie = be Je = su wie = der kund; Und hat er dich er = quickt durch sein
Lie = be Je = su wie = der kund; Weit sü = ßer war dies Glück, als der
Lie = be Je = su wie = der kund; Das giebt uns neu = en Muth in dem

lebst durch ihn, Mach' uns heut' die Lie = be Je = su wie = der kund.
theu = res Wort' Mach' uns heut' die Lie = be Je = su wie = der kund.
schön = ste Traum! Mach' uns heut' die Lie = be Je = su wie = der kund.
heil' = gen Krieg; Mach' uns heut' die Lie = be Je = su wie = der kund.

Ist dein Wan = del nun in der Furcht des Herrn? Ward dein kran = kes
Nim = mer flu = dest du ei = nen Freund wie ihn, Der da hilft in
Ach, so Man = cher irrt durch die Welt da = hin, Von dem Gift der
Nach dem letz = ten Sieg herrscht der Herr al = lein Auf dem wei = ten,

Herz durch ihn ge = sund? Ist er des Tags dein Lied und des
je = der ban = gen Stund', Drum sag' es al = ler Welt wie dir
Sün = de, krank und wund; O wei = se ihn mit Ernst auf den
wei = ten Er = ben = rund; Drum wol = len wir nur ihm un = ser

Mache Jesu Liebe kund. Schluß.

Nachts dein Stern? Ma = che heut' die Lie = be Je = su wie = der kund!
Gott ver = ziehn, Ma = che heut' die Lie = be Je = su wie = der kund!
Hei = land hin, Ma = che heut' die Lie = be Je = su wie = der kund!
Le = ben weihn! Ma = che heut' die Lie = be Je = su wie = der kund!

CHOR.

Ma = che heut' die Lie = be Je = su,
Ma = che heut' die Lie = be Je = su wie = der kund,

Je = su Lie = = be wie = der kund;
Je = su Lie = be, Je = su Lie = be wie = der kund;

Brin = ge al = ler Welt die Kun = de, Rüh = me laut mit fro = hem

Mun = de! Ma = che heut' die Lie = be Je = su wie = der kund.

No. 130. Herrliche Kunde vom Herrn.

"Siehe ich verkündige euch große Freude."—Luk. 2: 10.

E. E. Magaret, nach Rev. J. M. D.   Rev. J. M. Driver.

1. Herr = li = che Kun = de vom Herrn; Sagt sie mir noch ein = mal;
2. Herr = li = che Kun = de vom Herrn; Scheint auch der Frie = be weit;
3. Herr = li = che Kun = de vom Herrn; Je = sus ver = leiht uns Ruh';

Herr = li = che Kun = de vom Herrn; Rau = schend vom Him = mels = saal.
Herr = li = che Kun = de vom Herrn; Je = sus ist stets be = reit.
Herr = li = che Kun = de vom Herrn; Ru = he, mein Herz, auch du.

Hört, wie sie En = gel be = fin = gen, Beth = le = hems Hir = ten sie brin = gen,
Hört ihn von Gol = ga = tha la = den, Eilt zu der Quel = le der Gna = den,
Sinn mit den Se = li = gen dro = ben, Ir = di = schen Lei = den ent = ho = ben,

Laßt sie die Her = zen durch = drin = gen! Herr = li = che Kun = de vom Herrn.
Hei = lung ge = währt sie vom Scha = den, Herr = li = che Kun = de vom Herrn.
Wirst du ihn e = wig = lich lo = ben; Herr = li = che Kun = de vom Herrn.

CHOR.

Herr = li = che, Herr = li = che,
Herr = li = che Kun = de vom Herrn, Herr = li = che Kun = de vom Herrn,

By permission.

Herrliche Kunde vom Herrn. Schluß.

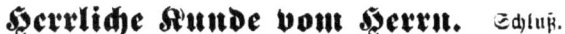

Herr - - li - - che, Herr - li - che Kun - de vom Herrn.
Herr - li - che Kun - de vom Herrn,

No. 131. Golgatha.

„Und sie brachten ihn an die Stätte Golgatha."—Mark. 15: 22.

E. C. Magaret. Emma E. Meyer.

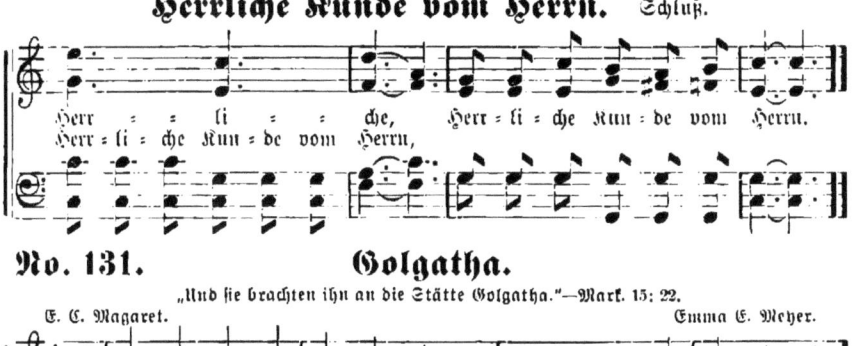

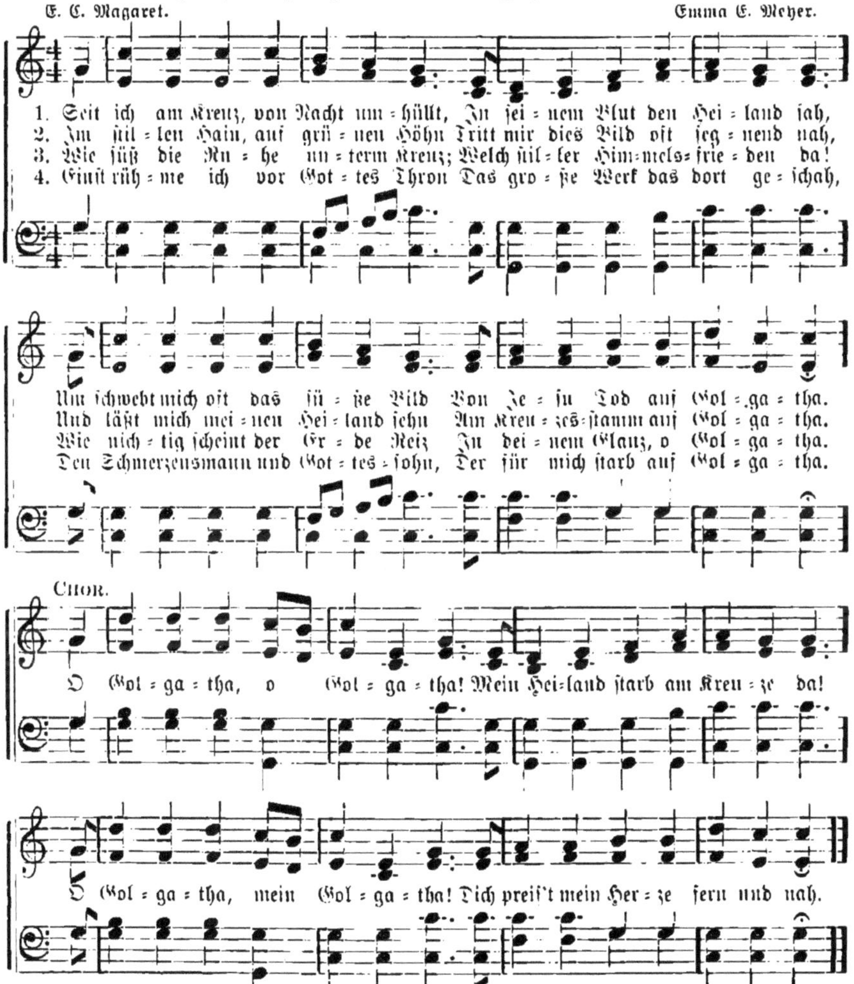
1. Seit ich am Kreuz, von Nacht um - hüllt, In sei - nem Blut den Hei - land sah,
2. Im stil - len Hain, auf grü - nen Höhn Tritt mir dies Bild oft seg - nend nah,
3. Wie süß die Ru - he un - term Kreuz; Welch stil - ler Him - mels - frie - den da!
4. Einst rüh - me ich vor Got - tes Thron Das gro - ße Werk das dort ge - schah,
Um schwebt mich oft das sü - ße Bild Von Je - su Tod auf Gol - ga - tha.
Und läßt mich mei - nen Hei - land sehn Am Kreu - zes - stamm auf Gol - ga - tha.
Wie nich - tig scheint der Er - de Reiz In dei - nem Glanz, o Gol - ga - tha.
Den Schmerzensmann und Got - tes - sohn, Der für mich starb auf Gol - ga - tha.
Chor.
O Gol - ga - tha, o Gol - ga - tha! Mein Hei - land starb am Kreu - ze da!
O Gol - ga - tha, mein Gol - ga - tha! Dich preis't mein Her - ze fern und nah.

No. 132. Die frohe Botschaft.

"Gehet hin in alle Welt und prediget das Evangelium aller Creatur."—Markus 16: 15.

E. E. Magaret, nach E. H. G. Chas. H. Gabriel.

1. Bringt die fro-he Kun-de ü-ber Meer und Land; Der Ge-fang-nen
2. Wa-rum fern hin zie-hen, wo die Pal-men wehn, Wenn vor un-freu
3. Auch in fer-nen Lan-den pre-di-get das Wort, Wir-ket, wacht und

Ket-ten brecht mit star-ker Hand; Macht dem Wort der Gna-de
Thü-ren See-len un-ter-gehn? Hier, wo längst die Bi-bel
be-tet mu-thig wei-ter fort; Wei-het Zeit und Ga-ben,

ei-ne frei-e Bahn; Sagt's den Men-schen al-len, was der Herr ge-than
Licht und Leuch-te war, Rau-chen Gö-tzen-op-fer auf dem Brand-al-tar.
op-fert Gut und Geld, Gott der Herr wird sie-gen,—ihm ge-hört die Welt.

CHOR.

Sen - - - - det Got-tes Wort Durch die Lan-de
Sen-det Got-tes Wort, Sen-det Gottes Wort Durch die Lan-de mit Ge-

mit Ge-bet und Flehn;........ Laßt im Wort,............ dem theu-ren
bet und hei-ßem Flehn; Got-tes Wort, Sen-det Got-tes Wort,

Die frohe Botschaft. Schluß.

Wort. Al = ler Welt das Heil in Chri = sto sehn.
Sen = det Got = tes Wort, Las = set al = ler Welt das Heil in Chri = sto sehn.

No. 133. Immer noch Jesus.

„Jesus Christus, gestern und heute, und derselbe auch in Ewigkeit."—Ebräer 13; 8.

E. C. Magaret, nach L. H. Edmunds. Wm. J. Kirkpatrick.

1. Kommt, Sün = der, zu dem Gna = den = thron, S'ist im = mer noch Je = sus
2. Kommt her und es = set Le = bens = brod, S'ist im = mer noch Je = sus
3. O kommt zu en = rem be = sten Freund, S'ist im = mer noch Je = sus
4. Kommt! er ver = schenckt die Sün = den = nacht, S'ist im = mer noch Je = sus

Der einst er = weckt der Witt = we Sohn, Der näm = li = che Je = sus.
Der einst der Men = ge Spei = se bot, Der näm = li = che Je = sus.
Der oft um Men = schen = noth ge = weint, Der näm = li = che Je = sus.
Der blin = de Au = gen se = hend macht, Der näm = li = che Je = sus.

CHOR.

S'ist im = mer noch Je = sus, Der wun = der = ba = re Je = sus;

Preist Je = sum Christ, Er war und ist Der näm = li = che Je = sus.

No. 134.   Des Christen Werk.

"Fleißig—zu guten Werken."—Titus 2: 14.

E. C. Magaret, nach P. P.   Philip Phillips.

1. Ver = ei = nigt sind wir heu = te hier, Und sin = gen Got = tes Ruhm;
2. Wie köst = lich die = ser heil' = ge Bund Der fro = hen Jün = ger = schaar!
3. Hier ler = nen wir das Werk des Herrn Und la = den See = len ein:
4. Bald ist die schwe = re Ar = beit aus, Der A = bend winkt von fern;

Herr, un = ser Herz ver = langt nach dir Ju bei = nem Hei = lig = thum.
Hier wird uns Got = tes Wil = len kund, Sein Lie = ben of = fen = bar.
"Ihr Sün = der kommt von Nah und Fern; Gott will euch gnä = dig sein!"
Dann wei = len wir im Va = ter = haus Auf e = wig bei dem Herrn.

CHOR.

Wir mar = schi = ren vor = wärts, Kin = der ei = nes Va = ters, Vor = wärts! Auf = wärts!

Dro = ben winkt der Lohn! Sind des Jor = dans Wo = gen, Im Tri = umph durch =

zo = gen, Lan = den wir im Pa = ra = dies, Vor Got = tes Thron.

No. 135.   Kein Scheiden mehr.

„Gott wird abwischen alle Thränen."—Off. Joh. 21: 4.

E. C. Magaret, nach G. C. H.   Geo. C. Hugg.

1. Wenn auf To = des = nacht einst der Mor = gen tagt In der Hei = math so
2. Kei = ne Trau = rig = keit, noch Ge = fahr und Leid Macht das Herz der Ver =
3. Mit den Lie = ben dort an dem schö = nen Ort E = wig weilen—ist

licht und hehr, Denkt man wohl im Glück an die Welt zu = rück; Doch es
klär = ten schwer; In der Sel = 'gen Kreis tönt nur Lob und Preis, Denn es
mein Be = gehr; Wo uns Je = sus grüßt und das Leid ver = süßt, Denn es

CHOR.

giebt dort kein Schei = den mehr. Au dem Mor = gen frei von
giebt dort kein Schei = den mehr.
giebt dort kein Schei = den mehr. In der Mor = gen = zeit frei von

Sor = gen, In der Hei = math so licht und hehr; Welch Be =
Sorg' und Leid,

grü = ßen und Ge = nie = ßen, Denn es giebt dort kein Scheiden mehr.
grü = ßen dort und Ge = nie = ßen dort,

No. 136. Wo Gott allein regiert.

„Es sind die Reiche der Welt unseres Herrn und seines Christus geworden."—Off. Joh. 11: 15.

Carl Röhl.

Tune: BATTLE HYMN OF THE REPUBLIC.

Allegretto Maestoso.

1. O seht das Licht der Wahr-heit Auf den Ber-ges-hö-hen glühn; Seht es
2. Vom heit-ren Le-bens-mor-gen Bis zum A-bend-son-nen-strahl, Wol-len
3. Legt an des Gei-stes Waf-fen De-nen Erz und Stahl nicht gleicht, Nehmt das

strah-lend durch die Lan-de Hin zum fern-sten Mee-re ziehn! Bis
wir uns treu-lich mü-hen In dem Werk das Gott be-fahl; Bis
schar-fe Schwert des Wor-tes, Das des Sün-ders Herz er-reicht; Bis

vor dem gold-nen Glan-ze Nacht und Fin-ster niß entfliehn, Und Gott al-lein re-giert.
wir als Sie-ger zie-hen In des Himmels Freu-den-saal, Wo Gott al-lein re-giert.
wir den Sieg er-run-gen Und die Macht der Sün-de weicht, Und Gott al-lein re-giert.

CHOR.

Glo-rie, Glo-rie, Hal-le-lu-jah! Glo-rie, Glo-rie, Hal-le-lu-jah!
Glo-rie, Glo-rie, Hal-le-lu-jah! Glo-rie, Glo-rie, Hal-le-lu-jah!

Glo-rie, Glo-rie, Hal-le-lu-jah! Wenn Gott al-lein re-giert!....
Glo-rie, Glo-rie, Hal-le-lu-jah! Wenn

Meyer & Brother, Chicago, Ill.

Ruf zum Kreuze.

„Es sei aber ferne von mir rühmen, denn allein von dem Kreuz unsres Herrn Jesu Christi."—Gal. 6: 14.

Arr. von H. C. Apfelbach.   H. Gerdes Odinga.

1. O See = le, komm ei = lend zum Kreu = ze, Es la = det der Hei = land dich
2. O ju = che Ver = ge = bung und Frie = den Beim Kreuz für dein trau = ri = ges
3. O ju = che Er = lö = jung von Sün = den Beim Kreuz in des Hei = lan = des
4. O je = li = ge Hoff = nung des Le = bens, Der Herr = lich = keit dro = ben beim

ein; Hier flie = set der Born sei = ner Gna = de So herr = lich für Groß und für
Herz; Dein Je = sus be = glückt schon hie = nie = den, Und hei = let dir jeg = li = chen
Blut; Da wirst du die Hei = lig = ung fin = den, Dies köst = li = che, himm = li = sche
Herrn, Wir kom = men zum Kreuz nicht ver ge = bens, Schon schimmert die Kro = ne von

CHOR.

Klein.   mf   O kom = met doch Al = le zum Kreu = = ze,   zum
Schmerz.
Blut.
fern.   O kom = met doch Al = le, o kom = met zum Kreu = ze doch

Kreu = ze nur ei = let hin = zu,............ So giebt euch der Hei = land noch
Al = le, zum Kreu = ze nur ei = let hin = zu, So giebt euch der Hei = land, so

heu = = te,   noch heu = te die se = li = ge Ruh................
giebt euch der Hei = land noch heu = te, noch heu = te die se = li = ge Ruh'.

Meyer & Brother, Chicago, Ill.

No. 138. Gnade die Fülle und frei.

„Von seiner Fülle haben wir alle genommen Gnade um Gnade."– Joh. 1: 16.

E. E. Magaret, nach Henrietta E. Blair.   W. J. Kirkpatrick.

1. Dan = ket dem Herrn, sei = ne Gna = de ist frei; Gna = de ist frei,
2. Wa = rum denn wan = dern in Nacht und in Grans? Gna = de ist frei,
3. Wei = he dich ihm, der auf Gol = ga = tha litt; Gna = de ist frei,
4. Frei = e Ver = ge = bung für je = den der glaubt; Gna = de ist frei,

REFRAIN.–Je = sus, der Hei = land, er ruft dich her = bei, Ruft dich her = bei,

Gna = de ist frei: Sün = der, ver=nimm es und ei = le her = bei,
Gna = de ist frei: Sie = he, der Geist spricht: „Komm ei=lend nach Haus!"
Gna = de ist frei: Und dich dort o = ben beim Va = ter ver = tritt,
Gna = de ist frei: Er giebt dir wie = der was Sa = tan ge = raubt,

ruft dich her = bei; Ruft dich mit lie = ben = der Stim = me her = bei;

FINE.

Gna = de die Fül = le und frei..... Al = le die gläu = big zu
Gna = de die Fül = le und frei..... Flie = he die Fin = ster=niß,
Gna = de die Fül = le und frei..... Kom = me in Thrä = nen und
Gna = de die Fül = le und frei..... Je = sus, er su = chet dich

Komm! denn die Gna = de ist frei.....

Je = su sich nahn, Gna = de ist frei, Gna = de ist frei; Sol = len das
su = che das Licht, Gna = de ist frei, Gna = de ist frei; Je = sus, er
gieb ihm dein Herz, Gna = de ist frei, Gna = de ist frei; Er ist dein
zu sich zu ziehn, Gna = de ist frei, Gna = de ist frei; Trau' sei = nem

Gnade die Fülle und frei. Schluß.

e = wi = ge Le = ben em = pfahn, Gna = de die Fül = le und frei.
har = ret, — o zö = ge = re nicht, Gna = de die Fül = le und frei.
Hei = land, er heilt dei = nen Schmerz, Gna = de die Fül = le und frei.
Wor = te und glau = be an ihn, Gna = de die Fül = le und frei.

No. 139. Der frohe Pilger.

„Ich bin beides dein Pilgrim und dein Bürger, wie alle meine Väter."—Psalm 39: 13.

F. E. Magaret.

1. { Ich sah in schlich = tem Klei = de Einst ei = nen Wan = der ziehn;
{ Auf sei = ner See = le ruh = te Nicht Sün = den = last noch Pein;
2. { Ob heiß des Som = mers Schwü = le, Ihn schirm = te Got = tes = macht,
{ Er zog da = hin voll Lo = ben Und freu = di = gem Ge = sang,
3. { Mein sünd = li = ches Ver = gnü = gen Be = rausch = te sei = nen Sinn;
{ So zog er hin und wie = der Durch Kreuz und Un = ge = mach;
4. { Des Früh = roths lich = te Far = ben Ver = klär = ten sei = nen Pfad;
{ Und als sein Werk zu En = de Wie herr = lich war der Lohn!

Sein Herz voll heil' ger Freu = de Sang In = bel = me = lo = dien; }
Am Kreuz in Je = su Blu = te Ward er von Sün = den rein. }
Wie lau = e A = bend = küh = le Am schwe = ren Tag der Schlacht; }
Das Lied, es kam von o = ben, Das aus dem Her = zen drang. }
Man las in sei = nen Zü = gen: „Mein Hei = land, deß ich bin!" }
Es prie = sen sei = ne Lie = der Den Hei = land Tag für Tag. }
Er band in gol = nen Gar = ben Des Mei = sters rei = fe Saat. }
Es brach = ten En = gel = hän = de Die Gar = ben vor den Thron. }

REFRAIN.

Dein Sie = ges = pal = men und Eh = ren = kro = nen, Sie = ges = pal = men sind un = ser Lohn.

Meyer & Brother, Chicago, Ill.

No. 140. Sei stark in Versuchung.

„Der Herr weiß die Gottseligen aus der Versuchung zu erlösen."—2 Petri 2: 9.

E. C. Magaret, nach H. R. P.   Dr. H. R. Palmer.

1. Sei stark in Ver = su = chung! O gieb dich nicht hin! Sie mu = thig be =
2. Flieh' lo = se Ver = füh = rer; Dein Wan=del sei licht; Miß=brau = che den
3. Dem Sie = ger ist dro = ben Die Kro = ne be = reit; Er siegt durch den

kämp = fen, Bringt gro=ßen Ge = winn. Be = sie = ge die Lü = ste
Na = men Des Hei = li = gen nicht; O su = che im Se = gen
Glau = ben In jeg = li = chem Streit. Dein star = ker Er = lö = ser

In brün = sti = gen Flehn; Blick' gläu=big auf Je = sum, Er hilft dir be = stehn.
Durch's Le = ben zu gehn; Blick' gläu=big auf Je = sum, Er hilft dir be = stehn.
Wird Al = les ver = sehn; Blick' gläu=big auf Je = sum, Er hilft dir be = stehn.

CHOR.

Will dich Sa = tan be = thö = ren, Ruh' und Frie = den dir stö = ren,

Je = sus wird dich er = hö = ren, Je = sus hilft dir be = stehn.

Ehre sei dem Herrn.

„Lobsinget zu Ehren seinem Namen."—Psalm 66: 2.

E. C. Magaret, nach Rev. E. A. Hoffman.   Rev. J. H. Stockton.

1. Un = ter dem Kreuz, wo auch mir zu gut Ström = te die köst = li = che Gna = den = fluth, Dort fand ich Frie = den in Je = su Blut;
2. Ich bin aus Gna = den von Sün = den rein, Je = sus er woh = net im Her = zen drein; Dort un = ter'm Kreuz ward ich e = wig sein;
3. Herr = li = che Quel = le, die Sün = der heilt, Ich bin im Glau = ben und un = ver = weilt In dei = ne füh = nen = de Fluth ge = eilt;
4. Kommt zu der Quel = le so reich und klar, Bringt eu = re See = len dem Hei = land bar, Dann singt ihr einst mit der gro = ßen Schaar;

CHOR.

Eh = re sei dem Herrn! Eh = re sei dem Herrn, Eh = re sei dem Herrn!

Dort fand ich Frie = den in Je = su Blut; Eh = re sei dem Herrn!

By permission.

Das Sternenbanner.

„Wir rühmen, daß du uns hilfst und im Namen unseres Gottes werfen wir Panier auf."—Psalm 20: 6.
E. C. Magaret.

1. O seht ihr von fern, in des Mor-gen-lichts Pracht, Die Fah-ne die
2. An dem Strand, halb ver-hüllt von der neb-li-gen Luft, Wo die Fein-be sich
3. Und wo ist die Schaar, die im Kampf-ge-wühl dicht Ih-res Ei-des ge-
4. Und so sei es stets in dem Lan-be der Frei'n, Der Hel-den, die
5. Und wenn in dem Lan-be, von Frei-heit um-grünt Sich Fein-be er-

stolz wir im Kam-pfe be-grüß-ten, De-ren Ster-ne und Strei-fen nach
la-gern in bro-hen-bem Schwei-gen, Was sehn wir im Wind ü-ber
bach-te voll hei-li-gem Mu-the: „Ei-ne Hei-math, ein Va-ter-land
mu-thig im Kam-pfe ge-stan-ben, Von Frie-ben be-glückt preist des
he-ben mit ruch-lo-sen Hän-ben, Ein „Tob den Ver-rä-thern," die

to-ben der Schlacht Auf den Wäl-len das schei-ben-be A-benb-roth küß-ten;
Hü-gel und Kluft Im mun-te-ren Spiel bald sich he-ben, bald nei-gen?
gönnt man uns nicht; Auf, süh-net die Schan-be im feind-li-chen Blu-te!"
Lan-bes Ge-beihn, Die Macht, die es schütz-te vor Ket-ten und Ban-ben.
frech sich er-kühnt, Das Ban-ner der Ster-ne uns Strei-fen zu schän-ben!

Un-ter Bom-ben ge-krach an dem blu-ti-gen Tag Rief ihr An-blick das
Jetzt er-glänzt es wie Blut in des Mor-gen-roths Gluth, Jetzt er-scheint uns sein
Ten Ver-rä-ther und Schuft schützt nicht Man-er noch Kluft, Vor dem Schrecken der
Auf den Herrn laßt uns schaun, auf Ge-rech-tig-keit baun, Dieß bleibt un-ser
Wir be-schir-men das Land, un-srer Staa-ten Ver-band, Und das Ban-ner der

Meyer & Brother, Chicago, Ill.

Das Sternenbanner. Schluß.

CHOR.

Feu = er der Käm = pfen = den wach. O sagt, ob das Ban = ner mit
Bild in der schim = mern = den Fluth? S'ist das sieg = rei = che Ban = ner das
Flucht und der für = ste = ren Gruft. Weil das sieg = rei = che Ban = ner mit
Mot = to: „Auf Gott wir ver = trau'n!" So = lan = ge das Ban = ner mit
Frei = heit mit mäch = ti = ger Hand; Auf daß sieg=reich das Ban = ner mit

Cres *ff*

Ster = nen be = sä't, Ue=berm Lan = de der Frei'n und der Bra = ven noch weht?
Ster = nen be = sä't, Ue=berm Lan = de der Frei'n und der Bra = ven noch weht?
Ster = nen be = sä't, Ue=berm Lan = de der Frei'n und der Bra = ven noch weht?
Ster = nen be = sä't, Ue=berm Lan = de der Frei'n und der Bra = ven noch weht?
Ster = nen be = sä't, Ue=berm Lan = de der Frei'n und der Bra = ven stets weht?

No. 143. Amerika.

„Wohl dem Volk, deß der Herr sein Gott ist."—Psalm 33: 12.

E. C. Magaret.   H. Carey.

1. Heimathland, nur von dir, Hei = li = ger Frei=heit Zier, Tönt mein Ge=sang; Land, das der
2. Heil' ges und frei = es Land, Wo meine Wie = ge stand, Dich liebt mein Herz: Fels der und
3. Hell wie Mu=sik em=por Rausche der Freiheit Chor Durch Flur und Wald! Singt ihm mit
4. Gott un = srer Vä = ter Hort, E = wi=ger Frei=heit Port, Dir sin = gen wir; Laß ü = ber

Cres.

Vä = ter Schaar Ruhstadt und Freude war, Dir schal = le hell und klar Der Frei=heit Klang.
Wiesenpracht, Ströme und Waldesnacht Zie=hen mit sanf=ter Macht Mich him mel=wärts.
frohem Mund, Macht ihn den Völkern kund, Bis er im Er=den=rund Laut wie=der=hallt.
Thal und Höhn Lüfte der Frei=heit wehn, Schirm' uns, o Gott, wir flehn Al=lein zu dir.

Meyer & Brother, Chicago, Ill.

No. 144. Die Botschaft des Heils.

„Welcher will, daß allen Menschen geholfen werde und zur Erkenntniß der Wahrheit kommen."—
E. E. Magaret, nach E. E. Hewitt.   1 Tim. 2: 4.   Chas. H. Gabriel.

1. Bringt al = len Lan = den die Bot = schaft vom Herrn, Vol = ler Heil, vol = ler Heil;
2. Stark ist sein Arm der die Ket = ten zer = reißt, Vol = ler Heil, vol = ler Heil;
3. Uns hat der Herr mit dem Wor = te be = traut, Vol = ler Heil, vol = ler Heil;

Je = sus der Hei = land, er na = het von fern, Vol = ler Huld und Heil;
Herr = lich sein Wort, das uns Frie = den ver = heißt, Vol = ler Huld und Heil;
Wort, des = sen Tie = fen kein En = gel durch = schaut, Vol = ler Huld und Heil;

Hilft den Ver = lor = nen mit mäch = ti = ger Hand, Führt die Ver = irr = ten ins
Auf, ihr Ge = ret = te = ten, jauch = zet und singt, Daß en = er Lied wie vom
Wir, die im Blu = te ge = wa = schen und rein, Sam = meln die Gar = ben des

h'imm = li = sche Land, Er, der den Völ = kern als Ret = ter ge = sandt,
Him = mel er = klingt, Und die um = nach = te = ten See = leu durch = dringt,
Him = mel = reichs ein, Käm = pfen und wir = ken für Je = sum al = lein,

CHOR.

Vol = ler Huld und Heil.   Herr = li = ches Wort,   vol = ler Heil!
                                              so   vol = ler Heil!

Die Botschaft des Heils. Schluß.

Bringt al = len Lan = ben die Bot = schaft vom Herrn! Herr = li = ches Wort, so

vol = ler Heil, Je = sus der Ret = ter, er na = het von fern.

No. 145. Gebet.

„Höre die Stimme meines Flehens "—Psalm 28: 2.

C. Röhl, nach C. Johnson.   W. Johnson.

1. Hei = land, ver = nimm mein Flehn,   Laß mich vor dir be = stehn,
2. Lei = te nach dei = nem Rath   Mich auf dem rech = ten Pfad,
3. Durch dein Ver = söh = nungsblut   Schen = te mir Glau = bens = muth,
4. Naht sich die letz = te Noth,   Leuch = te mir selbst im Tod
5. Horch, wie die Har = fe tönt,   See = len mit Gott ver = söhnt

Und einst dein Ant = litz sehn,   Mein Herr und Gott.
Bis sich die Hei = math naht,   Mein Herr und Gott.
Mit ihm das höch = ste Gut,   Mein Herr und Gott.
Ein sel' = ges Mor = gen = roth,   Mein Herr und Gott.
Wer = den von dir ge = frönt,   Mein Herr und Gott.

No. 146.   Laßt die liebe Sonne ein.

„Die Sonne der Gerechtigkeit und Heil unter desselbigen Flügeln.—Mal. 4: 2.

E. E. Magaret, nach Ada Blenkhorn.

Chas. H. Gabriel.

1. Fürch = tet ihr des Fein = des wil = be Ü = ber = macht? Ist es drau = ßen
2. Will der Glau = be za = gen in dem Werk des Herrn? Hat sich Gott ver =
3. Wollt ihr fröh = lich zie = hen auf dem Pfad der Pflicht? Fern von Nacht und

dun = kel und im In = nern Nacht? Oeff = net weit die Thü = re,
bor = gen, scheint die Hül = fe fern? Oeff = net weit die Thü = re,
Dun = kel,—stets im hel = len Licht? Oeff = net weit die Thü = re,

macht die Fen = ster rein, Laßt die lie = be Son = ne ein!
macht die Fen = ster rein, Laßt die lie = be Son = ne ein!
macht die Fen = ster rein, Laßt die lie = be Son = ne ein!

CHOR.

Laßt die lie=be Son=ne ein,...... Laßt die lie = be Son=ne ein;......
bie Son=ne ein,   bie Son=ne ein;

Oeff=net weit die Thü=re, macht die Fen=ster rein, Laßt die lie = be Son=ne ein!

No. 147.

Jesus geht vorbei.

„Da verkündigten sie ihm, Jesus von Nazareth ginge vorüber."— Luk. 18: 37.

E. C. Magaret, nach Miß Birdie Bell.   Chas. H. Gabriel.

1. Je - sus geht heu - te vor - bei, mein Freund, Geht vor - bei, geht vor - bei!
2. Je - sus geht heu - te des Wegs da - her, Geht vor - bei, geht vor - bei!
3. Je - sus geht heu - te und fragt nach dir, Geht vor - bei, geht vor - bei!

Wärst du nicht ger - ne mit ihm ver - eint? Je - sus, er geht vor - bei!
Gieb ihm dein Her - ze, von Sün - den schwer, Je - sus, er geht vor - bei!
Ru - fet voll Lie - be: „O komm zu mir!" Je - sus, er geht vor - bei!

Je - sus von Na - za - reth, bringt dir Licht, Ei - le und su - che sein An - ge - sicht,
Wer - de sein Ei - gen mit Leib und Sinn, Ihm zu ver - trau en, das bringt Ge winn;
Hö - re sein Ru - fen, so sanft und mild, Ei - le zu ihm, der dein Seh - nen stillt,

FINE.

Geh' ihm ent - ge - gen und war - te nicht, Dein Je - sus, er geht vor - bei!
Flieh' wie die Tau - be zur Ar - che hin, Dein Je - sus, er geht vor - bei!
Und dich mit e - wi - gem Heil er - füllt! Dein Je - sus, er geht vor - bei!

D. S. Geh' ihm ent - ge - gen und war - te nicht, Dein Je - sus, er geht vor - bei!

CHOR.   D. S.

Je - - - sus, er geht vor - bei, Je - - - sus, er geht vor - bei!
Je - sus, dein Je - sus, er geht vor - bei, Je - sus, dein Je - sus, er geht vor - bei!

No. 148. Wirst du droben mich begrüßen?

Joh. 14: 2,

C. C. Magaret.

Emma E. Meyer.

DUETT.

1. Wirst du dro-ben mich be-grü-ßen, An dem Strom im Hei-moth-land? Wirst du
2. Wirst du dro-ben mich be-grü-ßen, An dem Strom im Hei-math-land? Wo die
3. Wirst du dro-ben mich be-grü-ßen, An dem Strom im Hei-mathland?Wenn mich

dro-ben mich be-grü-ßen, Rei-chen mir die Freundeshand? An-dre Freunde har-ren
Schaar der Lie-ben wei-let, Die hie-nie-ben ich ge-kannt? Sü-ßer wird das Lied mir
Je-sus heißt will-kommen, Hätt' ich gern dich an der Hand.Dort am Strom wird er mich

mei-ner Dort im se-li-gen Ver-ein; Lie-ber tö-nen rings am Stro-me,
tö-nen Rau-schend um des Lammes Thron,Wird den Him-mel mir ver-schö-nen,
grü-ßen Und ist dann auf e-wig mein. Him-mels-frie-de weht am Stro-me;

Rit.   CHOR.

Wirst auch du am Stro-me sein?
Hör' ich dei-ner Stim-me Ton. } Ja, ich tref-fe dich am Stro-me, An dem
Wirst auch du am Stro-me sein?

Rit.

Stro-me licht und schön. O wir tref-fen uns am Stro-me, Ja ich werd' dich droben sehn.

No. 149. Mehr und mehr wie Jesus.

„Wir werden ihm gleich sein, denn wir werden ihn sehen wie er ist."—1 Joh. 3: 2.

E. C. Magaret.   Emma C. Meyer.

1. O wä=re ich mehr wie Je=sus, Und folg=te ihm Tag für Tag
2. Wie er, will ich su=chen zu trö=sten Die See=len in Kummer und Leid,
3. Wie er, will ich dul=den und lie=ben, Und wir=ken für ihn al=lein,
4. Wie Je=sus, so rein und hei=lig, Wie Je=sus, so sanft und mild,

In treu=er, hin=ge=ben=der Lie=be, Durch Lei=den und Freu=den nach.
Ge=bro=che=ne Her=zen zu hei=len Mit Wor=ten voll Freund=lich=keit.
Als Ret=ter ver=lo=re=ner See=len, Mein Le=ben dem Hei=land weihn.
Ich möch=te wie Je=sus wer=den; Sein völ=li=ges E=ben=bild.

Chor.

Mehr und mehr wie Je=sus, Sein auf Schritt und Tritt

Rit.

Mehr und mehr wie Je=sus, Der für mich am Kreu=ze litt.

No. 150. Die Weihnachtsglocken.

„Siehe ich verkünbige euch große Freube."—Luk. 2: 10.

E. C. Magaret, nach E. E. Hewitt.

Jno. R. Sweney.

1. Hört ihr nicht der Weih=nachts=glo=cken hel=len Klang Durch bie
2. Und wir lau=schen ih=ren Tö=nen, sanft und milb;— Lei=se
3. Ja, wir ben=ten an bie Lie=ber je=ner Nacht, Da bie

Lüf=te schallen, Feld und Flur ent=lang? Sie er=zäh=len uns bie
tritt vor un=sre See=len Je=su Bild; Und wir schau'n im Geist bie
Himmels=räu=me strahlten vol=ler Pracht; Un=sre Froh=be=weg=ten

Kun=be, wun=ber=sam, Wie Im=ma=nu=el zur Er=be nie=ber=
Krip=pe, wo er liegt, Von der En=gel Freu=ben=lie=bern ein=ge=
Her=zen ban=ten ihm, Sin=gen:„Eh=re, Eh=re!" mit den Se=raph=

CHOR.

kam.
wiegt.   Klingt, klingt, klingt, klingt, Frohe Weinachtschö=re!
him.

Singt, singt, singt, singt: „In ber Höh' sei Eh=re!" Flüsternb tönt's durch Flur und Feld:

Die Weihnachtsglocken. Schluß.

"Frie=de, Frie=de sei der Welt!" Hört ihr nicht der Weihnachts=glo=cken hel = len Klang?

No. 151. Ein Sünder wie ich!

"Er soll die Starken zum Raube haben."—Jes. 53: 12.

E. E. Magaret, nach T. F. V.

C. J. Butler.

Langsam.

1. Einst war ich von Je = su ge = schie = den; Und
2. Ich wan = der = te wei = ter im Dun = keln, Das mich
3. Und wäh = rend, vom Dun = kel um = ge = ben, Die

Kei = ner so fer = ne wie ich; Und ich frag = te mich: "Giebt es wohl
tie = fer und tie = fer um = schlich; Kei = nen freund=li = chen Stern sah ich
Stun=de der Gna = de ver = strich, Da em=pfand ich: "In Je = su ist

Rit.

Frie = den Für solch ei = nen Sün = der wie mich?"
fun = keln Für solch ei = nen Sün = der wie mich."
Le = ben! Er ret = tet auch Sün = der wie mich!"

4 Das waren die Züge von oben;
  Der Heiland, er näherte sich,
  Und ich flehte: "Herr, stille dies Toben;
  Du rettest ja Sünder wie mich!"

5 Da durft ihn mein Glaube erfassen!
  Wer war wohl so glücklich als ich!
  Und nun kann ihn mein Herze nicht lassen,
  Der Sünder errettet wie mich.

6 Nun kann ich im Sonnenschein wandern,
  Denn das Dunkel der Sünde entwich,
  Und mit Freuden verkünde ich Andern:
  "Er rettet auch Sünder wie mich!"

7 Und wenn endlich nach Sorgen und Sünden
  Die Wange im Tode erblich,
  Will ich's droben auf ewig verkünden:
  "Er rettet auch Sünder wie mich!"

No. 152. Osterlied.

„Er ist nicht hier er ist auferstanden."—Luk. 24: 6.

C. C. Magaret.   Emma C. Meyer.

1. Stimmt an des Dan-kes fro-he Lie-der, Ver-kün-bet's weit und breit:
2. Wir ei-len, Je-su Gruft zu schau-en Im duft'-gen Blu-men-flor;
3. Fort ist der Stein, der es be-deck-te, Das Heil wird of-fen-bar!
4. Das Grab ist leer, das ihn um-schlos-sen Am grau-en Fel-sen-hang;
5. Es macht sein sieg-reich Auf-er-ste-hen, Des Va-ters Lie-be kund;
6. Auch uns ist die-ses Heil be-schie-ben! Drum laßt uns Gott ver-trau'n,

Es kehrt im Glanz des Früh-lings wie-der Die schö-ne O-ster-zeit.
Es schwin-den Zwei-fel, Furcht und Grau-en, Ge-öff-net steht das Thor.
Er, der den Tod für Al-le schmeck-te, Beut Al-len Le-ben dar.
Wo einst Ma-ri-as Thrä-nen flos-sen, Tönt ju-beln-der Ge-sang.
Wir hö-ren sie im Früh-lings we-hen Aus heil'-ger En-gel Mund;
Und vol-ler Zu-ver-sicht und Frie-den Dem Tod in's Ant-litz schau'n.

CHOR.

Tri-umph! Tri-umph! es lebt der Held; O bringt die Bot-schaft al-ler Welt!

Rit.

Ver-kün-bet ü-ber Meer und Land, Das Je-sus auf-er-stand.

No. 153. Gott mit euch, bis wir uns wiedersehn.

G. J. Schulz, nach J. E. Rankin, D. D.   W. G. Tomer.

1. Gott mit euch, bis wir uns wie-der-sehn: Sein Er-bar-men, sei-ne
2. Gott mit euch, bis wir uns wie-der-sehn: Sein Er-kennt-niß, sei-ne
3. Gott mit euch, bis wir uns wie-der-sehn: Sei-ne All-macht, sein Ve-
4. Gott mit euch, bis wir uns wie-der-sehn: Sei-ner Nä-he Licht und
5. Gott mit euch, bis wir uns wie-der-sehn: Müßt im Tod ihr einst er-

Gü-te, Euch be-glei-te, euch be-hü-te; Gott mit
Fül-le Eu-ren Durst und Hun-ger fül-le; Gott mit
schir-men Trö-ste euch in al-len Stür-men; Gott mit
Won-ne Sei im Dun-keln eu-re Son-ne; Gott mit
blas-sen, Sei-ne Treu' wird euch um-fas-sen; Gott mit

CHOR.

euch, bis wir uns wie-der-sehn! Wie-der-sehn,...... wie-der-
Wie-der-sehn, wie-der-

sehn,.... Ja, bis wir uns wie-der-sehn; Wie-der-
sehn, ja, sehn, Wie-der sehn,

sehn,........ wie-der-sehn, Gott mit euch, bis wir uns wie-der-sehn!
Wie-der-sehn, wie-der-sehn, ja, sehn,

1. Fels des Bun = des, auf = ge = than, Mich be = schir = mend zu um = pfahn,
2. Reu = e = thrä = nen oh = ne End', Ei = fer, der kein Fei = ern kennt:
3. Ob ich wall' im Er = den = licht, Ob mein Aug' im To = de bricht,

D. C.—Die zu Gott um Süh = ne schreit, Und mein un = rein Herz er = neut.
D. C.—Gei = stes = arm, mit lee = rer Hand, Halt ich, Herr, dein Kreuz um = spannt.
D. C.—Bun = des = fels, bleib' auf = ge = than, Mich be = schir = mend zu em = pfahn.

Oeffn' im Waf = ser und im Blut, Dei = ner Sei = te mir die Fluth.
Kann das mei = ne Süh = ne sein? Du mußt ret = ten, du al = lein!
Ob ich da = hin werd' er = höht, Wo dein Thron in Glo = rie steht,

---

No. 155. Himmelsfreud' nach Erdenleid.
Mel.—"TRAMP, TRAMP, TRAMP." Key of B Flat.

„Und Gott wird abwischen alle Thränen von ihren
Augen."—Offenb. Joh. 21: 4.

1 Wenn die Prüfungszeit vorbei,
Und die Seele froh und frei,
Dann erscheint der Heiland mit der Engel=
schaar;
Jeder treue Gottesknecht,
Durch des Lammes Tod gerecht,
Wird in Herrlichkeit vor Jesu offenbar.

CHOR.—
O dann dürfen wir erscheinen
Vor des heil'gen Gottes Thron;
Und der Sieger große Schaar
Bringt ihm Ruhm und Kronen dar.
Preist auf ewig Gott, den Vater, Geist und
Sohn.

2 Auf dem Weg zur Seligkeit
Giebt es Kämpfe, Kreuz und Leid;
Denn der Weg ist steil und dornicht ist der Pfad.
Doch wir stehn in Gottes Hand,
Pilgern zum verheißnen Land;
Und der Heiland führt uns selbst nach seinem
Rath.

3 Dort wird Leiden, Angst und Pein,
Ewig ferne von uns sein
Schmerz und Thränen sind dort nicht mehr,
noch der Tod.
Mit den Sel'gen im Verein
Werden wir uns ewig freu'n;
Und verüber ist alsdann die letzte Noth.

Carl Röhl.

No. 156. Dort winkt den Siegern die Krone.
Mel.—"MARCHING THROUGH GEORGIA." Key of B Flat.

„Ziehet an den Harnisch Gottes, daß ihr bestehen
könnet gegen die listigen Anläufe des Teufels."—
Epheser 6: 11.

1 Auf, ihr Brüder, rüstet euch zum heil'gen
Kampf und Streit!
Seht doch wie die Feinde drohn, und stellt euch
Schlachtbereit!
Bald ist jeder Feind bezwungen; und in Ewig=
keit
Winket den Siegern die Krone.

CHOR.—
Wohlan, wohlan! zieht muthig in den Krieg!
Wohlan, wohlan! bald feiern wir den Sieg.
In des Himmels Feste, die der Pilger kühn
erstieg—
Dort winkt den Siegern die Krone.

2 Gürtet euch mit Wahrheit, mit des heil'gen
Geistes Schwert!
Wappnet euch mit Glaubenskraft, die uns der
Herr bescheert;
Dringet muthig vorwärts, denn der Himmel
ist es werth,—
Dort winkt den Siegern die Krone.

3 Vorwärts drum in's Kampfgewühl mit
heil'gem Glaubensmuth!
Droht uns auch der Feinde Hohn, des Satans
List und Wuth;
Christus, unser Feldherr, führt uns durch des
Todes Fluth —
Dort winkt den Siegern die Krone.

Carl Röhl.

Oliver Holden.

Lebhaft.

1. Ich singe dir mit Herz und Mund, Herr, meines Herzens Lust! Ich sing' und mach' auf Erden kund, Was mir von dir bewußt. Ich sing' und mach' auf Erden kund, Was mir von dir bewußt.

2 Ich weiß, daß du der Brunn der Gnad'
Und ew'ge Quelle bist,
Daraus uns allen früh und spat
Nur Heil und gutes fließt.

3 Was sind wir doch? was haben wir
Auf dieser ganzen Erd',
Das uns, o Vater, nicht von dir
Allein gegeben werd'?

4 Wer hat das schöne Himmelszelt
Hoch über uns gesetzt?
Wer ist es, der uns unser Feld
Mit Thau und Regen netzt?

5 Wer giebt uns Leben Kraft und Muth?
Wer schützt mit starker Hand
Des goldnen Friedens werthes Gut
In unsrem Vaterland?

6 Ach Herr und Gott, das kommt von dir,
Du, du mußt Alles thun;
Du hältst die Wach' an unsrer Thür
Und läss'st uns sicher ruhn.

7 Du hast noch niemals was versehn
In deinem Regiment;
Nein, was du thust und läss't geschehn,
Das nimmt ein sel'ges End'.

No. 158. Näher, mein Gott, zu dir.

1 Näher, mein Gott, zu dir,
Näher zu dir!
Thränt auch mein Auge hier,
Näher zu dir!
Trotz aller Angst und Pein
Soll dies die Losung sein:
Näher, mein Gott, zu dir,
Näher zu dir!

2 Bricht mir wie Jakob dort
Nacht auch herein,
Find' ich zum Ruheport
Nur einen Stein:
Ist doch im Traum allhier
Mein Sehnen für und für:
Näher, mein Gott, zu dir,
Näher zu dir!

3 Wohl geht's durch wildes Land,
Der Weg ist steil:
Doch was von dir gesandt,
Dient mir zum Heil.
Daß ich mich nicht verirr',
Rufen die Engel mir:
Näher, mein Gott, zu dir,
Näher zu dir!

4 Wenn dann die Nacht verschwind't,
Sonne mir scheint,
Und ich dich näher find',
Als ich gemeint,
Bau ich mein Bethel dir,
Und jauchze freudig hier:
Näher, mein Gott, zu dir,
Näher zu dir!

5 Drum sende, was du will't
In Leben hier,
Wird nur mein Wunsch erfüllt:
„Näher zu dir!“
Und schließt mein Pilgerlauf,
Schwing ich mich freudig auf,
Näher, mein Gott, zu dir,
Näher zu dir!

Mel.—" The Battle Cry of Freedom." Key of B Flat.

„Kämpfe den guten Kampf des Glaubens."—
1 Tim. 6: 12.

1 Um die Kreuzesfahne her schaart euch, Brü=
der nah und fern,
Kämpfet für Jesu Reich und Ehre;
Legt die Waffenrüstung an in dem Namen
unsres Herrn,
Kämpfet für Jesu Reich und Ehre.

CHOR.—Das Kreuz sei die Losung!
Voran, nur voran!
„Jesus" für immer!
Steht Mann an Mann!
Seht die Fahne unsres Herrn wehet siegend
auf dem Plan!
Kämpfet für Jesu Reich und Ehre.

2 Mancher edle Streiter fiel und es lichten
sich die Reihn,
Kämpfet für Jesu Reich und Ehre;
Füllt der Väter Lücken aus, nehmt die leeren
Plätze ein;
Kämpfet für Jesu Reich und Ehre.

3 Die ihr Recht und Treue liebt uns die Sün=
de redlich haßt,
Kämpfet für Jesu Reich und Ehre;
Nur mit starker Hand den Schild und das
Geistesschwert gefaßt!
Kämpfet für Jesu Reich und Ehre.

4 Zieht als Helden in das Feld, laßt die
Kreuzesfahne wehn,
Kämpfet für Jesu Reich und Ehre;
Bis die Reiche dieser Welt unter Jesu Banner
stehn;
Kämpfet für Jesu Reich und Ehre.

E. C. Magaret.

Mel.—" Just Before the Battle Mother." Key of B Flat.

„Auf dich habe ich mich verlassen von Mutterleibe
an."—Psalm 71: 6.

1 Mutter, hier im Erdenleben
Strahlt mir oft dein liebes Bild,
Wie von lichtem Glanz umgeben,
Wie die Abendröthe mild.
Wenn im wechselnden Geschicke
Wild um mich die Brandung tobt,
Gedenk' ich oft mit feuchtem Blicke,
Was ich dir und Gott gelobt.

CHOR.—Schweigen oft die frommen Triebe,
Scheint das wahre Glück entflohn,
So weiß ich doch die Mutterliebe
Denket meiner vor dem Thron.

2 Unter Kämpfen und Gefahren
Möcht' ich, Mutter, zu dir fliehn,
Stände, wie vor langen Jahren
Gern als Kind an deinen Knieen.
Möchte dir ins Antlitz schauen,
Hören, wie die Mutter spricht:
„Der Herr erhält, die ihm vertrauen;
Traue ihm und zage nicht!"

3 Mutter, ich will wacker streiten
Für die Wahrheit und das Recht;
Engel werden mich geleiten
Als des Meisters treuen Knecht;
Zeigen mir des Lebens Reize
In der Welt ein Paradies,
So steh' ich muthig unterm Kreuze,
Wohin deine Hand mich wies.

4 Wenn des Lebens Kampf zu Ende
Und der Sturm der Erde schweigt,
Faß' ich droben deine Hände,
Die mir Jesu Kreuz gezeigt;
O wie will ich ihn erheben,
Selig über Tod und Grab,
Der mir allhier in diesem Leben
Eine fromme Mutter gab.

E. C. Magaret.

No. 161. Segensspruch.

G. Frank.

Ehr' sei dem Va = ter und dem Sohn, Dem heil'gen Geist auf ei=nem Thron; Der

hei = li = gen Drei = ei = nig = keit Sei Lob und Preis in E = wig = keit!

Anhang.

162

O süßer Ruhetag.

Versmaß: 6, 6, 8, 6.

1. O sü = ßer Ru = he = tag, An dem der Herr er = stand, Dich
will = kommt mei = ne fro = he Brust Als Se = gens = un = ter = pfand.

2 Der König selbst kommt nah
   Und speist die Seinen heut;
   Da sitzen wir und freun uns da
   Und lieben ihn erfreut.

3 Die Liebe bricht in Lob
   Und Danken freudig aus;
   Und das Gebet füllt wiederum
   Mit Segen, Herz und Haus.

4 Ein Tag in deinem Haus,
   Wo du dich, Herr, erzeigst,
   Ist besser als Zehntausende,
   Wo du dem Sünder schweigst.

5 Wie gerne weilt ich hier
   Die frohe Lebenszeit,
   Und sänge selbst hinüber mich
   Zur ewgen Seligkeit.

163 **Wir weihen dieses Haus.**
     6, 6, 8, 6.

1 Wir weihen dieses Haus
   Gott heut zu Ehren ein;
   Herr, laß auch unfres Herzens Haus
   Dir eingeweihet sein.

2 Du hast durch Mosis Schrift
   Verheißungen gethan;
   Da, wo ich mein Gedächtniß stift,
   Will ich mich zu euch nahn.

3 Drum komme selbst herab,
   Weih diesen Tempel ein,
   Und laß uns alle bis ins Grab
   Mit dir vereinigt sein.

4 Laß deine Lehre hier
   Gepredigt werden rein,
   Laß Hirt und Schafe für und für
   Im Geist vereinigt sein.

5 Und wann dein Werk vollendt
   Durch deinen guten Geist,
   Verleih uns, Herr, ein selig End,
   Wie uns dein Wort verheißt.

Komm, Geist, vom Thron herab.

Versmaß: 6, 6, 8, 6.

W. W. Orwig.

1. Komm, Geist, vom Thron her = ab, Hauch Got = tes, weh uns an! Die

mat = ten Her = zen heu = te lab, Daß man dich prei = sen kann.

2 Ach komm, erfüll uns ganz
  Mit deiner Herrlichkeit,
Mit Licht, mit Trost, mit Himmelsglanz;
  So sind wir hoch erfreut.

3 Herr, du bist lauter Licht,
  Laß deiner Klarheit Schein
Von deinem holden Angesicht
  Mein armes Herz erfreun.

4 Dann seist du hochgepreist,
  Dann werde dir der Dank,
Gott Vater, Sohn und heilger Geist,
  Im höchsten Lobgesang.

165 Winde wehen von den Höhen.
Melodie No. 183.

1 Winde wehen von den Höhen,
  Angeregt vom Geist des Herrn,
In Erfüllung muß nun gehen
  Die Verheißung nah und fern.

2 Er, der selbst mit Blut erkauft
  Alle Völker, Groß und Klein,
Nun mit seinem Geiste tauft,
  Die sich seinem Dienste weihn.

3 O so komm auch jetzt hernieder
  Heilger Tröster, kehre ein!
Und erfülle Christi Glieder,
  Mache sie vollkommen rein!

4 Wirke Muth und Ernst und Leben
  Und die Früchte rechter Art,

Wie sie tragen frische Reben,
  Wohlgepfleget, rein und zart.

5 Niemals laß uns dich betrüben,
  Nie dich dämpfen, nie verschmähn;
Hilf uns stets gehorsam üben
  Und auf rechtem Wege gehn.
                          W. W. Orwig.

166 Hört, wie die Wächter schrein!
6, 6, 8, 6.

1 Hört, wie die Wächter schrein:
    Es ist nun Mitternacht,
  Der Bräutigam, der ziehet ein,
    Drum eilend aufgewacht!

2 Ihr kluge Jungfrauen,
    Schmückt eure Lampen fein!
  Wollt ihr euch nun mit Ihm vertraun.
    Müßt ihr bereitet sein.

3 Der Bräutgam gehet ein,
    Und wer bereit, geht mit;
  Wie herrlich wird die Hochzeit sein,
    Die Braut, wie schön geschmückt!

4 Geschlossen wird die Thür,
    Und Niemand macht sie auf;
  Wie sicher ist die Braut jetzt hier
    Nach langem Pilgrimslauf!

6 Wer thöricht, kommt zu spät
    Und klopft vergeblich an:
  Die edle Gnadenzeit vergeht,
    Dann wird nicht aufgethan.

Christus, mein Leben.

Versmaß: 7, 6, 7, 6.

Vielleicht von Anna, Gräfin zu Stolberg, um 1600.

1. Chri-stus, der ist mein Le = ben Und Ster-ben mein Ge-winn; Ihm hab ich mich er-ge = = ben, Mit Frie-den fahr ich hin.

2 Mit Freud fahr ich von dannen
 Zu Christ, dem Bruder mein,
 Daß ich mög zu ihm kommen
 Und ewig bei ihm sein.

3 Bald ist nun überwunden
 Kreuz, Leiden, Angst und Noth;
 Durch seine heilgen Wunden
 Bin ich versöhnt mit Gott.

4 Wann mir Herz und Gedanken
 Vergehen als ein Licht,
 Das hin und her muß wanken,
 Wann ihm die Flamm gebricht:

5 Alsdann fein, sanft und stille,
 Herr, laß mich schlafen ein,
 Wann mir dein Rath und Wille
 Mein Stündlein wird verleihn!

168 Die Liebe darf wohl weinen.
7, 6, 7, 6.

1 Die Liebe darf wohl weinen,
 Wann sie ihr Fleisch begräbt;
 Kein Christ muß fühllos scheinen,
 So lang er hier noch lebt.

2 Doch lässet gleich der Glaube
 Sein Aug gen Himmel gehn:
 Was uns der Tod hier raube,
 Soll herrlich auferstehn.

3 Was tröstet uns? das Hoffen;
 Wie gut ists Christi sein!
 Mann sieht den Himmel offen
 Und nicht das Grab allein.

4 Was wir in Schwachheit säen,
 Das wird in Herrlichkeit
 Auf dein Wort auferstehen:
 Das ists, was uns erfreut.

5 Herr! bild aus unsrem Staube
 Den neuen Leib, der dort,
 Nicht mehr dem Tod zum Raube,
 Dich schauet immerfort!
 P. F. Hiller.

169 Die Gnade des Herrn.
7, 6, 7, 6.

1 Ach sei mit deiner Gnade
 Bei uns, Herr Jesu Christ,
 Auf daß uns nimmer schade
 Des bösen Feindes List!

2 Ach sei mit deiner Liebe,
 Gott Vater, um uns her!
 Wenn diese uns nicht bliebe,
 Fiel uns die Welt zu schwer.

3 Ach, heilger Geist, behalte
 Gemeinschaft allezeit
 Mit unsrem Geist und walte
 Nun und in Ewigkeit.
 K. B. Garve.

Die Gnade sei mit Allen.

Versmaß: 7, 6, 7, 6.

B. F. Hiller.

1. Die Gna=de sei mit Al = len, Die Gna=be un=sers Herrn, Des

Herrn, dem wir hier wal = len, wal = len, Und sehn sein Kom=men gern.

2 Auf dem so schmalen Pfade
Gelingt uns ja kein Tritt,
Es gehe seine Gnade
Denn bis zum Ende mit.

3 Auf Gnade darf man trauen;
Man traut ihr ohne Reu;
Und wenn uns je will grauen,
So bleibts: Der Herr ist treu.

4 Die Gnade, die den Alten,
Half zwei Weh überstehn,
Wird Die ja auch erhalten,
Die in dem dritten flehn.

5 Bald ist es überwunden,
Nur durch des Lammes Blut,
Das in den schlimmsten Stunden.
Die größten Thaten thut.

6 Herr, laß es dir gefallen,
Noch immer rufen wir:
Die Gnade sei mit Allen!
Die Gnade sei mit mir!

171 Sehnsucht nach dem Himmel.
7, 6, 7, 6.

1 Ach, wär ich doch schon droben,
Mein Heiland, wär ich da,
Wo dich die Scharen loben,
Und säng: Hallelujah!

2 Wo wir dein Antlitz schauen,
Da sehn ich mich hinein,
Da will ich Hütten bauen;
Denn dort ist gut zu sein.

3 Da werd ich Alles sehen,
Den großen Schöpfungsrath,
Was durch dein Blut geschehen
Und deines Geistes That.

4 Da feiern die Gerechten,
Die ungezählte Schar,
Mit allen deinen Knechten
Das große Jubeljahr.

5 Mit göttlich süßen Weisen
Wird mein verklärter Mund
Dich unaufhörlich preisen,
Du meines Lebens Grund!

6 Da werden meine Thränen
Ein Meer voll Freude sein;
Ach, stille bald mein Sehnen
Und hole mich hinein!

E. G. Woltersdorf.

Mein Gott! das Herz ich bringe dir.

Versmaß: 8, 6, 8, 6.

Calser Schade.

1. Mein Gott! das Herz ich brin=ge bir Zur Ga=be und Ge=schenk; Du for=berst bie=ses

ja von mir, Du for=berst bie=ses ja von mir, Deß bin ich ein=ge=benkt.

2 Gib mir, mein Kind, dein Herz, sprichst du,
   Das ist mir lieb und werth;
   Du findest anders doch nicht Ruh
   Im Himmel und auf Erd.

3 Nun du, mein Vater! nimm es an,
   Mein Herz, verwirf es nicht,
   Ich gebs so gut ichs geben kann,
   Kehr zu mir dein Gesicht.

4 Zermalme meine Härtigkeit,
   Erweiche meinen Sinn,
   Daß ich in Seufzen, Reu und Leid
   Und Thränen ganz zerrinn.

5 Besprenge mich, Herr Jesu Christ,
   Mit deinem theuren Blut,
   Ich glaub daß du gekreuzigt bist
   Der Welt und mir zu gut.

6 Stärk die sonst schwache Glaubenshand,
   Zu fassen auf dein Blut,
   Als der Vergebung Unterpfand,
   Das Alles machet gut.

7 Schenk mir, nach deiner großen Huld,
   Gerechtigkeit und Heil,
   Und nimm auf dich mein' Sündenschuld
   Und meiner Strafe Theil.

8 In dich wollst du mich kleiden ein,
   Laß mich dich ziehen an,
   Daß ich, von allen Sünden rein,
   Vor Gott bestehen kann.

9 Gott, heilger Geist! nimm du auch mich
   In die Gemeinschaft ein,
   Ergieß, um Jesu Willen, dich
   Tief in mein Herz hinein.

173 **Einladungslied.**
8, 6, 8, 6.

1 Komm Jung, komm Alt zum Gnadenbrunn,
   Der aufsteht heute noch:
   O, waschet euch von Sünden rein!
   Ein Jeder komme doch!

2 Das Evangelium schallt noch
   Und Jesus wartet eur:
   O, nehmt auf euch sein sanftes Joch,
   Ihr seid ihm worden theur!

3 Denn es ist jetzt noch Gnadenzeit,
   Der Himmel offen steht,
   O, machet euch in Eil bereit,
   Eh daß es ist zu spät!

4 In wahrer Buße sucht den Herrn,
   In Glaubens=Tapferkeit;
   Denn Jesus will euch helfen gern,
   Wenn ihr um Gnade schreit.

5 Ein jeder, der da kommt, erlangt
   Vergebung aller Sünd.
   O, selig ist der Gnadenstand,
   Zu sein ein Gotteskind!

6 Das ist die rechte Seligkeit,
   Wenn man in Christo lebt
   Und dann dort in der Ewigkeit,
   In voller Freude schwebt.

Was mich auf dieser Welt betrübt.

Versmaß: 8, 6, 8, 6.

M. Frank.   F. B. Heß.

1. Was mich auf die = ser Welt be = trübt, Das wäh = ret kur = ze Zeit;

Was a = ber mei = ne See = le liebt, Das bleibt in E = wig = keit.

2 Drum fahr, o Welt! mit Ehr und Geld
   Und deiner Wolluſt hin!
   In Kreuz und Spott kann mir mein Gott
   Erquicken Herz und Sinn.

3 Die Thorenfreude dieſer Welt,
   Wie ſüß ſie immer lacht,
   Hat liſtig ihr Geſicht verſtellt,
   Schon viel zu Fall gebracht.

4 Wer aber ganz allein vertraut
   Auf ſeines Gottes Treu,
   Der ſiehet ſchon die Himmelskron
   Und freut ſich ohne Reu.

5 Mein Jeſus bleibet meine Freud,
   Was frag ich nach der Welt?
   Welt iſt nur Furcht und Traurigkeit,
   Die endlich ſelbſt zerfällt.

6 Ich bin ja ſchon mit Gottes Sohn
   Im Glauben hier vertraut,
   Der droben ſitzt und hier beſchützt
   Sein auserwählte Braut.

175   Lob und Dank.
8, 6, 8, 6.

1 Von allen Himmeln tönt dir, Herr,
  Ein froher Lobgeſang.
  Zu dir, Anbetungswürdiger,
  Steig auch der Menſchen Dank!

2 Du brauchſt zwar unſres Preiſes nicht,
  Biſt ſelig ohne ihn;
  Doch bleibt dein Lob ſtets unſre Pflicht,
  Wer darf ſich ihr entziehn?

8 Dich preiſen iſt uns Seligkeit;
  Dir danken, hohe Luſt;
  Schon hier fühlt, wer ſich deiner freut,
  Den Himmel in der Bruſt.

4 Und du, der uns Empfindung gab
  Für deine Herrlichkeit,
  Siehſt huldreich auf das Lob herab,
  Das unſer Herz bir weiht.

5 Wir ſtammeln's zwar in Schwachheit nur,
  So heiß das Herz auch glüht;
  Denn deinen Ruhm, Herr der Natur,
  Erreicht kein ſterblich Lied.

6 Doch du verſchmähſt das Opfer nicht,
  Das bir die Andacht bringt,
  Die ſich mit Kindes-Zuverſicht
  Zu deinem Throne ſchwingt.

7 So ſoll dein Lob denn allezeit
  In unſerm Munde ſein,
  Und dankvoll deiner Gütigkeit
  Stets unſer Herz ſich freun.

8 Einſt ſingen wir in höherm Ton
  Dir unſrer Seele Dank;
  Und dann erſchallt an deinem Thron
  Ein beßrer Lobgeſang.

Wie bist du mir so innig gut.

Versmaß: 8, 6, 8, 6.

1. Wie bist du mir so in = nig gut, Mein Ho = her = prie = ster, du! Wie theur und kräf = tig ist dein Blut Es setzt mich stets in Ruh.

2 Wenn mein Gewissen zagen will
Vor meiner Sündenschuld,
So macht dein Blut mich wieder still,
Setzt mich bei Gott in Huld.

3 Auch gibt es dem bedrängten Sinn
Freimüthigkeit zu dir,
Daß ich in dir zufrieden bin,
Wie arm ich bin in mir.

4 Hab ich gestrauchelt hie und da
Und will verzagen fast,
So spür ich dein Versöhnblut nah,
Das nimmt mir meine Last.

5 Es sänftigt meinen tiefen Schmerz
Durch seine Balsamskraft;
Es stillet mein gestörtes Herz
Und neuen Glauben schafft.

6 Da senkt sich dann mein blöder Sinn
In deine Wunden ein,
Da ich dann ganz vertraulich bin:
Mein Gott, wie kann es sein?

7 Ich hab vergessen meine Sünd,
Als wär sie nie geschehn;
Du sprichst: Lieg still in mir, mein Kind,
Du mußt auf dich nicht sehn.

8 Wie kann es sein, ich sag es noch:
Herr! ist es auch Betrug?
Ich großer Sünder hab ja doch
Verdienet deinen Fluch.

9 Nein, Jesu! du betrügest nicht,
Dein Geist mir Zeugniß gibt:
Dein Blut mir Gnad und Fried verspricht:
Ich werd umsonst geliebt.

177 **Freude in Gott.**
8, 6, 8, 6.

1 Mein Gott, du Brunnen aller Freud,
Der Herzen freudig macht!
Mein Klarheit an dem Tag allzeit
Und Trost in dunkler Nacht!

2 Wann du im Dunkeln kommst von fern
Fängt es zu tagen an:
Du bist der Seele Morgenstern,
Und die aufgehend Sonn!

3 Der offne Himmel um mich leucht't
Mit seinem Klarheits=Strahl,
Wann Jesus sich mir gnädig zeigt,
Zur Freude überall.

4 Mein Seel vergißt die Leimenhütt
Bei solchem Freudenwort
Und eilt mit freudenvollem Schritt,
Zu loben meinen Gott.

5 Nun fürcht ich weder Höll noch Tod,
Zu Gott schwingt sich mein Seel;
So ruf ich auch in letzter Noth:
Hier ist Immanuel!

Schaff in mir, Gott! zu deinem Dienst.

Versmaß: 8, 6, 8, 6.

1. Schaff in mir, Gott! zu dei=nem Dienst Ein Herz von Sün=den frei, Das Je=sum ganz zu ha=ben wünscht, Sein Blut stets fühlt aufs Neu.

2 Schenk mir ein sanft zerbrochnes Herz,
   Das gläubig sei und rein;
   Auch demuthsvoll in allem Schmerz,
   Gebuldig laß mich sein.

3 Ein Herz, ergeben dir allein,
   Als meines Heilands Thron;
   Da Keiner soll regierend sein,
   Als Christus, Gottes Sohn.

4 Ein Herz, das in Gedanken neu,
   Erfüllt mit deiner Gnad,
   Ja, auch dein völlig Bilde sei,
   In jedem Werk und That.

5 Ein Herz, das sich nicht von dir trennt
   Im Leben, Noth und Tod,
   Sondern in deiner Liebe brennt,
   Ein solches schenk mir, Gott!

179 Morgenlied.
8, 6, 8, 6.

1 Erwach zum Dank, o mein Gemüth,
   Und preise Gottes Treu;
   Denn seine große Vaters=Güt
   Ist alle Morgen neu.

2 Ach, darum bringe du auch nun
   Dein Morgenopfer dar;
   Gott schütze dich—o preis sein Thun!—
   Die Nacht durch vor Gefahr.

3 Hab Dank, o Herr! Laß deine Macht
   Heut segnen was ich thu;
   Und wann mein Lebenstag vollbracht,
   Führ mich zur ewgen Ruh.

180 Die Seligkeit der Kinder Gottes.
8, 6, 8, 6.

1 Wie gut ist's, von der Sünde frei!
   Wie selig Christi Knecht!
   Im Sündendienst ist Sclaverei,
   In Christo, Kindesrecht.

2 Im Sündendienst ist Finsterniß,
   Den Weg erkennt man nicht;
   Bei Christo ist der Gang gewiß,
   Man wandelt in dem Licht.

3 Im Sündendienst ist Haß und Leid,
   Man plagt und wird betrübt;
   In Christi Reich ist Freudigkeit,
   Man liebt und wird geliebt.

4 Die Sünde gibt den Tod zum Lohn,
   Das heißt ja schlimm gedient;
   Das Leben aber ist im Sohn,
   Der uns mit Gott versöhnt,

5 O Heiland, dir nun dien ich gern,
   Denn du hast mich erkauft;
   Ich weiß und will sonst keinen Herrn,
   Auf dich bin ich getauft.

6 Wen du frei machst, der ist recht frei;
   Du schenkst auch alle Schuld,
   Und darum dank ich deiner Treu
   Und rühme deine Huld.

7 Ich bete an, Herr Jesu Christ,
   Und sage: Ich bin dein!
   Nimm mich zu dir, denn wo du bist,
   Soll auch dein Diener sein.

Jesum allein lieben.

Versmaß: 8, 7, 8, 7.

J. M. Biermann.

1. Je-sum nur al-lei-ne lie-ben, Der für uns ge-stor-ben ist:

Sich um ihn al-lein be-trü-ben, Kannst du das, mein lie-ber Christ?

2 O, das bringt dir ewig Wonne
Und durchsüßt der Seele Grund!
Dir geht auf die Lebenssonne
Und erfreut dich alle Stund.

3 Hallelujah laßt uns singen!
Hallelujah! frisch zum Streit!
Hallelujah laßt erklingen
Gottes Lamm in Ewigkeit!

4 Ach, wer kann den Strom beschreiben,
Der die Seel mit Lieb durchdringt!
Wo mag Durst und Hunger bleiben,
Da die Quell im Herz entspringt?

5 Niemand hats noch ausgegründet,
Ob er noch so hoch gelehrt,
Was die Seel in Jesu findet,
Die der Welt den Rücken kehrt.

6 Ewig kann sie sich erfreuen
In dem süßen Element,
Dieses wird sie nie gereuen,
Ob sie gleich die Welt verhöhnt.

7 Selig kann sie sein im Leben,
Selig in der Todesstund;
Selges Lob wird sie anheben
Hier und dort mit vollem Mund.

182 Zuflucht zu Jesu.
8, 7, 8, 7.

1 Jesus, Heiland meiner Seele!
Laß an deine Brust mich fliehn,
Da die Wasser näher rauschen,
Da die Wetter höher ziehn.

2 Birg mich in den Lebensstürmen,
Bis vollendet ist mein Lauf;
Führe mich zum sichern Hafen,
Nimm dann meine Seele auf.

3 Andre Zuflucht hab ich keine,
Zagend hoff ich nur auf dich.
Laß, o laß mich nicht alleine,
Hebe, Herr, und stärke mich!

4 Nur zu dir steht mein Vertrauen,
Daß kein Uebel mich erschreckt,
Mit den Schatten deiner Flügel
Sei mein wehrlos Haupt bedeckt!

5 Gnad um Gnade, volle Sühnung,
Sind in dir, o Jesu mein;
Laß die Heilung mich beströnen,
Nimm gereinigt mich hinein.

6 Du bist ja des Lebens Quelle,
Die den Durst auf ewig stillt,
Sei der Born in meinem Herzen,
Der zum ewgen Leben quillt!

Der Glaube.

Bersmaß: 8, 7, 8, 7.

E. G. Wolterdorf.

J. M. B.

1. Glau = ben heißt: die Gnad er = ken = nen, Die den Sün = der se = lig

macht: Je = sum mei = nen Hei = land nen = nen, Der auch mir das Heil ge = bracht.

2 Glauben heißt: nach Gnade dürsten,
Wenn man Zorn verdienet hat;
Denn das Blut des Lebensfürsten
Macht uns selig, reich und satt.

3 Glauben heißt: den Heiland nehmen,
Den uns Gott vom Himmel gibt;
Sich vor ihm nicht knechtisch schämen,
Weil er ja die Sünder liebt.

4 Glauben heißt: der Gnade trauen,
Die uns Jesu Wort verspricht:
Da verschwinden Furcht und Grauen
Durch das süße Glaubenslicht.

5 Ja, der Glaube tilgt die Sünden,
Wäscht sie ab durch Christi Blut
Und läßt uns Vergebung finden;
Alles macht der Glaube gut.

6 Darum glaubt und schreit um Glauben,
Bis ihr fest versichert seid,
Daß der Feind euch nicht kann rauben
Eure Gnad und Seligkeit!

184 **Jahresschluß.**
8, 7, 8, 7.

1 Jahre kommen, Jahre gehen,
Ach, wie schnell verfließt die Zeit!
Niemand kann hier stille stehen
Auf dem Weg zur Ewigkeit.

2 Wieder ist dahin gefahren
Und den andern angereiht
Eins von unsern Lebensjahren—
Haben wirs auch Gott geweiht?

3 Vater, laß uns Gnade finden,
Deine Huld uns offenbar;
Unsre Schulden laß verschwinden
Mit dem überlebten Jahr!

4 Neue Kraft und neues Leben
Flöße unsern Seelen ein,
Laß nichts Böses uns ankleben,
Mache uns vollkommen rein!

5 Komm, o Geist, vom Himmelsthrone,
Feure unsre Herzen an:
In uns wandle, in uns wohne,
Leit uns auf der Lebensbahn!

185 **Lobt den Herrn!**
8, 7, 8, 7.

1 Lobt den Herrn! Die Gnadensonne
Gehet auf mit hellem Schein,
Und des Himmels reiche Wonne
Strömt mit ihrem Licht herein.

2 Heil sei dir, vor dessen Nähe
Himmelsglanz die Nacht durchbricht!
Heller Aufgang aus der Höhe,
Licht vom unerschaffnen Licht!

3 Freud und Dank soll heut erschallen
Ihm, der unser Bruder ward!
Frieden bringt den Menschen allen
Gott, im Fleisch geoffenbart.

4 Jauchzt dem Herrn im Jubelpsalme,
Der die Sünder nicht verstieß!
Seht des ewgen Lebens Palme
Blüht im neuen Paradies.

186

Komm heiliger Geist, o Schöpfer du.

Versmaß: 8, 8, 8, 8.

Nach Venna.

1. Komm, heil = ger Geist, o Schöp = fer du, Sprich uns=ren ar = men

See = len zu! Er = füll mit Gna = den, sü = ßer Gast, Die Brust, die

du ge = schaf = fen hast, Die Brust, die du ge = schaf = fen hast.

2 Der du der Tröster bist genannt,
Des allerhöchsten Gottes Pfand,
Du Liebesquell, du Lebensbronn,
Du Herzenssalbung, Gnadensonn.

3 Zünd uns ein Licht an im Verstand,
Entflamm das Herz in Liebesbrand;
Stärk uns mit deiner Gotteskraft
Zur rechten Glaubensritterschaft.

4 Lehr uns den Vater kennen wohl
Und wie den Sohn man ehren soll;
Im Glauben mache uns bekannt,
Wie du von beiden wirst gesandt.

187   Das Blut Christi.
8, 8, 8, 8.

1 Christi Blut und Gerechtigkeit,
Das ist mein Schmuck und Ehrenkleid;
Damit will ich vor Gott bestehn,
Wann ich zum Himmel werd eingehn.

2 Ich glaub an Jesum, welcher spricht:
Wer glaubt, der kommt nicht ins Gericht,
Gottlob! ich bin gerecht durch ihn,
Und meine Sünden sind verziehn.

3 Ich glaub, daß Christi theures Blut
Genug für alle Sünden thut,
Und daß es Gottes Schätze füllt
Und ewiglich im Himmel gilt.

4 Drum soll auch dieses Blut allein
Mein Trost und meine Hoffnung sein;
Und wenn mich Alles sonst verläßt,
Steht dieser Trost doch felsenfest.
N. L. von Zinsendorf.

188   Begräbnißlied.
8, 8, 8, 8.

1 Nun bringen wir den Leib zur Ruh
Und decken ihn mit Erde zu;
Den Leib, der nach des Schöpfers Schluß
Zu Staub und Erde werden muß.

2 Er bleibt nicht immer Asch und Staub,
Nicht immer der Verwesung Raub:
Er wird, wann Christus einst erscheint,
Mit seiner Seele neu vereint.

3 Hier, wo wir bei den Gräbern stehn,
Soll jeder zu dem Vater flehn:
Ich bitt, o Gott! durch Christi Blut
Machs einst mit meinem Ende gut.
E. Liebich.

Der heilige Geist.

Versmaß: 8, 8, 8, 8.

Jomabi.

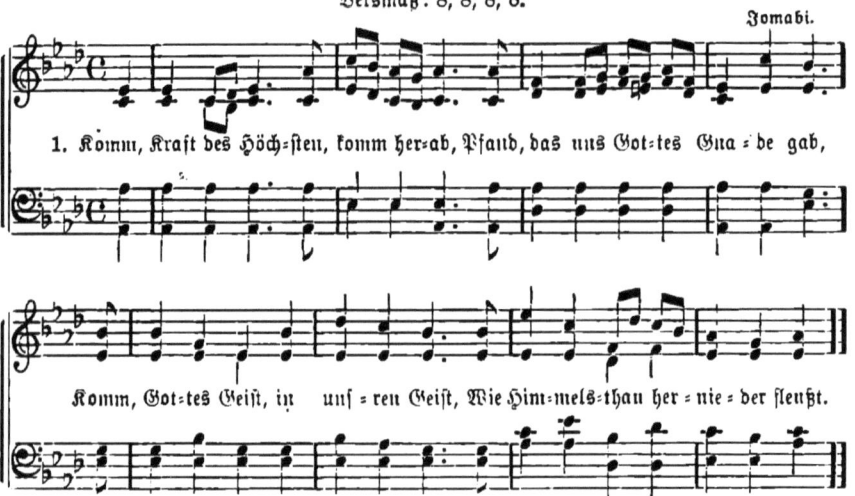

1. Komm, Kraft des Höch=sten, komm her=ab, Pfand, das uns Got=tes Gna = be gab,

Komm, Got=tes Geist, in uns = ren Geist, Wie Him=mels=thau her = nie = der fleußt.

2 Komm, Geist der Wahrheit, Gottes Licht,
Wo du fehlst, ist die Wahrheit nicht.
Komm, leuchte du mit hellem Schein,
Bis in des Herzens Grund hinein.

3 Komm, Quell der Liebe, gieß dich aus
Ins Herz und über Gottes Haus.
Entflamm in Leid und Freude stets
Die Gluth des Dankes und Gebets.

4 Weih uns zu deinem Tempel ein,
Was unrein ist, das mache rein.
Erwärme jedes kalte Herz,
Lenk alle Seelen himmelwärts.

190 Wer Jesum liebt, der hat es gut.
8, 8, 8, 8.

1 Wer Jesum liebt, der hat es gut
Und steht in einer treuen Hut.
Er findet Weide überall
Und wird bewahret vor dem Fall.

2 Die Feinde dringen auf ihn ein;
Doch hört der Heiland gleich sein Schrein
Und kommt herbei und spricht ein Wort,
Und alsbald fliehn die Feinde fort.

3 Durch Wolkennächte schwarz und dicht
Bricht immer wieder Sonnenlicht;
Und in den dürrsten Wüstenein
Gibts Seelennahrung–Milch und Wein.

4 Drum suchet Jesu Fahnen auf:
Sein Lauf ist stets ein Siegeslauf.
Er schlägt des Feindes Schwerter stumpf
Und führt vom Kampfe zum Triumph.

191 Kampf und Sieg.
8, 8, 8, 8.

1 Ihr jungen Helden, aufgewacht,
Bekämpft den Seelenfeind mit Macht,
Bereitet in der Gnadenzeit
Euch vor auf jene Ewigkeit.

2 Auf, auf! in Reih und Glied ins Feld,
Bekämpfet wacker Sünd und Welt,
Umgürtet und gerüstet steht
In Wachsamkeit und mit Gebet.

3 Das Beten ist von großer Kraft
Und immer Sieg und Hilfe schafft,
So es mit wahrem Ernst geschieht
Von Dem, der gläubig auf Gott sieht.

4 Wann Christen beten, Satan flieht,
Er haßt Gebet und frommes Lied,
Ein einzig Herz, von Gott belebt,
Vertreibt den Feind, der widerstrebt.

5 Verachtet stets die Eitelkeit!
Zu theuer ist die Gnadenzeit,
Als daß man sie vergeuden sollt:
Verlorne Zeit erkauft kein Gold.

6 Kämpft nur für Jesum und sein Reich,
Zu folgen ihm bestrebet euch!
Er reicht euch, wenn der Kampf ist aus,
Den Siegespreis im Vaterhaus.

7 Dort soll das Herz mit Preis und Dank
Ihm ewig bringen Lobgesang.
Gelobet seist du in der Zeit,
Du großer Gott von Ewigkeit!

Laßt mich gehn.

Versmaß: 7, 7, 8, 8, 7.

A. Knapp.

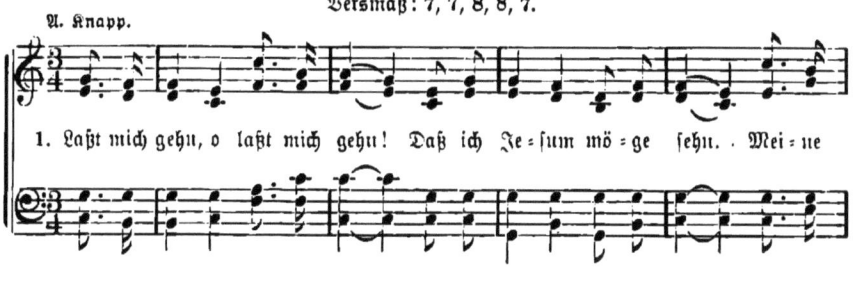

1. Laßt mich gehn, o laßt mich gehn! Daß ich Jesum mö=ge sehn. Mei=ne

Seel ist voll Ver=lan gen, Ihn auf e=wig zu empfangen Und vor seinem Thron zu stehn.

2 Süßes Licht, o süßes Licht!
Sonne, die durch Wolken bricht.
O wann werd ich dahin kommen,
Daß ich einst mit allen Frommen
Schau dein holdes Angesicht.

3 Ach wie schön, wie wunderschön
Klingt der Engel Lobgetön!
Hätt ich Flügel, hätt ich Flügel,
Flög ich über Thal und Hügel
Heute noch nach Zions Höhn.

4 Wie wirds sein, o wie wirds sein,
Wenn ich zieh in Salem ein,
In die Stadt der goldnen Gassen!
Herr, mein Gott! ich kanns nicht fassen,
Was da wird für Wonne sein.

5 Paradies, o Paradies!
Wie ist deine Frucht so süß.
Unter deinen Lebensbäumen
Wirds uns sein, als wenn wir träumen,
Führ uns, Herr, ins Paradies.

193   Des Christen Wallfahrt.
Eigene Melodie.

1 Lieber Christ, der du bist
Hier auf Erden
In viel Kummer, Kreuz und Noth,
Ausgesetzt dem herben Tod,
Du wirst bald erlöset werden.

2 Sei getreu, halt dich frei
Von der Sünde.
Jesus will stets bei dir sein,
Seine Hülfe dir verleihn,
Bis du kommst zum Ueberwinden.

3 Welt adje, denn ich geh
Immer weiter
Auf dem guten alten Weg,
Auf dem schmalen Himmelssteg
Jesus bleibet mein Begleiter.

4 Gott ist doch immer noch
Mein Begleiter,
Denn er leit't mich bei der Hand,
Bringt mich in mein Vaterland
Auf die süße Himmelsweide.

5 Viele dort an dem Ort
Sind Bekannte.
Litten hier im Trübsalsmeer,
Prangen nun mit Gottes Heer;
Auch die lieben Anverwandte.

6 Mit dem Sohn auf dem Thron
Sind sie Glieder:
Wo es gleich dem Donner braust
Und wie große Wasser rauscht,
Wann sie singen ihre Lieder.

Sei getreu bis an den Tod.

Versmaß: 7, 8, 8, 7, 7.

1. Sei ge=treu bis an den Tod! Sei ge=treu bis an ben Tod!

See = le, laß dich kei = ne Pla=gen Von bem Kreu=ze Je = su ja=gen;

Lei = be wil = lig al = le Noth, Sei ge=treu bis an ben Tod.

2 ‖: Sei getreu bis an den Tod! :‖
Wer recht kämpfet, wird gekrönet,
Ob ihn gleich die Welt verhöhnet.
Ist getrost dein Thränenbrod,
Sei getreu bis an den Tod.

3 ‖: Sei getreu bis an den Tod! :‖
Tritt die Eitelkeit mit Füßen,
Die dich will in Fesseln schließen.
Alle Weltlust ist nur Koth,
Sei getreu bis an den Tod.

4 ‖: Sei getreu bis an den Tod! :‖
Ankre nur in Jesu Wunden,
Da wird Ruh und Trost gefunden.
Wenn dir Tod und Teufel droht,
Sei getreu bis an den Tod.

5 ‖: Sei getreu bis an den Tod! :‖
Siehst du nicht die Krone glänzen?
Schwinge dich nach jenen Grenzen,

Wo das Lamm die Hand dir bot,
Sei getreu bis an den Tod.

6 ‖: Nun, ich will bis an den Tod, :‖
Dir, o Jesu! treu verbleiben;
Du wollst mirs ins Herze schreiben,
Was dein treuer Mund gebot:
Sei getreu bis an den Tod.

7 Hab nur Muth, ei hab nur Muth!
Es wird dennoch gehen gut;
Wirst du auf dem Posten wachen,
Wirst du schon noch Beute machen,
Siegen in des Heilands Blut:
Hab nur Muth, ei hab nur Muth!

8 Mancher hat, ja, Mancher hat
Schon erreicht die goldne Stadt;
Wer sich nur nicht lau läßt finden,
Wird gewißlich überwinden,
Finden Das, was Mancher hat,
Und erreicht die goldne Stadt.

Gottes- und Menschensohn.

Versmaß: 6, 6, 4, 6, 6, 6, 4.

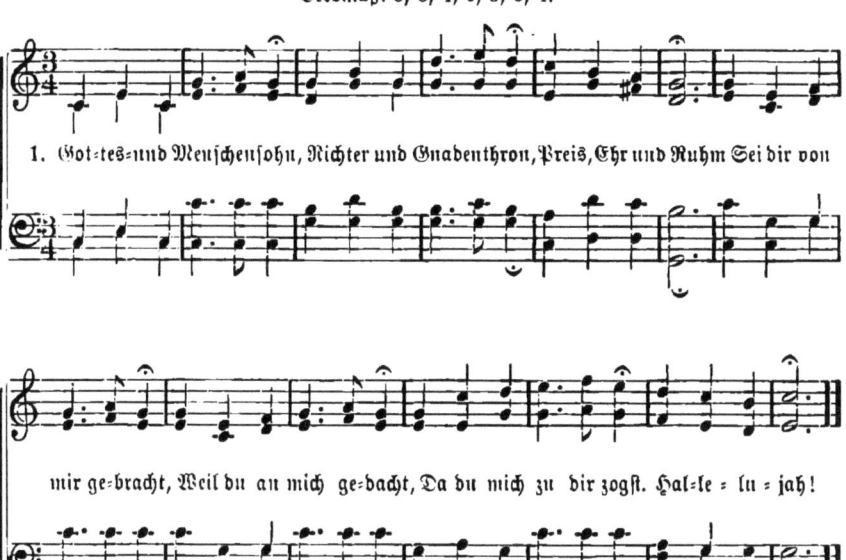

1. Got-tes- und Menschensohn, Richter und Gnadenthron, Preis, Ehr und Ruhm Sei dir von mir ge-bracht, Weil du an mich ge-dacht, Da du mich zu dir zogst. Hal-le-lu-jah!

2 König des ganzen All,
Der du den Erdenball
Einst hast besucht;
Und nach vollbrachtem Lauf
Dich schwangst zum Thron hinauf
Nach Königs Würd und Recht.
Hallelujah!

3 Du bist der Kirche Haupt,
Jeden, der an dich glaubt,
Den schützest du;
Menschen, seid Unterthan,
Betet den König an,
Der euch mit Blut erkauft.
Hallelujah!

4 Ihn wird man kommen sehn,
Anders als einst geschehn,
In Herrlichkeit.
Laßt uns zu Jesu gehn
Und ihn von Herzen flehn,
Daß man mitsingen kann:
Hallelujah!

5 Sünder, bekehre dich,
Denn es wird finden sich,
Was du gethan:

Gib dein Herz Jesu hin,
Aendere deinen Sinn,
Dann singst du auch noch mit:
Hallelujah!

6 König der Könige,
Wann ich dich kommen seh,
Komm mir zum Heil:
Daß ich an deinem Tag
Fröhlich auch singen mag
Mit der erkauften Schar:
Hallelujah!

7 Mein Herz, das freudig ist,
Singt dir, Herr Jesu Christ,
Jetzt schon dies Lied.
Was wird bereinst geschehn,
Wann auch ich werde stehn
Dort an dem gläsern Meer!
Hallelujah!

8 Amen, Hallelujah!
Du bist das A und O,
Anfang und End.
Du sollst mein Erster sein,
Du sollst mein Letzter sein,
In alle Ewigkeit,
Hallelujah!

Niemand ohne Jesum.

Versmaß: 8, 7, 8, 8, 7.

A. Morath.

1. Was hätt ich, hätt ich Je = sum nicht Auf e = wig mir er = lo = ren? Für flücht = ge Freu = den, ew = gen Schmerz! Ach, oh = ne Je = sum, ar = mes Herz, Hättst du dich selbst ver = lo = ren, Hättst du dich selbst ver = lo = ren, ver = lo = = = ren, ver = lo = = = ren!

2 Was könnte mir die ganze Welt
    Für meinen Jesum geben?
Und wer die ganze Welt auch mein,
Nein, sollt ich ohne Jesum sein,
    Da möchte ich nicht leben!

3 Wer wär mein Tröster dann im Schmerz,
    Wer auf dem Sterbebette?
Wer einst am Tage des Gerichts?
Ach, hier und dort hätt ich ja nichts,
    Wenn ich nicht Jesum hätte!

4 Nun aber, da ich Jesum hab,
    O welch ein reiches Leben!
Ist Erde doch und Himmel sein,
Drum ist auch Alles, Alles mein,
    Weil er sich mir gegeben!

Die Seligkeit in Jesu.

Versmaß: 6, 6, 9, 6, 6, 9.

1. O wie se-lig sind die Schon in Je-su all-hie, Die des Erb-theils im Him-mel ge-wiß! Welch ein se-li-ger Stand, Da zu-erst er mich fand, O des Him-mels Ge-nuß wie so süß! Welch ein se-li-ger Stand, Da zu-erst er mich fand, O des Him-mels Ge-nuß wie so süß!

2 Ja, der Trost der war mein,
   Da in Jesu allein
Die Vergebung der Sünden ich fand!
   Da mein Herz an ihm hing,
   Welche Freud ich empfing!
O mein Gott, welch ein seliger Stand!

3 Ja, der Himmel war nah,
   Mein Erlöser war da,
Und die Engel, die lobten mit mir,
   Und ich fiel ihm zu Fuß,
   Seine Lieb war so groß,
Die mein Jesu bewiesen an mir.

4 Und den ganzen Tag lang
   War mein Freudengesang
Nur von Jesu, dem Heiland der Welt.
   Ach, rief ich, er liebt mich,
   Denn er opferte sich
An dem Kreuz für die Sünde der Welt.

5 O wie tröstlich im Schmerz
   Ist der Glaub, der mein Herz
Von den Schulden und Sünden befreit!
   Was ich leb, leb ich Gott
   In der Heiligung fort,
Bis der Glaube durch Schauen erfreut.

Vertrauen in Gott.

Versmaß: 8, 7, 8, 7, 7, 7.

P. F. Hiller.   J. M. B.

1. { Weicht, ihr Ber-ge, fallt, ihr Hü-gel, Bre-chet al-le Fel-sen ein! }
   { Got-tes Gna-de hat das Sie-gel, Sie wird un-ver-än-dert sein. }

Laßt die Welt zu Trüm-mern gehn, Got-tes Gna-de wird be-stehn!

2 Gott hat mir ein Wort versprochen,
    Gott hat einen Bund gemacht,
Der wird nimmermehr gebrochen,
    Bis er Alles hat vollbracht;
Er, die Wahrheit, trüget nicht;
Was er saget, das geschieht.

3 Seine Gnade soll nicht weichen,
    Wenn gleich Alles bricht und fällt,
Sondern ihren Zweck erreichen,
    Bis sie mich zufrieden stellt.
Ist die Welt voll Heuchelei,
Gott ist fromm und gut und treu.

4 Nun so soll mein ganz Vertrauen
    Ankerfest auf ihm beruhn;
Gläubig will ich auf ihn bauen,
    Was er sagt, das wird er thun.
Erd und Himmel kann vergehn,
Sein Bund bleibet ewig stehn.

199   Die himmlische Schar.
                    8, 7, 8, 7, 7, 7.

1 Wer sind, die vor Gottes Throne,
    Jene unzählbare Schar?
Jeder träget eine Krone,
    Jeder stellt dem Lamm sich dar,
Jeden ziert ein weiß Gewand,
Mit der Palme in der Hand.

2 Laut erschallen ihre Lieder:
    Heil sei Dem, der auf dem Thron
Sitzt und auf uns blickt hernieder;
    Heil dem großen Menschensohn!
Alle Engel stehen da
Alles singt: Hallelujah!

3 Es sind Diese, welche kamen
    Aus dem tiefen Trübsalsmeer,
Die ihr Kreuz gern auf sich nahmen,
    Die von eigner Würde leer;
Bei dem Lamme, das geschlacht't,
Fanden sie die Kleiderpracht.

4 Sie sind darum vor dem Throne,
    Dienen Gott bei Tag und Nacht;
Werfen ihre Lebenskrone
    Nieder vor des Thrones Pracht,
Wo ihr großer Mittler sitzt,
Der sie ewiglich beschützt.

5 Hunger, Durst und Sonnenhitze
    Drücken sie auf ewig nicht;
Donner, Stürme, Feur und Blitze,
    Angst der Hölle und Gericht
Sind auf ewig nun vorbei,
Denn der Herr macht Alles neu.

6 Der für sie das Heil erworben,
    Da er als das rechte Lamm
Für die ganze Welt gestorben
    An dem hohen Kreuzesstamm,
Weidet sie, ja, will allein
Selber ihre Weide sein.

7 Er bringt sie zu Wasserquellen,
    Wo das ewge Leben quillt;
Nichts kann ihre Lust vergällen;
    Hier wird nun ihr Durst gestillt;
Gott selbst, der ihr Heil und Licht,
Wischt die Thränen vom Gesicht.

H. Th. Schenk.

Der Tag des Herrn.

Versmaß: 8, 7, 8, 7, 7, 7.

Jonathan Krause.

1. { Hal = le = lu = jah! schö = ner Mor = gen, Schö = ner als man den = ken mag! }
   { Heu = te fühl ich kei = ne Sor = gen, Denn das ist ein lie = ber Tag, }

Der durch sei = ne Lieb = lich = keit Mich im In = ner = sten er = freut,

Der durch sei = ne Lieb = lich = keit Mich im In = ner = sten er = freut.

2 Süßer Ruhetag der Seelen,
  Sonntag, der voll Lichtes ist!
Heller Tag in dunklen Höhlen,
  Zeit, in der der Segen fließt,
Stunde voller Seligkeit,
Du vertreibst mir alles Leid.

3 Ach, wie schmeck ich Gottes Güte
  Recht als einen Morgenthau,
Die mich führt aus meiner Hütte
  Zu des Vaters grünen Au!
Da hat wohl die Morgenstund
Edlen Schatz und Gold im Mund.

4 Herr! ermuntre meine Sinnen
  Und bereite selbst die Brust;
Laß mich Lehr und Trost gewinnen,
  Gib zu deinem Manna Lust,
Daß mir deines Wortes Schall
Tief im Herzen wiederhall.

5 Segne deiner Knechte Lehren,
  Oeffne selber ihren Mund,
Mach mit Allen, die dich hören,
  Heute deinen Gnadenbund,
Daß, wenn man hier steht und singt,
Solches in dein Herz eindringt.

201 Weihnachtslied.
8, 7, 8, 7, 7, 7.

1 Werde Licht, du Volk der Heiden!
  Werde Licht Jerusalem!
Dir geht auf ein Glanz der Freuden
  Vom geringen Bethlehem.
Er, das Licht und Heil der Welt,
Christus hat sich eingestellt.

2 Nun wir eilen mit Verlangen,
  Dich zu ehren, sind bereit,
Dich, Messias, zu empfangen:
  Zeig uns deine Herrlichkeit!
Unsre Kniee beugen sich,
Unser Glaub umfasset dich.

O Jerusalem, du Schöne!

Versmaß: 8, 7, 8, 7, 7, 7.

Conrad Hiller.

1. { O Je = ru = sa = lem, du Schö = ne! Da man Gott be = stän = big ehrt }
{ Und das himm = li = sche Ge = tö = ne: Hei = lig, hei = lig, hei = lig! hört; }

Ach, wann komm ich doch ein = mal Hin zu dei = ner Bür = ger Zahl?

2 Ach, wie wünsch ich dich zu schauen,
Jesu, liebster Seelenfreund!
Baldigst dort auf Salems Auen,
Wo man nicht mehr klagt und weint,
Sondern in dem höchsten Licht
Schauet Gottes Angesicht!

3 Komm doch, führe mich mit Freuden
Aus der Fremde hartem Stand!
Hole mich nach Kampf und Leiden
In das rechte Vaterland,
Wo das Lebenswasser quillt,
Das den Durst auf ewig stillt!

4 O der auserwählten Stätte
Voller Wonne, voller Zier!
Ach, daß ich doch Flügel hätte,
Mich zu schwingen bald von hier
Nach der neuerbauten Stadt,
Welche Gott zur Sonne hat!

5 Soll ich aber länger bleiben
Auf dem ungestümen Meer,
Da mich Sturm und Wellen treiben
Durch so mancherlei Beschwer,
Ach, so laß in Kreuz und Pein
Hoffnung meinen Anker sein!

6 Alsdann werd ich nicht ertrinken,
Ich behalt den Glaubensschild;
Christi Schifflein kann nicht sinken,
Wär das Meer auch noch so wild;
Obgleich Mast und Segel bricht,
Läßt doch Gott die Seinen nicht!

203 Der Geist des Lebens.
8, 7, 8, 7, 7, 7.

1 Komm, o komm, du Geist des Lebens,
Wahrer Gott von Ewigkeit!
Deine Kraft sei nicht vergebens,
Sie erfüll uns jederzeit!
So wird Geist und Licht und Schein
In den dunkeln Herzen sein.

2 Gib in unser Herz und Sinnen
Weisheit, Rath, Verstand und Zucht,
Daß wir anders nichts beginnen,
Als was nur dein Wille sucht:
Dein Erkenntniß werde groß
Und mach uns vom Irrthum los!

3 Laß uns stets dein Zeugniß fühlen,
Daß wir Gottes Kinder sind,
Die auf ihn alleine zielen,
Wann sich Noth und Drangsal findt;
Denn des Vaters Liebesruth
Ist uns allewege gut.

4 Führ uns, daß wir zu ihm treten,
Frei, mit aller Freudigkeit:
Mach uns tüchtig, recht zu beten,
Und vertritt uns allezeit:
So wird unsre Bitt erhört
Und die Zuversicht gemehrt.

5 O du Geist der Kraft und Stärke!
Du gewisser neuer Geist!
Fördre in uns deine Werke,
Wann uns Satan wanken heißt;
Schenk uns Waffen in dem Krieg
Und erhalt in uns den Sieg.

J. Neander.

Eröffnungslied.

Versmaß: 8, 7, 8, 7, 7, 7.

B. Schmolke.

1. { Thut mir auf die schö = ne Pfor = te, Führt in Got=tes Haus mich ein!
     Ach, wie wird an die = sem Or = te Mei=ne See=le fröh=lich sein! } Hier ist Gottes

An = ge = sicht, Hier ist lau = ter, Hier ist lau = ter, Hier ist lau = ter Trost und Licht.

2 Herr! ich bin zu dir gekommen,
    Komme du nun auch zu mir;
Wo du Wohnung hast genommen,
    Da ist lauter Himmel hier;
Zieh in meinem Herzen ein,
Laß es deinen Tempel sein.

3 Laß in Furcht mich vor dich treten,
    Heilige mir Leib und Geist,
Daß mein Singen und mein Beten
    Dir ein lieblich Opfer heißt;
Heilige mir Mund und Ohr,
Zieh das Herz zu dir empor.

4 Mache mich zum guten Laube,
    Wenn dein Saatkorn in mich fällt;
Gib mir Licht in dem Verstaube,
    Und was mir wird vorgestellt,
Präge meinem Herzen ein,
Laß es mir zur Frucht gedeihn.

5 Rede, Herr, so will ich hören,
    Und dein Wille werd erfüllt.
Nichts laß meine Andacht stören,
    Wann der Brunn des Lebens quillt;
Speise mich mit Himmelsbrod,
Tröste mich in aller Noth.

205   Der Christen Wandel.
8, 7, 8, 7, 7, 7.

1 Unser Wandel ist im Himmel,
    Das ist eines Christen Sinn,
Und durch ein berauscht Getümmel

Tringt er in der Welt dahin,
    Selten fragt sie nach der Stadt,
Die der Gast zur Heimath hat.

2 Sie verhöhnet seine Sache
    Und versteht den Wandel nicht;
Sie bewundert seine Sprache,
    Weil er nicht auch weltlich spricht;
Landfremd scheint er angethan,
Denn er ziehet Christum an.

3 Aber laßt die Tolle schelten,
    Laßt sie hier zu Hause sein;
Christen tauschten tausend Welten
    Nicht für ihren Himmel ein:
Waren sie schon niemals dort,
Sieht der Glaube doch den Ort.

4 Jesu, der du hingegangen,
    Der du unsre Hoffnung bist,
Lehr mich, herzlich heim verlangen,
    Wo das Bleiben ewig ist;
Meine Schritte gängle du,
Werd ich müde, sprich mir zu.

5 Gib dein Wort und Sakramente
    Mir mit auf den Weg dahin,
Bis mein Glaube an dem Ende
    Und ich bei dem Vater bin;
Dort vor Gottes Angesicht
Ist der Wandel in dem Licht.

P. F. Hiller.

Morgenlied.

Versmaß: 8, 7, 8, 7, 7, 7.

H. Albert.   Heinr. Alberti.

1. { Gott des Him=mels und der Er = ben, Va = ter, Sohn und heil=ger Geist! }
   { Der es Tag und Nacht läßt wer = ben, Sonn und Mond uns scheinen heißt; }

Des = sen star = ke Hand die Welt, Und was drin = nen ist er = hält.

2 Gott ich danke dir von Herzen,
  Daß du mich in dieser Nacht
  Vor Gefahr, Angst, Noth und Schmerzen
  Hast behütet und bewacht,
  Daß des bösen Feindes List
  Mein nicht mächtig worden ist.

3 Laß die Nacht auch meiner Sünden
  Jetzt mit dieser Nacht vergehn:
  O, Herr Jesu! laß mich finden
  Deine Wunden offen stehn,
  Wo alleine Hülf und Rath
  Ist für meine Missethat.

4 Hilf, daß ich mit diesem Morgen
  Geistlich auferstehen mag
  Und für meine Seele sorgen,
  Daß, wann einst dein großer Tag
  Uns erscheint und dein Gericht,
  Ich davor erschrecke nicht.

5 Führe mich, o Herr! und leite
  Meinen Gang nach deinem Wort;
  Sei und bleibe du auch heute
  Mein Beschützer und mein Hort:
  Nirgends, als bei dir allein,
  Kann ich recht bewahret sein.

207 Das Wort Gottes.
8, 7, 8, 7, 7, 7.

1 Theures Wort aus Gottes Munde,
  Das mir lauter Segen trägt!
  Dich allein hab ich zum Grunde
  Meiner Seligkeit gelegt;
  In dir treff ich alles an,
  Was zu Gott mich führen kann.

2 Will ich einen Vorschmack haben
  Von den Freuden jener Welt,
  Bist du, meinem Geist zu laben,
  Mir zur Nahrung dargestellt;
  Lebensbrod, das find ich hier,
  Lebenswasser beutst du mir.

3 Heilger Geist, der Gottes Worte
  In mein Herz lebendig prägt!
  Lehre mich an jedem Orte,
  Bis mein Glaube recht erwägt,
  Welche Schätze Gottes Hand
  Durch sein Wort mir zugesandt.

4 Laß dein Wort mir einen Spiegel
  In der Folge Jesu sein!
  Drück es als ein Gnadensiegel
  Göttlich mir ins Herz hinein,
  Bis ich, was ich hier geglaubt,
  Schaue mit gekröntem Haupt.

B. Schmolke.

Neujahrslied.

Versmaß: 7, 8, 7, 8, 7, 7.

B. Schmolke.   J. M. B.

1. { Jesus soll die Losung sein, Da ein neu=es Jahr er=schie=nen;
   Jesu Na=me soll al=lein De=nen zum Pa=nie=re die=nen, }

Die in sei=nem Bun=de stehn Und auf sei=nem We=ge gehn.

2 Jesu Name, Jesu Wort
  Soll in den Gemeinden schallen;
  Und so oft wir nach dem Ort,
  Der nach ihm genannt ist, wallen,
  Mache seines Namens Ruhm
  Unser Herz zum Heiligthum.

3 Sein Versühnen und sein Heil
  Wollen wir im Glauben ehren;
  Also wird es uns zu Theil,
  Wird sich täglich bei uns mehren;
  Auch fürs neue Jahr uns beut
  Jesu Name Seligkeit.

4 Unsre Wege wollen wir
  Nun in Jesu Namen gehen;
  Geht uns dieser Leitstern für,
  So wird Alles wohl bestehen,
  Und durch diesen Gnadenschein
  Alles voller Segen sein.

5 Alle Sorgen, alles Leid
  Soll sein Name uns versüßen;
  So wird alle Bitterkeit
  Uns zu Honig werden müssen.
  Jesu Nam sei Sonn und Schild,
  Welcher allen Kummer stillt.

209   Das Gebet.
           7, 8, 7, 8, 7, 7.

1 Beten ists, was Gott gefällt,
  Nur wer beten kann, ist selig;
  Will ich glücklich durch die Welt,

Beten muß ich, beten will ich!
Jesus Christus spricht zu mir:
Bitte, ich will geben dir!

2 Wahrlich, wer zum Vater schreit
  Nur in Jesu Christi Namen,
  Dessen Seele wird erfreut,
  Es spricht Gott ein gnädig Amen.
  Meine Seele, bete dann,
  Gott ists, der dich retten kann.

3 Alles, was wir bitten hier,
  Muß im Glauben nur geschehen.
  Tröstlich sagt mein Heiland mir:
  Du wirst bald die Hülfe sehen.
  Nun, ich bete, Gott hört mich,
  Dieses glaub ich festiglich.

4 Viel zu wenig bet ich noch—
  Jesu, ich will öfter beten.
  Drückt mich hart des Lebens Joch,
  Jesu, lehre mich nur beten!
  Das Gebet gibt guten Muth,
  Gläubig beten Wunder thut.

5 Gib mir, Jesu, deinen Geist,
  Der mich lehre stündlich beten!
  Was du dem Gebet verheißt,
  Gibt mir Muth zu dir zu beten.
  Kein Gebet bleibt unerhört,
  Dies ist was mir Trost gewährt.

Endlich, o du schönes Wort.

Versmaß: 7, 8, 7, 8, 7, 7.

F. Haydn.

1. { End-lich, end - lich muß es doch Mit der Noth ein En - de neh-men; }
{ End-lich, bricht das har - te Joch; End-lich schwin-den Angst und Grä-men: }

End - lich muß der Kum-mer-stein Auch in Gold ver - wan - delt sein.

2 Endlich bricht man Rosen ab;
    Endlich kommt man durch die Wüsten;
Endlich muß der Wanderstab
Sich zum Vaterlande rüsten;
Endlich bringt die Thränensaat,
Was die Freudenernte hat.

3 Endlich sieht man Canaan
    Nach Egyptens Dienshaus liegen;
Endlich trifft man Salem an,
Wann der Oelberg überstiegen;
Endlich geht ein Jakob ein,
Wo kein Esau mehr wird sein.

4 Endlich, o du schönes Wort!
    Du kannst alles Leid versüßen,
Wann der Felsen ist durchbohrt,
Läßt er Lebenswasser fließen.
Ei, mein Herz! drum denke dies:
Endlich, endlich kommts gewiß.

211 **Jesus nimmt die Sünder an.**
    7, 8, 7, 8, 7, 7.

1 Jesus nimmt die Sünder an!
    Sagt doch dieses Trostwort Allen,
Die noch auf verkehrter Bahn
    Und auf Sündenwegen wallen.
Hier ist, was sie retten kann,
Jesus nimmt die Sünder an.

2 Keiner Gnade sind wir werth,
    Doch hat er in seinem Worte
Liebevoll sich uns erklärt,
    Und des ewgen Lebens Pforte
Dem, der glaubet, aufgethan.
Jesus nimmt die Sünder an.

3 Wenn ein Schaf verloren ist,
    Suchet es ein treuer Hirte.
Jesus, der uns nie vergißt,
    Suchet treulich das Verirrte,
Zeiget ihm die rechte Bahn.
Jesus nimmt die Sünder an.

4 Ihr Beladnen, kommet her!
    Kommt doch, ihr betrübten Sünder.
Jesus rufet euch und er
    Macht aus Sündern Gottes Kinder,
Auf! und laßt uns zu ihm nahn!
Jesus nimmt die Sünder an.

5 Jesus nimmt die Sünder an,
    Mich auch hat er angenommen,
Hat den Himmel aufgethan,
    Daß ich selig zu ihm kommen
Und noch sterbend rühmen kann:
Jesus nimmt die Sünder an.

E. Neumeister.

Jesus lebt.

Versmaß: 7, 8, 7, 8, 7, 7.

E. F. Gellert.   St. Galler Gesangb.

1. { Je-sus lebt, mit ihm auch ich; Tod, wo sind nun dei-ne Schre-cken? }
   { Je-sus lebt, und wird auch mich Von den Tod-ten auf-er-we-cken: }

Er ver-klärt mich in sein Licht, Dies ist mei-ne Zu-ver-sicht.

2 Jesus lebt; ihm ist das Reich
   Ueber alle Welt gegeben;
  Mit ihm werd auch ich zugleich
   Ewig herrschen, ewig leben.
  Gott erfüllt, was er verspricht,
  Dies ist meine Zuversicht.

3 Jesus lebt! wer nun verzagt,
   Kränket ihn und Gottes Ehre:
  Gnade hat er zugesagt,
   Daß der Sünder sich bekehre.
  Gott verstößt in Christo nicht,
  Dies ist meine Zuversicht.

4 Jesus lebt! sein Heil ist mein,
   Sein sei auch mein ganzes Leben;
  Reines Herzens will ich sein
   Und den Lüsten widerstreben;
  Er verläßt den Schwachen nicht,
  Dies ist meine Zuversicht.

5 Jesus lebt! nun ist der Tod
   Mir ein Eingang in das Leben,
  Welchen Trost in Todesnoth
   Wird es meiner Seele geben,
  Wenn sie gläubig zu ihm spricht:
  Herr, Herr, meine Zuversicht!

213 Meine Zuversicht.
7, 8, 7, 8, 7, 7.

1 Jesus, meine Zuversicht
  Und mein Heiland, ist mein Leben.
  Dieses weiß ich; sollt ich nicht

Darum mich zufrieden geben,
  Was die lange Todesnacht
  Mir auch für Gedanken macht?

2 Jesus, er mein Heiland, lebt!
   Ich werd auch das Leben schauen,
  Sein, wo mein Erlöser schwebt;
   Warum sollte mir denn grauen?
  Lässet auch ein Haupt sein Glied,
  Welches es nicht nach sich zieht?

3 Ich bin Fleisch und muß daher
   Auch einmal zu Asche werden.
  Das gesteh ich, doch wird er
   Mich erwecken aus der Erden,
  Daß ich in der Herrlichkeit
  Um ihn sein mög alle Zeit.

4 Was hier kränkelt, seufzt und fleht,
   Wird dort frisch und herrlich gehen;
  Irdisch werd ich ausgesät,
   Himmlisch werd ich auferstehen;
  Hier sink ich natürlich ein,
  Nachmals werd ich geistlich sein.

5 Seid getrost und hoch erfreut,
   Jesus trägt euch, seine Glieder;
  Gebt nicht Statt der Traurigkeit;
   Sterbt ihr: Jesus ruft euch wieder,
  Wann einst die Posaun erklingt,
  Die auch durch die Gräber bringt.

Luise Henriette, Churfürstin v. Brandenburg.

214 Hosianna! Davids Sohn.
7, 8, 7, 8, 7, 7.

1 Hosianna! Davids Sohn
   Kommt in Zion eingezogen.
Ach, bereitet ihm den Thron,
   Setzt ihm tausend Ehrenbogen;
Streuet Palmen, machet Bahn,
Daß er Einzug halten kann.

2 Hosianna! Friedefürst,
   Ehrenkönig, Held im Streite!
Alles, was du schaffen wirst,
   Das ist unsre Siegesbeute.
Deine Rechte bleibt erhöht,
Und dein Reich allein besteht.

3 Hosianna! steh uns bei!
   O Herr, hilf, laß wohl gelingen,
Daß wir ohne Heuchelei
   Dir das Herz zum Opfer bringen.
Du nimmst keinen Jünger an,
Der dir nicht gehorchen kann.

4 Hosianna! nah und fern!
   Eile bei uns einzugehen,
Du Gesegneter des Herrn,
   Warum willst du draußen stehen?
Hosianna! bist du da?
Ja, du kommst! Hallelujah.

                     B. Schmolke.

215 Dennoch bleib ich stets an dir.
7, 8, 7, 8, 7, 7.

1 Dennoch bleib ich stets an dir,
   Mein Erlöser, mein Vergnügen!
Mich verlanget dort und hier
   Nur an deiner Brust zu liegen.
Meines Lebens schönste Zier!
Dennoch bleib ich stets an dir.

2 Suchet die verderbte Welt
   Mich aus deinem Arm zu reißen,
Will sie Ehre, Lust und Geld
   Mir nach ihrer Art verheißen:
O! so sprech ich bald zu ihr:
Daß ich bleibe stets an dir.

3 Bricht des Kreuzes Sturm herein,
   Ueberfällt mich Angst und Leiden:
So vermag doch keine Pein
   Mich von meinem Haupt zu scheiden;
Und ich schreib in mein Panier:
Dennoch bleib ich stets an dir.

4 Selbst im finstern Todesthal
   Bleibt die Freundschaft ungetrennet;
Ich empfinde keine Qual,
   Wenn der Lebensfürst mich kennet;
Sterbend ruf ich mit Begier:
Dennoch bleib ich stets an dir.

                     J. J. Rambach.

216 Golgatha.
7, 8, 7, 8, 7, 7.

1 Seele, geh auf Golgatha,
   Setz dich unter Jesu Kreuze
Und bedenke, was dich da
   Für ein Trieb zur Buße reize.
Willst du unempfindlich sein,
Bist du härter als ein Stein.

2 Schaue doch das Jammerbild
   Zwischen Erd und Himmel hangen,
Wie das Blut in Strömen quillt,
   Daß ihm alle Kraft entgangen.
Ach! mein Jesus—welche Noth!—
Hängt erblasset und ist todt.

3 O Lamm Gottes ohne Schuld,
   Alles das hab ich verschuldet,
Und du hast aus großer Huld
   Pein und Tod für mich erduldet;
Daß wir nicht verloren gehn
Läßt du dich ans Kreuz erhöhn.

4 Nun was bring ich dir dafür?
   Ich will dir mein Herze geben,
Dieses soll beständig hier
   Unter deinem Kreuze leben;
Wie du mein, so will ich dein
Lebend, leidend, sterbend sein.

                     B. Schmolke.

217 Himmelan.
7, 8, 7, 8, 7, 7.

1 Himmelan geht unsre Bahn,
   Wir sind Gäste nur auf Erden,
Bis wir dort in Canaan
   Durch die Wüste kommen werden;
Hier ist unser Pilgerstand,
Droben unser Vaterland.

2 Himmelan schwing dich, mein Geist,
   Denn du bist ein himmlisch Wesen
Und kannst Das, was irdisch heißt,
   Nicht zu deinem Zweck erlesen:
Ein von Gott erleucht'ter Sinn
Kehrt zu seinem Ursprung hin.

3 Himmelan! ruft er mir zu,
   Wenn ich ihn im Worte höre;
Das weist mir den Ort der Ruh,
   Wo ich einmal hin gehöre:
Wenn mich dieses Wort bewahrt,
Halt ich eine Himmelfahrt.

4 Himmelan, ja himmelan!
   Das soll meine Losung bleiben.
Ich will allen eitlen Wahn
   Durch die Himmelslust vertreiben.
Himmelan steht nur mein Sinn,
Bis ich in dem Himmel bin.

                     B. Schmolke.

Mein Gemüth erfreuet sich.

Versmaß: 7, 7, 7, 7.

M. Ruger.

1. Mein Ge-müth er-freu-et sich, Je-su, wenn ich denk an dich,

Mein be-trüb-ter Sinn und Muth Fin-den Trost in dei-nem Blut.

2 Ob ich auch in Sorgen steh,
Wenn ich nur auf Jesum seh;
Seine Gnade, seine Güt
Füllt mit Freude mein Gemüth.

3 Liebster Heiland! du bist mein,
Sollt ich dir nicht dankbar sein?
Was ich habe, kommt von dir,
Tausend Dank sei dir dafür!

4 Selbst der Vögel muntrer Chor
Schickt sein frohes Lied empor,
Dich preist jede Kreatur
In dem Hain und auf der Flur.

5 Mensch, du Ebenbild des Herrn,
Preise deinen Schöpfer gern!
Herz und Mund sei jederzeit
Froh zu seinem Lob bereit.

6 Denk nicht nur auf diese Zeit—
Denke an die Seligkeit,
Wo man, wie der Herr verheißt,
Ewig lebt, und Jesum preist.

7 Christi Heil ist meine Zier,
Welches er zum Siegspanier
Mir aus reiner Lieb erwarb,
Da er an dem Kreuze starb.

219 Sieh! wie lieblich und wie fein.
7, 7, 7, 7.

1 Sieh! wie lieblich und wie fein
Ist's, wenn Brüder friedlich sein;

Wenn ihr Thun einträchtig ist
Nach dem Sinne Jesu Christ.

2 Denn daselbst verheißt der Herr
Reichen Segen, nach Begehr;
Und das Leben in der Zeit,
Wie auch dort in Ewigkeit.

3 Sonne der Gerechtigkeit!
Gehe auf zu unsrer Zeit,
Brich in deiner Kirche an,
Daß die Welt es sehen kann!

4 Jesu, Haupt der Kreuzgemein!
Mach uns Alle, Groß und Klein,
Durch dein Evangelium
Ganz zu deinem Eigenthum.

5 Sammle, großer Menschenhirt!
Alles, was sich hat verirrt;
Laß in deiner Gnade sein
Alles ganz vereinigt sein.

6 Bind zusammen Herz und Herz,
Laß sie trennen keinen Schmerz;
Knüpfe selbst durch deine Hand
Das geweihte Bruder-Band!

7 Laß die ganze Brüderschar
Lieben, loben immerdar,
In dir ruhen allezeit,
Hier und dort in Ewigkeit.

Müller.

Gnadenabgrund.

Versmaß: 7, 7, 7, 7.

Nach dem Engl. von P. W. Bickel.   Singvögelein.

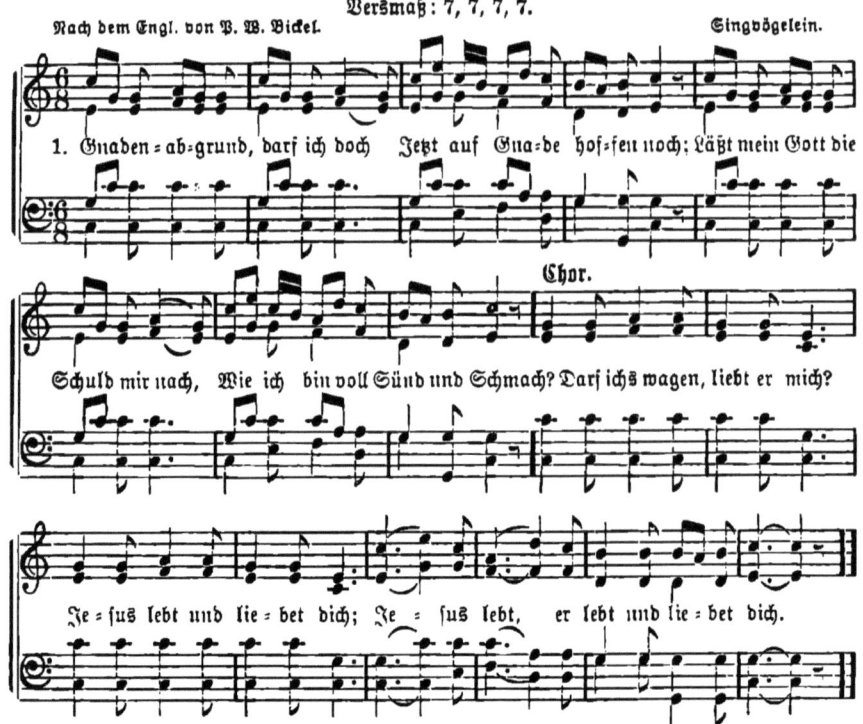

1. Gnaden=ab=grund, darf ich doch Jetzt auf Gna=be hof=fen noch; Läßt mein Gott die Schuld mir nach, Wie ich bin voll Sünd und Schmach? Darf ich's wagen, liebt er mich?

Chor.

Je=sus lebt und lie=bet dich; Je=sus lebt, er lebt und lie=bet dich.

2 Lang hört ich sein Locken nicht,
Höhnte ihn ins Angesicht;
Ihn, der Sünder ruft und liebt,
Hab ich tausendmal betrübt.—Chor.

3 Schenk mir Buße, Gott voll Huld,
Ueber meine Sündenschuld!
Gib mir Glaubenskraft, mein Herr,
Daß ich sündige nicht mehr!—Chor.

4 Neig zu mir dein gnädig Ohr,
Oeffne deiner Wunden Thor!
Daß ich schaue, wie du liebst,
Wie du Sündern noch vergibst.—Chor.

221 Jesus Christus hat vollbracht.
7, 7, 7, 7.

1 Jesus Christus hat vollbracht,
Was uns Sünder selig macht.
Dieses Wort aus seinem Mund
Thut uns sein Vermächtniß kund.

2 Sieh, er sprach dies Wort für dich,
Sprach's für Alle, sprach's für mich;
Alles, Alles ist vollbracht,
Was die Sünder selig macht!

3 Zu dem Vater darf man gehn,
Zu dem Sohne darf man flehn,
Und der Geist versiegelt schon
Uns das Erbtheil bei dem Sohn.

4 Sprach dies unsers Mittlers Mund,
So hat unser Glaube Grund,
So hat unsre Hoffnung Ruhm:
Wir sind Christi Eigenthum.

5 Hier greift meine Seele zu;
Du, vollkommner Heiland, du
Hast auch mir zu gut vollbracht,
Was mich Sünder selig macht

6 Was du schenkest, ist auch mein,
Was ich habe, sei nun dein;
Zu dem Vater komme ich,
Mein Erlöser, nur durch dich.

7 Wann ich einst am Sterben bin,
Fahr ich mit den Worten hin:
Jesus hat für mich vollbracht,
Ihm sei Herrlichkeit und Macht!

P. F. Hiller.

Herz und Herz vereint zusammen.

Versmaß: 8, 7, 8, 7, 8, 7, 8, 7.

Th. R. v. Zinzendorf.　　　　　　　　　　　　　　　　　　　Geistl. Saitenspiel.

1. { Herz und Herz ver-eint zu-sam-men, Sucht in Got-tes Her-zen Ruh;
Las-set eu-re Le-bens-flam-men Lo-dern auf den Hei-land zu! }

Er das Haupt, wir sei-ne Glie-der; Er das Licht und wir der Schein;

Er der Mei-ster, wir die Brü-der; Er ist un-ser, wir sind sein!

2 Kommt, ach kommt, ihr Gotteskinder,
Und erneuert euren Bund,
Schwöret unserm Ueberwinder
Lieb und Treu von Herzensgrund,
Und wenn eurer Liebeskette
Festigkeit und Stärke fehlt,
O so flehet um die Wette,
Bis sie Jesus wieder stählt!

3 Tragt es unter euch, ihr Glieder,
Auf so treues Lieben an,
Daß ein Jeder für die Brüder
Auch das Leben lassen kann!
So hat uns der Herr geliebet,
So vergoß er dort sein Blut;
Denkt doch, wie es ihn betrübet,
Wenn ihr selbst euch Eintrag thut!

223 **Wenns doch alle Seelen wüßten.**
8, 7, 8, 7.

1 Wenns doch alle Seelen wüßten,
Jesu, daß du freundlich bist,
Und der Zustand wahrer Christen
Unaussprechlich herrlich ist!

2 Ach, sie würden bald mit Freuden
Aus der Welt Gemeinschaft gehn
Und bei Jesu Blut und Leiden
Fest und unbeweglich stehn!

3 Denn es ist ein Freudenleben,
Eine große Seligkeit,
Wenn man Gott ist ganz ergeben
Hier und dort in Ewigkeit.

224 **Meine Zuflucht.**
8, 7, 8, 7.

1 Meine Zuflucht ist die Liebe,
Die für mich ins Elend kam
Und aus ewig treuem Triebe
Schuld und Strafen übernahm.

2 Meine Zuflucht ist die Liebe,
Die mich endlich zu sich zog
Und durch ihre Allmachtstriebe
Meinen Jammer überwog.

3 Meine Zuflucht ist die Liebe,
Die mich hebet, die mich trägt
Und die allerzartsten Triebe
Um mich zu vollenden, hegt.

Selige Stunden.

Versmaß: 6, 5, 6, 5, 6, 5, 6, **5**.

1. { O se = li = ge Stun=den! Die Je = fus uns schenkt,
Da man nur der Wun=ben Des Lam=mes ge = benft; } O sel = ge Mi=
nu=ten! O Bli=cke bes Lichts! Man senkt sich ins Blu = te Und benft sonst an nichts.

2 Dem Erdengetümmel
Entweichet man gern
Und wandelt im Himmel
Beim Lamme, dem Herrn;
Da sieht man ihn sitzen
Im prächtigsten Glanz,
Die Nägelmaal blitzen
Und blenden uns ganz.

3 Wir taumeln und wanken
Vom Kreuze nun nicht,
Weil unsre Gedanken
Zum Lamme gericht't,
Wir gehen und stehen
Im Leben, ein Traum—
Die Welt mag uns schmähen,
Wir hören es kaum.

4 Sind Andre geehret,
Ist es ja nur Schein,
Das Lamm hat gelehret,
Stets niedrig zu sein.
Durch Leiden und Beugen
Erhält man den Sieg,
Den Thron zu ersteigen,
Wie er ihn erstieg.

5 Die Welt hat nur Plage,
Beim Lamme ist Ruh,
Und köstliche Tage
Von oben dazu;

Wer will nun die Ruhe,
Wer will es so gut,
Der komme und sterbe
Und lebe im Blut.

6 Mein Ein und mein Alles,
Ich meine nur dich,
Du Bürge des Falles,
Verbürge auch mich.
Mein Treuer, mein Lieber,
Du bist es allein,
Und sterbe ich drüber,
So sollst du es sein!

226 Lobgesang.

MEL.—"We praise Thee, O God, for the Son of
Thy love."

1 O Gott, sei gelobt für die Liebe im Sohn,
Der mit Blut uns erwarb und dann aufstieg
zum Thron!

Chor:—Hallelujah, sei gepriesen, Hallelujah,
Amen.
Hallelujah, sei gepriesen, Herr, segne uns jetzt!

2 O Gott, sei gelobt für den heiligen Geist,
Der zum Heiland uns führt und uns himmel=
wärts weist!

3 Lob, Ehre und Preis sei für immer gebracht
Dir, dem Lamm, das von Sünde uns selig
gemacht.

227

Die Nachfolge Jesu.

Versmaß: 8, 7, 8, 7, 8, 8.

J Scheffler.   Herm. Schein.

1. { Mir nach! spricht Christus, un = ser Held, Mir nach, ihr Christen al = = le: }
   { Ver = leug = net euch, ver = laßt die Welt, Folgt mei=nem Ruf und Schal = le; }

Nehmt eu = er Kreuz und Un = ge = mach Auf euch, folgt mei=nem Wan = del nach!

2 Ich bin das Licht, ich leucht euch für
    Mit heilgem Tugendleben;
Wer zu mir kommt und folget mir,
    Darf nicht im Finstern schweben:
Ich bin der Weg, ich zeige wohl,
Wie man wahrhaftig wandeln soll.

3 Ich zeig euch Das, was schädlich ist,
    Zu fliehen und zu meiden,
Und euer Herz von arger List
    Zu reinigen und zu scheiden:
Ich bin der Seelen Fels und Hort
Und führ euch zu der Himmelspfort.

4 Fällts euch zu schwer, ich geh voran,
    Ich steh euch an der Seite,
Ich kämpfe selbst, ich brech die Bahn,
    Bin Alles in dem Streite.
Ein böser Knecht, der still darf stehn,
Sieht er den Feldherrn vorangehn.

5 So laßt uns denn dem lieben Herrn
    Mit Leib und Seel nachgehen
Und wohlgemuth, getrost und gern
    Im Leiden bei ihm stehen;
Denn wer nicht kämpft, trägt auch die Kron
Des ewgen Lebens nicht davon.

228 O Gottes Lamm, mein Element.
8, 7, 8, 7, 8, 8.

1 O Gottes Lamm, mein Element
    Ist einzig dein Erbarmen!
Dein Herz, das zu mir wallt und brennt
    Mit offnen Liebesarmen;
Dein Blut, wie es am Kreuze floß
Und alle Welt mit Heil begoß.

2 Wie wohl, ach Gott! wie wohl ist mir,
    Wenn ich darein versinke!
O Lebensquell, wenn ich aus dir
    Trost und Erquickung trinke!
Wenn dein Erbarmen mich bedeckt,
Und wenn mein Herz Vergebung schmeckt.

3 Drum bleibe du mein Element,
    Du selbst und dein Erbarmen;
Und wie mein Glaube dich erkennt,
    So kenne du mich Armen.
Ich leb in deiner Gnad allein,
Ich will in dir erfunden sein.

4 Und wann ich vor dem Throne bin,
    Dein Anschaun zu genießen:
So reißt mich dein Erbarmen hin,
    Im Loben zu zerfließen.
Worin allhier mein Herz entbrennt,
Das bleibt mein ewges Element.

E. G. Woltersdorf.

Steh armes Kind.

Versmaß: 8, 7, 8, 7, 8, 8.

J. M. B.

1. Steh, ar=mes Kind! wo eilst du hin? Er=ken=ne dein Ver=der=ben,
Ver=änd=re doch den har=ten Sinn, Ach! wa=rum willst du ster=ben?

Auf, auf! ver=laß die Sün=ben=bahn, Dein Je=fus ruft: Komm, komm her=an!

2 Komm her zu mir, ich bin dein Freund,
   Der dich so brünstig liebet,
Der dich und deine Noth beweint,
   Du hast mich sehr betrübet!
Doch komm, ich schenke dir die Schuld
Und hülle dich in meine Huld.

3 Bedenke, wie ich dir zu gut
   Ein armes Kind geworden,
Ich nahm an mich dein Fleisch und Blut,
   Ward eins von deinem Orden;
Ich litte, starb, versöhnte dich;
Wohlan denn, komm und liebe mich!

4 Versuchs einmal, wie gut es sei,
   Mein Schäflein sich zu nennen;
Nimm Theil an meiner Hirtentreu,
   Ach! lerne mich erkennen;
Der ist nur selig und vergnügt,
Der hier in meinen Armen liegt.

5 Jetzt ist die angenehme Zeit,
   Jetzt ist der Tag der Gnaden,
Jetzt mache dich in Eil bereit,
   Laß heilen deinen Schaden,
Eh dich die Sünde weiter bringt
Und endlich ganz den Geist verschlingt.

230 Auf zum Streit.
8, 7, 8, 7, 8, 8.

1 Auf, Christenmensch, auf, auf zum Streit!
   Auf, auf zum Ueberwinden!
In dieser Welt, in dieser Zeit

Ist keine Ruh zu finden:
Wer nicht will streiten, trägt die Kron
Des ewgen Lebens nicht davon.

2 Der Satan kommt mit seiner List,
   Die Welt mit Pracht und Prangen,
Das Fleisch mit Wollust, wo du bist,
   Zu fällen dich und fangen;
Streitst du nicht wie ein tapfrer Held
Bist du dahin und schon gefällt.

3 Gedenke, daß du zu der Fahn
   Des Feldherrn hast geschworen;
Denk ferner. daß du als ein Mann
   Zum Streit bist auserkoren,
Ja, benke, daß ohn Streit und Sieg
Noch Keiner zum Triumph anstieg.

4 Wer überwindt und seinen Lauf
   Mit Ehren kann vollenden,
Dem wird der Herr alsbald darauf
   Verborgnes Manna senden,
Ihm geben einen weißen Stein
Und einen neuen Namen drein.

5 Wer überwindet, der soll dort
   In weißen Kleidern gehen,
Sein guter Name soll sofort
   Im Buch des Lebens stehen;
Ja, Christus wird denselben gar
Bekennen vor der Engelschar.

Jesus Christus herrscht als König.

Versmaß: 8, 8, 7, 8, 8, 7.

V. F. Hiller.

1. Jesus Christus herrscht als König; Alles wird ihm unterthänig, Alles legt ihm Gott zu Fuß.

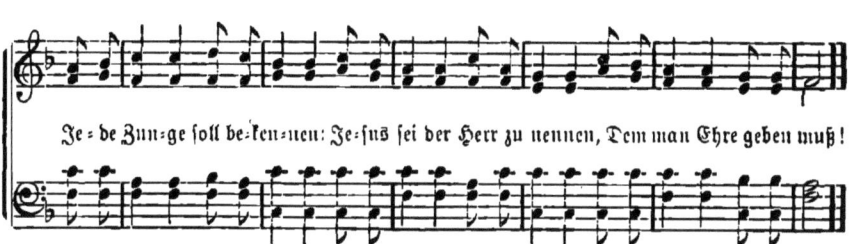

Je = de Zun = ge soll be = ken = nen: Je = sus sei der Herr zu nennen, Dem man Ehre geben muß!

2 Gott, des Weltalls großer Meister,
Hat die Engel wohl als Geister
Und als Flammen um den Thron;
Sagt er aber je zu Knechten:
Setze dich zu meiner Rechten?
Nein, er sprach es zu dem Sohn.

3 Gott ist Herr, der Herr ist Einer
Und demselben gleichet Keiner,
Nein, der Sohn nur ist ihm gleich
Dessen Stuhl ist unumstößlich,
Dessen Leben unauflöslich,
Dessen Reich ein ewig Reich.

4 Alles, was Gott hat erwählet,
Was er zu den Kindern zählet,
Ist in seinem Sohn geliebt;
In ihm thront des Vaters Wille,
Aus der ewgen Gottheitsfülle
Ist die Gnade, die er gibt.

232 Kampf und Sieg.
8, 8, 7, 8, 8, 7.

1 Fortgekämpft und fortgerungen,
Bis zum Ziele durchgedrungen
Muß es, bange Seele, sein!
Durch die tiefsten Dunkelheiten
Kann dich Jesus hinbegleiten;
Muth spricht er den Schwachen ein.

2 Bei der Hand will er dich fassen,
Scheinst du gleich von ihm verlassen,
Glaube nur und zweifle nicht;
Bete, kämpfe ohne Wanken;
Bald wirst du voll Freude danken,
Bald umgibt dich Trost und Licht!

3 Wend von aller Welt die Blicke,
Schau nicht seitwärts, nicht zurücke,
Nur auf Gott und Ewigkeit!
Nur zu deinem Jesus wende
Aug und Herz und Sinn und Hände,
Bis er himmlisch dich erfreut!

4 Aus des Jammers wilden Wogen
Hat dich oft herausgezogen
Seiner Allmacht treue Hand.
Nie zu kurz ist seine Rechte,
Wo ist einer seiner Knechte,
Der bei ihm nicht Rettung fand?

5 Drum so will ich nicht verzagen,
Mich vor Gottes Antlitz wagen,
Flehen, ringen fort und fort!
Ja, ich werde überwinden,
Was ich bitte, werd ich finden;
Er gelobts in seinem Wort!

J. C. Lavater.

Christi Geburt.

Versmaß: 14, 14, 4, 7, 8.

A. H. Niemeyer.   J. M. B.

1. { Eh - re sei Gott in der Hö - he! der Herr ist ge - bo - - ren! }
   { Sündern zum Heiland vom Höchsten aus Gnaden er - ko - - ren! } Las - set uns

sein, Sei - ner Er - barmung uns freun! Ist er nicht uns auch ge - bo - - ren?

2 Dunkel bedeckte den Erdkreis, in Finsterniß
  irrten
Völker umher, wie die Herden, verlassen vom
  Hirten.
    Jesus erschien:
    Nächte verschwanden durch ihn,
Die auch den Weisen verwirrten.

3 Menschen berufen, sich unter einander zu
  lieben,
Folgten der Zwietracht und Bitterkeit schänd-
  lichen Trieben.
    Jesus erschien,
    Lehrte den Menschenhaß fliehn,
Lehrte den Frieden uns lieben.

4 Ehre sei Gott in der Höhe! ein ewiges Leben
Hat er durch ihn, seinen Sohn, uns erbar-
  mend gegeben.
    Bis in das Grab
    Stieg er vom Himmel herab,
Einst uns zum Himmel zu heben.

234 **Jauchzet ihr Himmel.**
          14, 14, 4, 7, 8.

1 Jauchzet, ihr Himmel, frohlocket, ihr Engel,
  in Chören!
Singet dem Herren, dem Heiland der Men-
  schen, zu Ehren!
    Sehet doch da,
    Gott will so freundlich, so nah
Zu den Verlornen sich kehren!

2 Jauchzet, ihr Himmel, frohlocket, ihr Enden
  der Erden!
Gott und der Sünder, die sollen zu Freunden
  nun werden.
    Friede und Freud
    Wird uns verkündiget heut,
Freuet euch, Hirten und Herden.

3 Sehet dies Wunder, wie tief sich der Höch-
  ste geneiget;
Sehet die Liebe, die ganz sich als Liebe nun
  zeiget!
    Sie wird ein Kind,
    Trägt und vertilget die Sünd;
Alles anbetet und schweiget.

4 Gott ist im Fleische!—Wer kann dies Ge-
  heimniß verstehen?
Hier ist die Pforte des Lebens nun offen zu
  sehen!
    Tretet herzu,
    Sucht bei dem Sohne die Ruh,
Die ihr zum Vater wollt gehen!

5 Menschenfreund Jesus! dich lieb ich, dich
  will ich erheben,
Laß mich doch einzig nach deinem Gefallen
  nun streben;
    Herr, nimm mich hin,
    Hilf mir, in kindlichem Sinn
Ewiglich dir nur zu leben!

                              G. Tersteegen.

Lobe den Herren!

Versmaß: 14, 14, 4, 7, 8.

J. N.   Joach. Neander.

1. { Lo=be den Her=ren, den mäch=ti=gen Kö=nig der Eh = ren,
     { Lob ihn, o See=le, ver=eint mit den himm=li=schen Chö = ren! } Kommet zu

Hauf! Psal=ter und Har=fe, wacht auf, Las=set den Lob=ge=sang hö = = ren!

2 Lobe den Herren, der Alles so herrlich re-
  gieret,
    Der dich im Dunkeln des Lebens so sicher
      geführet;
      Der dir gewährt,
      Was dich erfreuet und nährt;
    Dank es ihm innigst gerühret!

3 Lobe den Herren, der künstlich und fein dich
  bereitet,
    Der dir Gesundheit verliehen, dich freund-
      lich geleitet!
      In wie viel Noth
      Hat nicht der gnädige Gott
    Ueber dir Flügel gebreitet!

4 Lobe den Herren, der sichtbar dein Leben
  gesegnet,
    Der aus dem Himmel mit Strömen der
      Liebe geregnet;
      Denke daran,
      Was der Allmächtige kann,
    Der dir mit Liebe begegnet!

5 Lobe den Herren, was in mir ist, lobe den
      Namen,
    Alles was Odem hat, lob ihn mit Abra-
      hams Samen;
      Er ist dein Licht;
      Seele, vergiß es ja nicht!
    Lob ihn in Ewigkeit! Amen.

236 Christi Leiden.
14, 14, 4, 7, 8.

1 Lamm, das gelitten, und Löwe, der sieg-
      reich gerungen,
    Blutendes Opfer und Held, der die Hölle
      bezwungen!
      Brechendes Herz,
      Das sich aus irdischem Schmerz
    Ueber die Himmel geschwungen!

2 Du hast in schauriger Tiefe das Höchste
      vollendet,
    Gott in die Menschheit gehüllt, daß sein
      Licht uns nicht blendet.
      Würdig bist du,
      Jauchzt dir die Ewigkeit zu,
    Preises und Ruhms, der nicht endet!

3 Ueber des Todes umnachteten graunvollen
      Klüften
    Schwangst du die Palme des Sieges in
      himmlischen Lüften.
      Wer an dich glaubt,
      Trägt nun, von Hoffnung umlaubt,
    Ewiges Leben aus Grüften.

4 Menschensohn, Heiland, in dem sich das
      ewge Erbarmen
    Milde zu eigen gegeben den schuldigen Ar-
      men:
      Dir an der Brust
      Darf nun in Leben und Lust
    Jedes Erstarrte erwarmen,

237 **Alles ist Euer.**

14, 14, 4, 7, 8.

1 Alles ist euer! o Worte des ewigen Lebens!
Fühl sie, Vertrauter des Mittlers, voll heiligen Bebens!
Alles ist dein!
Irdisch Gesinnten allein
Tönen die Worte vergebens.

2 Alles ist euer, ihr Christen! vom Heiligthum nieder
Schauet der Mittler auf seine geheiligten Glieder.
Höret, er spricht:
Fürchte du, Häuflein, dich nicht
Alles ist euer, ihr Brüder.

3 Himmel und Erde, und Welten und Sonnen und Meere,
Geistergestalten, der Engel unzählige Heere,
Alles ist dein!
Bruder, o jauchze mit drein!
Singe des Ewigen Ehre.

4 Singt denn, ihr künftigen Herrscher, im heiligen Feuer
Eure unendliche Herrlichkeit, die euch so theuer
Jesus erwarb,
Als er auf Golgatha starb!
Amen, ja, Alles ist euer!

Ch. F. D. Schubert.

238 **Das theure Blut.**

MEL.—"There is a fountain filled with blood."

1 Es ist ein Born, draus heilges Blut
Für arme Sünder quillt,
Ein Born, der lauter Wunder thut,
Und jeden Kummer stillt!

Chor:—Es quillt für mich dies theure Blut,
Das glaub und fasse ich!
Es macht auch meinen Schaden gut,
Denn Christus starb für mich!

2 Der Schächer fand den Wunderquell,
Den Gottes Gnad ihm wies,
Und dadurch ging er rein und hell
Direkt ins Paradies.

3 O Gotteslamm, dein theures Blut
Hat noch die gleiche Kraft!
Gieß aus des Geistes Feuersgluth,
Die neue Menschen schafft!

4 Auch ich war einst in Sündennoth,
Da half mir Jesu Blut;
Drum jauchz ich auch bis in den Tod
Ob dieser Gnadenfluth.

5 Dies Blut sei all mein Leben lang
Die Quelle meiner Lust;
Das bleib mein ewger Lobgesang
An meines Heilands Brust.

239 **Die allgenugsame Gnade.**

MEL.—"I hear the Saviour say."

1 Mein Heiland ruft mir zu:
Kind, beine Kraft ist klein;
In Mir nur findst du Ruh,
Ich will dir alles sein.

Chor:—Jesu Opfertod
Tilget all mein Weh;
Meine Schuld, wie Blut so roth,
Wird weiß, als wie der Schnee.

2 O Herr, dein theures Blut
Wäscht meine Flecken rein;
Du bists, der Wunder thut,
Ja, der erweicht den Stein.

3 Nichts Gutes ist in mir,
Das Deine Gnad verdient;
Mein Heil steht nur in Dir,
Der mich mit Gott versühnt.

4 Wenn einst zur letzten Stund'
Mein Geist sich reißt von hier,
So jauchzt mein froher Mund:
Mein Jesus steht bei mir!

5 Und wenn vor seinem Thron
Vollendet dann ich bin,
Leg ich die Ehrenkron
Zu seinen Füßen hin.

240 **Welch ein Freund ist unser Jesus.**

MEL.—"What a Friend we have in Jesus."

1 Welch ein Freund ist unser Jesus,
O wie hoch ist er erhöht!
Er hat uns mit Gott versöhnet,
Und vertritt uns im Gebet.
||: Wer mag sagen und ermessen,
Wie viel Heil verloren geht,
Wenn wir nicht zu ihm uns wenden
Und ihn suchen im Gebet? :||

2 Wenn des Feindes Macht uns drohet
Und manch Sturm rings um uns weht,
Brauchen wir uns nicht zu fürchten,
Stehn wir gläubig im Gebet.
||: Da erweist sich Jesu Treue,
Wie er uns zur Seite steht,
Als ein mächtiger Erretter,
Der erhört ein ernst Gebet. :||

3 Sind mit Sorgen wir beladen,
Sei es frühe oder spät,
Hilft uns sicher unser Jesus,
Fliehn zu ihm wir im Gebet.
||: Sind von Freunden wir verlassen,
Und wir gehen ins Gebet,
O, so ist uns Jesus alles:
König, Priester und Prophet! :||

Nun danket Alle Gott.

Versmaß: 6, 7, 6, 7, 6, 6, 6, 6.

M. Rinkard.   Würtemb. Choralbuch.

1. { Nun danket Al = le Gott Mit Her=zen, Mund und Hän=den, }
   { Der gro = ße Din = ge thut An uns und al = len En = den; } Der uns von Mutter=

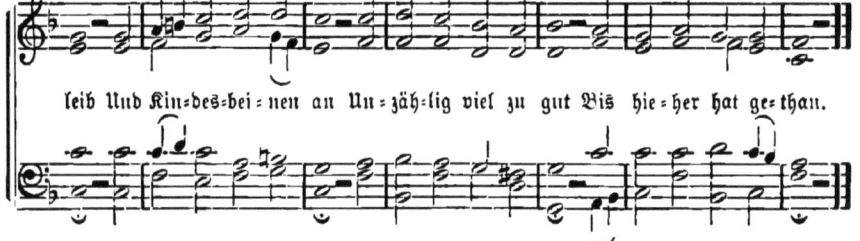

leib Und Kin=des=bei=nen an Un=zäh=lig viel zu gut Bis hie=her hat ge=than.

2 Der ewig reiche Gott
    Woll uns bei unsrem Leben
Ein immer fröhlich Herz
    Und edlen Frieden geben,
Und uns in seiner Gnad
    Erhalten fort und fort,
Und uns aus aller Noth
    Erlösen hier und dort.

3 Lob, Ehr und Preis sei Gott,
    Dem Vater und dem Sohne
Und Dem, der beiden gleich
    Im höchsten Himmelsthrone,
Dem einig höchsten Gott,
    Als es anfänglich war
Und ist und bleiben wird
    Jetzund und immerdar!

4 Jetzt ist die Gnadenzeit,
    Jetzt steht der Himmel offen,
Jetzt hat noch Jedermann
    Die Seligkeit zu hoffen;
Wer diese Zeit versäumt
    Und sich zu Gott nicht kehrt,
Der schrei Weh über sich,
    Wenn er zur Hölle fährt.

242 Du sagst: Ich bin ein Christ.
6, 7, 6, 7, 6, 6, 6, 6.

1 Du sagst: Ich bin ein Christ;
    Wohlan! wenn Werk und Leben
Dir dessen, was du sagst,
    Beweis und Zeugniß geben,
So steht es wohl um dich.
    Ich wünsche was du sprichst,
Zu sein auch alle Tag,
    Das heißt: Ein guter Christ.

2 Du sagst: Ich bin ein Christ;
    Der ists, der Jesum kennet,
Ihn seinen Gott und Herrn
    Mit Herz und Wandel nennet.
Der liebet Christum nicht,
    Der noch die Sünde liebt,
Ist auch kein Christ, ob er
    Sich gleich den Namen gibt.

3 Bist du ein wahrer Christ,
    So mußt du sein gesinnet,
Wie Jesus Christus war.
    Wenn reine Liebe rinnet
Aus deines Herzens Quell,
    Wenn du bemüthig bist
Von Herzen, wie der Herr,
    So sag: Ich bin ein Christ.

Haßlocher.

243

Gib mir ein frommes Herz.

Versmaß: 6, 7, 6, 7, 6, 6, 6, 6.

E. Neumeister.　　　　　　　　　　　　　　　　　　　J. M. B.

1. { Gib mir ein from=mes Herz, Du Ge=ber al=ler Gaben! }
   { Das soll mein Reichthum sein, Den ich be=gehr zu ha=ben; } Das ist mein höchster

Ruhm, Mein Schmuck u. schönste Pracht: Denn fromm sein wird bei Gott Und Engeln hoch geacht't.

2 Gib mir ein frommes Herz,
　Das sich nicht läßt verführen;
Laß deinen guten Geist
　Dasselbe kräftig rühren.
Herr! laß mich nimmermehr
　Auf böses Beispiel sehn,
Vielmehr mit aller Treu
　In Christi Stapfen gehn.

3 Gib mir ein frommes Herz,
　Daß ich fromm sei und bleibe,
Und nur, was dir gefällt,
　In meinem Leben treibe.
Heut fromm sein, morgen bös,
　Und so in Wankelmuth
Bald recht, bald unrecht thun,
　Stürzt in die Höllengluth.

4 Gib mir ein frommes Herz,
　Daß ich nicht von dir weiche,
Und nicht der schnöden Welt
　In ihren Sünden gleiche:
Ich trenne mich von ihr
　Von nun an völlig ab;
In meiner Gottesfurcht
　Beharr ich bis ans Grab.

244　**O Gott, du frommer Gott!**
　　　6, 7, 6, 7, 6, 6, 6, 6.
1 O Gott, du frommer Gott!
　Du Brunnquell aller Gaben,
Ohn den nichts ist was ist,
　Von dem wir Alles haben:

Gib, daß Gesundheit stets
　Erquicke meinen Leib,
Und daß in meiner Seel
　Ein rein Gewissen bleib.

2 Gib, daß ich thu mit Fleiß,
　Was mir zu thun gebühret;
Wozu mich dein Befehl
　In meinem Stande führet;
Gib, daß ichs thue bald,
　Gerade da ich soll,
Und wenn ichs thu, so gib,
　Daß es gerathe wohl.

3 Hilf, daß ich rede stets,
　Womit ich kann bestehen;
Laß kein unnützes Wort
　Aus meinem Munde gehen;
Und wenn in meinem Amt
　Ich reden soll und muß,
So gib den Worten Kraft
　Und Nachdruck ohn Verdruß.

4 Laß mich mit Jedermann
　In Fried und Freundschaft leben,
So weit es christlich ist:
　Willst du mir etwas geben,
An Reichthum, Gut und Geld,
　So gib auch dies dabei,
Daß ungerechtes Gut
　Nicht untermenget sei.

Die Bibel.

Versmaß: 6, 7, 6, 7, 6, 6, 6, 6.

F. W. Loder.   Würtemb. Choralbuch.

1. In=brün=stig preis ich dich, Gott, für der Bi=bel Leh=re,
Die ich als dein Ge=schenk An=bet=ungs=voll ver=eh=re.
Sie ist das Glück der Welt, Der Ruhm der Chri=sten=heit,
Mein Klei=nod, Trost und Licht Bis in die E=wig=keit.

2 Wie kräftig ist dein Wort,
    Gott! vielen tausend Christen
Gab deine Wahrheit Sieg
    Im Kampf mit bösen Lüsten,
    Im Leben frohen Muth,
    Im Kreuz Gelassenheit,
    Im Alter Trost und Kraft,
    Im Tode Freudigkeit.

3 Der Fromme wird gestärkt,
    Der Sünder tief erschüttert,
    Der Zweifler wird beschämt,
    Des Spötters Seele zittert;

Es tröstet sich am Grab
    Der Seinigen der Christ,
Wenn er vom Wiedersehn
    Im bessern Leben liest.

4 Hier lernt der Weiseste
    Der wahren Weisheit Schätze;
Hier faßt der Blödeste
    Die göttlichen Gesetze;
Hier findet jeder Stand
    Für jede Lebenspflicht
In allen Fällen Rath
    Und klaren Unterricht.

Die Liebe.

Versmaß: 9, 8, 9, 8, 9, 9.

G. Tersteegen.

1. Ich be = te an die Macht der Lie = be, Die sich in Je = su of = fen = bart; Ich geb mich hin dem frei = en Trie = be, Mit dem ich, Wurm, ge = lie = bet warb. Ich will, an = statt an mich zu den = ken, Ins Meer der Lie = be mich ver = sen = = ken!

2 Wie bist du mir so sehr gewogen,
Und wie verlangt dein Herz nach mir!
Durch Liebe sanft und stark gezogen,
Neigt sich mein Alles auch zu dir.
Du traute Liebe, gutes Wesen,
Du hast mich und ich dich erlesen!

3 Ich fühls, du bists, dich muß ich haben,
Ich fühls, ich muß für dich nur sein,
Nicht im Geschöpf, nicht in den Gaben,

Mein Leben ist in dir allein!
Hier ist die Ruh, hier ist Vergnügen,
Drum folg ich deinen selgen Zügen!

4 O Jesu, daß dein Name bliebe
Im Grunde tief gedrücket ein!
Laß deine süße Jesusliebe
In Herz und Sinn gepräget sein!
In Wort, in Werk, in allem Wesen,
Sei Jesus und sonst nichts zu lesen!

247 Befiehl du deine Wege.

Versmaß: 7, 6, 7, 6, 7, 6, 7, 6.

1. Befiehl du deine Wege, Und was dein Herze kränkt,
Der allertreusten Pflege Deß der den Himmel lenkt:
Der Wolken, Luft und Winden, Winden, Gibt Wege, Lauf und Bahn,
Der wird auch Wege finden, finden, Da dein Fuß gehen kann.

2 Dem Herrn mußt du vertrauen,
   Wenn dirs soll wohlergehn;
Auf sein Werk mußt du schauen,
   Wenn dein Werk soll bestehn:
Mit Sorgen und mit Grämen
   Und mit selbsteigner Pein,
Läßt Gott sich gar nichts nehmen,
   Es muß erbeten sein.

3 Dein ewge Treu und Gnade,
   O Vater! weiß und sieht,
Was gut sei, oder schade
   Dem sterblichen Geblüt;
Und was du dann erlesen,
   Das treibst du, starker Held,
Und bringst zum Stand und Wesen,
   Was deinem Rath gefällt.

4 Weg hast du allerwegen,
   An Mitteln fehlts dir nicht;
Dein Thun ist lauter Segen,
   Dein Gang ist lauter Licht,

Dein Werk kann Niemand hindern,
   Dein Arbeit darf nicht ruhn,
Wenn du, was deinen Kindern
   Ersprießlich ist, willst thun.

5 Und ob gleich alle Teufel
   Hier wollten widerstehn,
So wird doch ohne Zweifel
   Gott nicht zurücke gehn:
Was er sich vorgenommen
   Und was er haben will,
Das muß doch endlich kommen
   Zu seinem Zweck und Ziel.

6 Hoff, o du arme Seele,
   Hoff und sei unverzagt!
Gott wird dich aus der Höhle,
   Da dich der Kummer plagt,
Mit großen Gnaden rücken!
   Erwarte nur die Zeit,
So wirst du schon erblicken
   Die Sonn der schönsten Freud.

Ermuntert euch, ihr Frommen!

Versmaß: 7, 6, 7, 6, 7, 6, 7, 6.

Laurentii.

C. W. Banister

1. Er-mun-tert euch, ihr From-men! Zeigt eu-rer Lam-pen Schein, Der A-bend ist ge-kom-men, Die fin-stre Nacht bricht ein. Es hat sich auf-ge-ma-chet Der Bräu-ti-gam mit Pracht; Auf, be-tet, kämpft und wa-chet, Bald ist es Mit-ter-nacht! Auf, be-tet, kämpft und wa-chet, Bald ist es Mit-ter-nacht!

2 Macht eure Lampen fertig
   Und füllet sie mit Oel;
   Und seid des Heils gewärtig,
   Bereitet Leib und Seel.
   Die Wächter Zions schreien:
   Der Bräutigam ist nah;
   Begegnet ihm im Reihen,
   Und singt Hallelujah!

3 Ihr klugen Jungfraun alle,
   Hebt nun das Haupt empor
   Mit Jauchzen und mit Schalle,
   Zum frohen Engelchor.

Die Thür ist aufgeschlossen,
Die Hochzeit ist bereit;
Auf, auf, ihr Reichsgenossen!
Der Bräutgam ist nicht weit.

4 Er wird nicht lang verziehen,
   Drum schlafet nicht mehr ein;
   Man sieht die Bäume blühen
   Im schönsten Frühlingsschein.
   Es nahn Erquickungszeiten,
   Die Abendröthe zeigt
   Den schönen Tag von weitem,
   Vor dem das Dunkel weicht.

Das Kreuz.
7, 6, 7, 6, 7, 6, 7, 6.

1 Dort, wo sein Blut geronnen,
Sein Angesicht erbleicht,
Dort glänzen helle Sonnen,
Dort wirds der Seele leicht.
Ich flog durch Land und Meere,
Wo ich der Sünden Last
Hinlegt und selig wäre.—
Am Kreuz nur fand ich Rast.

2 Viel schöne Frühlingsmorgen
Erlebt ich in der Welt;
Sie haben meine Sorgen,
Mein Elend nicht erhellt.
Der Tag nur, da die Sonne
In Trauer sich gehüllt,
Hat meinen Geist mit Wonne
Und reinem Trost erfüllt.

3 O würd ich immer bleiben
Bei meines Mittlers Kreuz,
Ließ ich mich nicht vertreiben
Durch eitlen Sündenreiz:
Dann risse kein Getümmel
In Noth mich und Gefahr,
Dann stände mir der Himmel
Im Herzen ewig klar.

4 Hast du noch nicht erfahren,
Was dort auf Golgatha
Vor vielen hundert Jahren
In freier Luft geschah?
Der Heilge ward verbürget,
Die Sünder zu befrein;
Das Leben ward erwürget,
Die Todten zu erneun!

5 Dies Kreuz umfang ich heute,
Sein Segen ist ja mein;
Es soll im letzten Streite
Mein Ruhm und Leben sein.
O du, der dran gehangen,
Du Mann voll Schmerz und Harm,
Nimm, wann die Welt vergangen,
Auch mich in deinen Arm!

Der Bund.
7, 6, 7, 6, 7, 6, 7, 6.

1 Wir reichen uns zum Bunde
Die treue Bruderhand,
Es ruht auf Felsengrunde
Die Liebe die uns band.
Ein Wort hat uns verbunden,
Wir tragen ein Panier:
Das Wort von Jesu Wunden
Ist unsres Bundes Zier.

2 Und ob auch Viele weichen,
Auf falschen Pfaden gehn,
Uns eint ein Bundeszeichen,
Das kann kein Sturm verwehn.
Das Zeichen, das wir tragen,
Das ist ein Kreuz im Schild;
Das Ziel, dem wir nachjagen,
Ist unsres Jesu Bild.

3 Wir wissen, was wir glauben,
Und ists der Welt ein Spott,
Wer will uns ihn denn rauben,
Den treuen Bundesgott?
Und gehts zu hartem Streite,
Er, er ist Schild und Wehr,
Er ist und bleibt noch heute
Derselbe Gott und Herr.

4 Mag man auch Dornen flechten,
Mit frechem Hohn uns nahn;
Der Mann zu Gottes Rechten
Geht uns im Kampf voran.
Wie immer man uns nenne,
Tragt, Brüder, Christi Schmach,
Daß auch die Welt erkenne:
Wir folgen Jesu nach.

W. Herman.

Die wunderbare Liebe.

MEL.—"God loved the world of sinners lost."

1 Wie sehr hat Gott die Welt geliebt,
Die Sünder allzumal;
Ein freies, volles Heil er giebt,
Erlösung von dem Fall!

Chor:—Welche Lieb, o welche Lieb,
Daß solches mir geschah!
Mein Heiland starb aus freiem Trieb
Für mich auf Golgatha.

2 Im Glauben spricht mein Herze nun:
O Heiland, du bist mein!
In deinem Tode kann ich ruhn,
Dein Blut, Herr, macht mich rein.

3 Ihr Seelen, die ihr Jesu glaubt,
Geht hin und freuet euch:
Der Herr gibt euch, was Niemand raubt,
Sein eigen Himmelreich.

4 O singt vom Sieg durch Jesum Christ,
O singt hinieden schon;
Und wenn es hier vollendet ist,
Singt ewig vor dem Thron!

252 **Wie soll ich dich empfangen.**

Versmaß: 7, 6, 7, 6, 7, 6, 7, 6.

P. Gerhardt.   Melchior Teschner.

1. Wie soll ich dich em = pfan = gen Und wie be = geg = nen dir,

O al = ler Welt Ver = lan = gen, O mei = ner See = le Zier?

O Je = su, Je = su, se = tze Mir selbst die Leuch = te bei,

Da = mit, was dich er = gö = tze, Mir kund und hel = le sei.

2 Dein Zion streut dir Palmen
Und grüne Zweige hin,
Und ich will dir mit Psalmen
Ermuntern meinen Sinn;
Mein Herz soll dir erheben
Mit stetem Lob und Preis
Und dir die Ehre geben,
So gut es kann und weiß.

3 Ich lag in schweren Banden,
Du kommst und machst mich los;
Ich stand in Spott und Schanden,
Du kommst und machst mich groß,

Und hebst mich hoch zu Ehren
Und schenkst mir großes Gut,
Das sich nicht läßt verzehren,
Wie Erdenreichthum thut.

4 Nichts, nichts hat dich getrieben
Zu mir vom Himmelszelt,
Als nur dein treues Lieben,
Womit du diese Welt
In ihren vielen Plagen
Und großer Jammerlast,
Die kein Mund kann aussagen,
So fest umpfangen hast.

Wer nur den lieben Gott läßt walten.

Versmaß: 9, 8, 9, 8, 8, 8.

G. Neumark.   Heinr. Knecht.

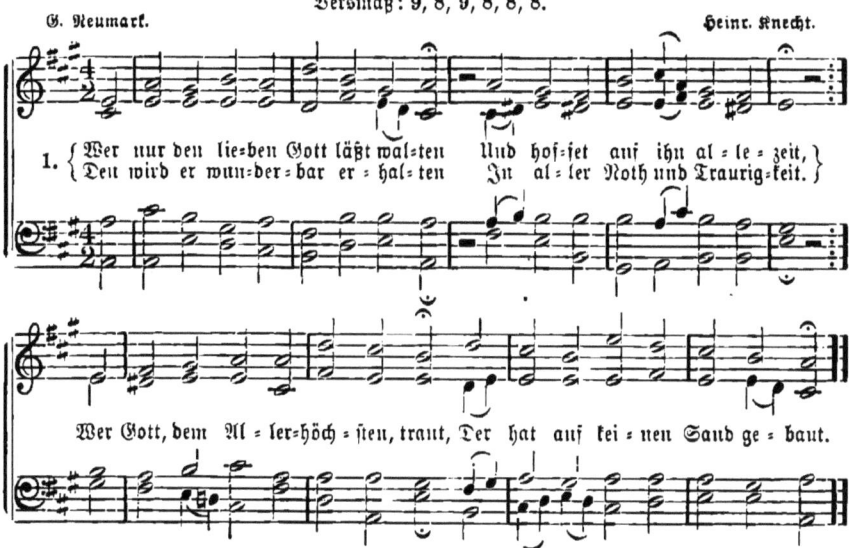

1. { Wer nur den lie=ben Gott läßt wal=ten   Und hof=fet auf ihn al=le=zeit,
   { Den wird er wun=der=bar er=hal=ten   In al=ler Noth und Traurig=keit.

Wer Gott, dem Al=ler=höch=sten, traut, Der hat auf kei=nen Sand ge=baut.

2 Was helfen uns die schweren Sorgen?
   Was hilft uns unser Weh und Ach?
   Was hilft es, daß wir alle Morgen
   Beseufzen unser Ungemach?
   Wir machen unser Kreuz und Leid
   Nur größer durch die Traurigkeit.

3 Zu Gott sei deine Seele stille
   Und stets mit seinem Rath vergnügt,
   Erwarte, wie sein guter Wille
   Zu deinem Wohlergehn sich fügt;
   Gott, der uns ihm hat auserwählt,
   Weiß doch am besten, was uns fehlt.

4 Denk nicht in deiner Drangsalshitze,
   Daß du von Gott verlassen bist,
   Und daß ihm Der im Schooße sitze,
   Der reich und groß und mächtig ist.
   Die Zukunft ändert oft sehr viel
   Und setzet Jeglichem sein Ziel.

5 Sing, bet und geh auf Gottes Wegen,
   Verrichte deine Pflicht getreu,
   Trau ihm und seinem reichen Segen:
   So wird er täglich bei dir neu;
   Denn wer nur seine Zuversicht
   Auf Gott setzt, den verläßt er nicht!

254   Das Wort Gottes.
9, 8, 9, 8, 8, 8.

1 Dein Wort, o Höchster! ist vollkommen,
   Es lehrt uns unsre ganze Pflicht;
   Es gibt dem Sünder und dem Frommen
Zum Leben sichern Unterricht:
   O selig, wer es achtsam hört,
   Bewahrt und mit Gehorsam ehrt!

2 Es leuchtet uns auf unsern Wegen,
   Vertreibt des Irrthums Finsterniß!
   Verkündigt Gnade, Heil und Segen,
   Und machet unser Herz gewiß.
   Es lehrt uns, Höchster! was du bist,
   Und was dir wohlgefällig ist.

3 Dein Wort erweckt uns, dich zu lieben;
   Lehrt, wie viel Guts du Denen gibst,
   Die dein Gebot mit Freuden üben,
   Wie du so väterlich sie liebst.
   Was uns darin dein Mund verspricht,
   Bleibt ewig wahr und trüget nicht.

4 Gott, deine Zeugnisse sind besser,
   Als alles Silber, Gold und Geld;
   Ein Schatz, weit köstlicher und größer
   Als alle Schätze dieser Welt.
   Wer das thut, was dein Wort gebeut,
   Dem ist dein Segen stets bereit.

5 So laß mich denn mit Lust betrachten
   Die Wahrheit, die dein Wort mich lehrt
   Und mit Gehorsam auf Das achten,
   Was es von mir zu thun begehrt;
   So fließen Trost und Seelenruh
   Auch mir aus deinem Worte zu.

255

Gottes Treue.

Versmaß: 9, 8, 9, 8, 8, 8.

J. J. Rambach. König.

1. Noch nie haft du dein Wort ge=bro = chen, Nie dei = nen Bund, o Gott! ver=letzt;
Du hältst ge=treu, was du ver=ſpro = chen, Vollführſt, was du dir vor = ge=ſetzt.

Wenn Erd und Him=mel auch ver = gehn, Bleibt e = wig doch dein Wort be = ſtehn.

2 Du biſt kein Menſch, daß dich gereue,
  Was uns dein Mund verheißen hat,
Nach deiner Macht, nach deiner Treue,
  Bringſt du, was du verſprichſt, zur That.
Scheint die Erfüllung gleich noch weit,
So kommt ſie doch zur rechten Zeit.

3 Und wie du das unfehlbar giebeſt,
  Was deine Huld uns zugedacht:
So wird, wann du Vergeltung übeſt,
  Dein Drohwort auch gewiß vollbracht.
Wer dich, o Gott, beharrlich haßt,
Fühlt deiner Strafe ſchwere Laſt.

4 O! drücke dies tief in mein Herze,
  Daß es ſich vor der Sünde ſcheut;
Gib, daß ich nie leichtſinnig ſcherze
  Mit deiner Strafgerechtigkeit.
Nie werde das von mir gewagt,
Was dein Befehl mir unterſagt.

5 Doch laß mich auch mit feſtem Glauben
  Dem Worte deiner Gnade traun;
Wer kann den Troſt uns jemals rauben,
  Den wir auf dein Verſprechen baun?
Du biſt ein Fels, dein Bund ſteht feſt:
Wohl dem, der ſich auf dich verläßt!

256 Die Quelle der Zufriedenheit.
9, 8, 9, 8, 8, 8.

1 Mit dir, o Höchſter! Frieden haben
  Und deiner Huld verſichert ſein,
Das iſt die größte aller Gaben,

Die jedes Menſchen Herz erfreut;
  Das bleibt auch in der Ewigkeit
Die Quelle der Zufriedenheit.

2 Wovor darf meiner Seele grauen,
  Wenn du, Gott, mir nicht ſchrecklich biſt?
Kann ich getroſt auf dich nur ſchauen
  Dem Alles unterworfen iſt:
So ſeh ich auch mit heitrem Sinn
Auf Alles Andre ruhig hin.

3 Beſchämt mich meiner Fehler Menge,
  Du Vater, du verzeihſt ſie mir;
Treibt eine Noth mich in die Enge,
  So hab ich doch den Troſt an dir,
Daß du die Leiden dieſer Zeit
Stets lenkſt zu meiner Seligkeit.

4 Froh ſeh ich deinem höhern Segen,
  Den deine Hand in jener Welt
Den Deinen aufbewahrt, entgegen;
  Und wann mein Leib in Staub zerfällt,
So zagt mein Herz doch darum nicht;
Denn du biſt meine Zuverſicht.

5 So hilf denn, daß ich, weil ich lebe,
  Um deiner Gnade mich zu freun,
Nach einem reinen Herzen ſtrebe,
  Und präg es mir aufs Tiefſte ein:
Kein größres Glück ſei auf der Welt,
Als wenn man, Gott, dir wohlgefällt.

257 **Erbarmung.**

Versmaß: 9, 8, 9, 8, 8, 8.

P. F. Hiller.   König.

1. { Mir ist Er-barmung wi = der=fah — ren, Er = bar=mung, de=ren ich nicht werth; }
   { Das zähl ich zu dem Wun=der=ba — ren, Mein stol = zes Herz hats nie be=gehrt. }

Nun weiß ich das und bin er = freut Und rüh = me die Barm=her = zig = keit!

2 Ich hatte Gottes Zorn verdienet,
   Und soll bei Gott in Gnaden sein;
   Er hat mich mit sich selbst versühnet,
   Und macht durchs Blut des Sohns mich
      rein.
   Warum? ich war ja Gottes Feind!—
   Erbarmung hats so treu gemeint!

3 Das muß ich dir, mein Gott, bekennen,
   Das rühm ich, wenn ein Mensch mich
      fragt;
   Ich kann es nur Erbarmung nennen,
   So ist mein ganzes Herz gesagt.
   Ich beuge mich und bin erfreut,
   Und rühme die Barmherzigkeit.

4 Dies laß ich kein Geschöpf mir rauben,
   Dies soll mein einzig Rühmen sein;
   Auf dies Erbarmen will ich glauben,
   Auf dieses bet ich auch allein,
   Auf dieses duld ich in der Noth,
   Auf dieses hoff ich noch im Tod.

5 Gott, der du reich bist an Erbarmen,
   Nimm dein Erbarmen nicht von mir,
   Und führe durch den Tod mich Armen
   Durch meines Heilands Tod zu dir!
   Da bin ich ewig hoch erfreut
   Und rühme die Barmherzigkeit.

258   **Gottesfurcht.**
             9, 8, 9, 8, 8, 8.

1 Willst du der Weisheit Quelle kennen?
   Es ist die Furcht vor Gott dem Herrn,
   Nur Der ist weis und klug zu nennen,
   Der alle seine Pflichten gern,
   Weil Gott sie ihm gebeut, vollbringt,
   Wenn gleich dazu kein Mensch ihn zwingt.

2 Lern Gottes Größe recht empfinden
   Und fühle deine Nichtigkeit,
   So wirst du nie dich unterwinden,
   Mit thörichter Verwegenheit
   Zu tadeln, was sein Rath beschließt,
   Der wunderbar, doch heilig ist.

3 Wirst du den Höchsten kindlich scheuen,
   So wird dir keine Pflicht zur Last;
   Nur Das wirst du vor ihm bereuen,
   Daß du sie oft versäumet hast.
   Wer Gott als Zeugen vor sich hat,
   Der freut sich jeder guten That.

4 Laß deine Furcht, Gott! mich regieren,
   Mich stets auf dich, den Höchsten, sehn;
   Laß sie mich zu der Weisheit führen,
   So werd ich niemals irre gehn.
   Wohl Dem, der dich stets kindlich scheut!
   Dich fürchten, Gott! ist Seligkeit.

                                        Weise.

259

Ich habe nun den Grund gefunden.

Bersmaß: 9, 8, 9, 8, 8, 8.

J. A. Rothe.   Schweizer Mel.

1. { Ich ha=be nun den Grund ge=fun=ben, Der mei=nen An=ker e=wig hält!
   Wo an=bers, als in Je=su Wun=ben? Da lag er vor der Zeit der Welt; }

Der Grund, der un=be=weg=lich fteht, Wenn Erd und Him=mel un=ter=geht.

2 Es ift das ewige Erbarmen,
    Das alles Denken übersteigt;
  Es find die offnen Liebesarmen
    Deß, der fich zu dem Sünder neigt;
  Dem gegen uns das Herze bricht,
  Daß wir nicht kommen ins Gericht.

3 Wir follen nicht verloren werden,
    Gott will, uns foll geholfen fein:
  Deßwegen kam der Sohn auf Erden
    Und nahm hernach den Himmel ein:
  Deßwegen klopft er für und für
  So ftark an unfers Herzens Thür.

4 O Abgrund! welcher unfre Sünden
    Durch Chrifti Tod verfchlungen hat!
  Das heißt die Wunden recht verbinden,
    Da findet kein Verdammen ftatt,
  Weil Chrifti Blut beftändig fchreit:
  Barmherzigkeit! Barmherzigkeit!

5 Darein will ich mich gläubig fenken,
    Dem will ich mich getroft vertraun;
  Und, wenn mich meine Sünden kränken,
    Nur gleich nach Gottes Herzen fchaun;
  Da findet fich zu aller Zeit
  Unendliche Barmherzigkeit.

6 Bei diefem Grunde will ich bleiben,
    So lange mich die Erde trägt;
  Das will ich denken, thun und treiben,
    So lange fich ein Glied bewegt;
  So fing ich einftens hoch erfreut
  O Abgrund der Barmherzigkeit!

260   Das Abendmahl.
           9, 8, 9, 8, 8, 8.

1 Mein Jefu, der du vor dem Scheiden
    In deiner letzten Trauernacht
  Uns haft die Früchte deiner Leiden
    In einem Teftament vermacht:
  Wir preifen dich mit Mund und That,
  Dich Stifter diefer großen Gnad.

2 So oft wir diefes Mahl genießen,
    Wird dein Gedächtniß bei uns neu;
  Man kann aus deinem Leiden fchließen,
    Wie brünftig deine Liebe fei.
  Dein Blut und Tod, dein großer Schmerz
  Bringt reichen Troft in unfer Herz.

3 O theures Lamm! fo edle Gaben
    Haft du in diefes Mahl gelegt,
  Da wir dich felbft zur Speife haben,
    Wie wohl ift unfer Geift verpflegt!
  Dies Mahl gibt uns zu jeder Zeit
  Den Vorfchmack ewger Seligkeit.

Die heilige Taufe.

Versmaß: 9, 8, 9, 8, 8, 8.

J. J. Rambach. Abeillie.

1. Ich bin getauft auf deinen Namen, Gott, Vater, Sohn und heil'ger Geist!

Ich bin gezählt zu deinem Samen, Zum Volk, das dir geheiligt heißt;

Zum Volk, das dir geheiligt heißt; Ich bin in Christum eingesenkt,

Er hat mir seinen Geist geschenkt, Er hat mir seinen Geist geschenkt.

2 Du hast zu deinem Kind und Erben,
   Mein lieber Vater, mich erklärt;
   Du hast die Frucht von deinem Sterben,
   Mein treuer Heiland, mir gewährt;
   Du willst in aller Noth und Pein,
   O guter Geist, mein Tröster sein!

3 Doch hab ich dir auch Furcht und Liebe
   Gehorsam zugesagt und Treu;
   Ich habe dir aus reinem Triebe

Gelobt, daß ich dein eigen sei;
Hingegen sagt ich bis ins Grab
Der Sünde schnödem Wesen ab.

4 Ich gebe dir, mein Gott, aufs Neue
   Leib, Seel und Herz zum Opfer hin;
   Erwecke mich zu neuer Treue
   Und bilde mich nach deinem Sinn.
   Es sei in mir kein Tropfen Blut,
   Der nicht, Herr, deinen Willen thut!

262

Der beste Freund.

Versmaß: 9, 8, 9, 8, 8, 8.

B. Schmolke.   Beuggener Lieder.

1. Der be = ste Freund ist in dem Him=mel, Auf Er=ben sind die Freun=de rar,
   Denn bei dem fal = schen Welt=ge=tüm=mel Ist Red=lich=keit oft in Ge=fahr.

Drum hab ichs im = mer so ge=meint: Mein Je = sus ist der be = ste Freund!

2 Die Menschen sind wie eine Wiege,
   Mein Jesus stehet felsenfest,
Daß, wenn ich gleich darniederliege,
   Mich seine Freundschaft doch nicht läßt!
Er ists allein, ders treulich meint,
Mein Jesus ist der beste Freund!

3 Die Welt verkaufet ihre Liebe
   Dem, der am meisten nützen kann,
Und scheinet dann das Glücke trübe,
   So steht die Freundschaft hinten an.
Doch hier ist es nicht so gemeint:
Mein Jesus ist der beste Freund!

4 Er läßt sich selber für mich tödten
   Vergießt für mich sein theures Blut,
Er steht mir bei in allen Nöthen,
   Er spricht für meine Schulden gut,
Er hat mir nie was Guts verneint:
Mein Jesus ist der beste Freund!

263   Loblied.
            9, 8, 9, 8, 8, 8.

1 O, daß ich tausend Zungen hätte
   Und einen tausendfachen Mund,
So stimmt ich damit um die Wette,
   Vom allertiefsten Herzensgrund,
Ein Loblied nach dem andern an
Von Dem, was Gott an mir gethan.

2 O, daß doch meine Stimme schallte
   Bis dahin, wo die Sonne steht!
O, daß mein Blut im Jauchzen wallte,
   So lang es noch im Laufe geht:
Ach, wäre jeder Puls ein Dank
Und jeder Odem ein Gesang!

3 Lob sei dir, allerliebster Vater,
   Für Leib und Seele, Hab und Gut;
Lob sei dir, mildester Berather,
   Für Alles, was dein Lieben thut,
Daß mir in deiner weiten Welt
Beruf und Wohlsein ist bestellt.

4 Ich will von deiner Güte singen,
   So lange sich die Zunge regt:
Ich will dir Freudenopfer bringen,
   So lange sich mein Herz bewegt:
Ja, wann der Mund wird sprachlos sein,
So stimm ich doch mit Seufzen ein.

5 Ach, nimm das arme Lob auf Erden,
   Mein Gott! in allen Gnaden hin!
Im Himmel soll es besser werden,
   Wann ich ein schöner Engel bin:
Da sing ich dir im höchsten Chor
Viel tausend Hallelujah vor!

G. Mentzer.

264 Wer weiß wie nahe mir mein Ende.
9, 8, 9, 8, 8, 8.

1 Wer weiß, wie nahe mir mein Ende?
Hin geht die Zeit, her kommt der Tod;
Wie unvermuthet, wie behende
Kann kommen meine Todesnoth!
Mein Gott, ich bitt durch Christi Blut:
Machs nur mit meinem Ende gut!

2 Es kann vor Abend anders werden,
Als es am frühen Morgen war;
So lang ich leb auf dieser Erden,
Schweb ich in steter Todesgefahr.
Mein Gott, ich bitt durch Christi Blut:
Machs nur mit meinem Ende gut!

3 Herr! lehr mich stets mein End bedenken
Und, ehe denn ich sterben muß,
Die Seel in Jesu Tod versenken
Und ja nicht sparen meine Buß!
Mein Gott, ich bitt durch Christi Blut:
Machs nur mit meinem Ende gut!

4 Laß mich beizeit mein Haus bestellen,
Daß ich bereit sei für und für
Und sage frisch in allen Fällen:
Herr, wie du willst, so schicks mit mir.
Mein Gott, ich bitt durch Christi Blut:
Machs nur mit meinem Ende gut!

5 Ach Vater! deck all meine Sünde
Mit dem Verdienste Jesu zu,
Damit ich hier Vergebung finde
Und dort die lang gewünschte Ruh!
Mein Gott, ich bitt durch Christi Blut:
Machs nur mit meinem Ende gut!

6 Ich weiß, in Jesu Blut und Wunden
Hab ich mir recht und wohl gebett't:
Da sind ich Trost in Todesstunden
Und Alles, was ich gerne hätt.
Mein Gott, ich bitt durch Christi Blut
Machs nur mit meinem Ende gut!

Em. Jul. Gr. Schwarzburg-Rudolstadt.

265 Du hattest, Heiland, voll Erbarmen.
9, 8, 9, 8, 8, 8.

1 Du hattest, Heiland, voll Erbarmen
An Kinder-Unschuld deine Lust;
Du würdigtest sie zu umarmen,
Du drücktest sie an deine Brust.
Laßt, sprachst du, lasset sie zu mir;
Denn wißt, das Himmelreich ist ihr.

2 Durch dieses Siegel deiner Gnade
Wird jedes Recht ein Christen sein;
Führ du es, Herr, auf deinem Pfade,
Schließ es in dein Erbarmen ein.
O selig, kennt es einst den Werth
Des Glücks, daß es dir angehört.

266 Das Leben Jesu.
9, 8, 9, 8, 8, 8.

1 Auf Erden Wahrheit auszubreiten,
Die Wahrheit, die vom Himmel stammt,
Und uns zum ewgen Glück zu leiten,
Das Herz zu Gottes Lieb entflammt:
Dazu erschienst du, Jesus, hier,
Von Gott gesandt zum Heil auch mir.

2 Dies war das tägliche Geschäfte,
Worin dein Geist Vergnügen fand;
Wie emsig hast du Zeit und Kräfte
Beseelt von Liebe angewandt,
Durch deiner Lehren heller Schein
Der Menschen Seelen Licht zu sein.

3 Ihr Licht, den Weg zu Gottes Gnade
Und ihrem Heil recht einzusehen;
Ihr Licht, auf diesem selgen Pfade
Mit sicherm Schritt einher zu gehn;
Ihr Licht mit freudigem Vertraun
Hin in die Ewigkeit zu schaun.

4 O Herr, noch immer ist das Leben,
Das du auf Erden hast geführt,
Ein Segen, den uns Gott gegeben,
Wofür ihm ewger Dank gebührt;
Ein Segen, dessen auch mein Geist
Sich freut und dich, Erlöser, preist.

5 Ja, Preis sei dir, du bester Lehrer,
Auch mir zum Heil von Gott gesandt.
O, würde Jeder dein Verehrer,
Der deinen Werth noch nicht erkannt.
Gib, daß ich deiner Wahrheit treu
Und ewig durch sie selig sei.

267 Dem König, welcher Blut und Leben.
9, 8, 9, 8, 8, 8.

1 Dem König, welcher Blut und Leben
Dem Leben seiner Völker weiht,
Dem König werde Preis gegeben!
Erzählt sein Lob der Ewigkeit!
Singt alle Wunder, die er thut,
Doch über Alles rühmt sein Blut.

2 Den König hat mein Herz gefunden,
Wo anders als auf Golgatha?
Da floß mein Heil aus seinen Wunden,
Auch mich, auch mich erlöst er da.
Für mich gab er sein Leben dar,
Der ich von seinen Feinden war.

3 Wem anders sollt ich mich ergeben?
O König, der am Kreuz erblich,
Ich opfre dir mein Blut und Leben,
Dir weiht mein ganzes Herze sich.
Dir schwör ich zu der Kreuzesfahn
Als Streiter und als Unterthan.

J. G. Woltersdorf.

268

Das Gebet.

Versmaß: 9, 8, 9, 8, 8, 8.

C. F. Gellert.

1. { Komm betend oft und mit Vergnügen, O Christ, vor Gottes Angesicht; }
   { Nie müsse Trägheit dich besiegen In der Erfüllung dieser Pflicht; }

O, übe sie zu Gottes Preis Und bei nem Heil mit treuem Fleiß.

2 Bet oft in Einfalt deiner Seelen;
   Gott sieht aufs Herz, Gott ist ein Geist.
Wie können dir die Worte fehlen,
   Wofern sein Geist dich beten heißt?
Der Glaub an Gott und seinen Sohn
Rührt ihn, nicht leerer Worte Ton.

3 Bet oft! durchschau mit frohem Muthe
   Die herzliche Barmherzigkeit
Deß, der mit seinem theuren Blute
   Die Sünderwelt vom Fluch befreit
Und eigne dir, zu deiner Ruh
Und Heiligung, sein Opfer zu.

4 Bet oft! Gott wohnt an jeder Stätte,
   In keiner minder oder mehr;
Denk nicht, wenn ich mit Vielen bete,
   So find ich eh bei Gott Gehör:
Ist, was du wünschest, recht und gut,
So sei gewiß, daß Gott es thut.

269 Wie lange und schwer wird die Zeit.

Eigene Melodie.

1 Wie lange und schwer wird die Zeit,
   Wenn Jesus so lange nicht hier!
Die Blumen, die Vögel und Freud,
   Verlieren ihr Schönheit zu mir;
Die Sonne, die scheinet nur trüb,
   Die Felder stehn traurig dabei;

Doch wann ich bin selig in ihm,
   December ist lieblich wie Mai.

2 Sein Nam ist der beste Geruch,
   Und süßer als Honig sein Stimm:
Sein Nahheit vertreibet den Fluch
   Und machet mich fröhlich in ihm.
O selig! wann Jesus um mich,
   Dann fürcht ich kein Tod und Gefahr.
Wer ist wohl so herrlich wie ich?
   Mein Sommer währt mirs ganze Jahr.

3 Vergnügt wann ich sehe mein Hort,
   Ergeb ich mein Alles dahin;
Kein Wechsel von Zeiten und Ort
   Wird ändern in mir meinen Sinn.
Empfind ich sein Liebe aufs Best,
   So ist mir ein Pallast gering;
Und Kerker sind wie die Palläst,
   Wann Jesus wohnt mit mir darin.

4 Herr! wenn in der That ich bin dein,
   Und du bist mein Sonn und Gesang,
Sag, warum verschmacht ich in Pein?
   Warum ist mein Winter so lang?
Ach! treib doch die Wolken von mir;
   Durch Nahsein die Freude vermehr!
Zuletzt nimm mich, Jesu! zu dir,
   Wo Winter und Wolken nicht mehr.

Der Kirche Schutz.

Versmaß: 8, 7, 8, 7, 8, 8, 7.

Dr. Barth.   J. M. V.

1. Die Kir-che Chri-sti steht be-schützt, Wenn auch die Stür-me sau-sen,
   Wenn o-ben-her ein Wet-ter blitzt Und un-ten Wo-gen brau-sen.

Sie blickt so si-cher in die Rund Von ih-rem ew-gen Fel-sen-grund,

Als wär kein Feind da drau-ßen, Als wär kein Feind da brau-ßen.

2 Wohl stürmt oft Satan ein auf sie
   Mit mächtigen Geschossen;
   Doch kann er ihre Mauer nie,
   Trotz seinem Grimm, durchstoßen:
   Denn ihre Steine sind geweiht
   Durch Christi Blut auf Ewigkeit,
   Die kleinen und die großen.

3 Was zagen wir mit Aengstlichkeit?
   Wir sind ja Christi Glieder;
   Von ihm strömt Kraft zum heilgen Streit
   Auf seinen Leib hernieder.
   Und wenn auch in dem Streiterfeld
   Ermattet mancher Kämpfer fällt,
   Der Herr ersetzt sie wieder.

4 Laßt nur von innen Friede sein
   Und Liebe uns vereinen;
   Hell soll in dunkle Nacht hinein
   Die Glaubenslampe scheinen:

Dann stelle sich wohl um uns her
Der Feinde große Zahl zur Wehr;
Wir aber fürchten keinen.

5 Der König ist bei seinem Heer,
   Das Haupt bei seinen Gliedern;
   Der Herr ist um die Knechte her,
   Der Meister bei den Brüdern.
   Viel Liebe hat er uns erzeigt
   Und sein Vertraun uns zugeneigt:
   Kommt, laßt es uns erwidern!

6 Zieh uns voran, du starker Held!
   Wir wollen mit dir ziehen.
   Laß bald das wüste Ackerfeld
   Im Frühlingsschein erblühen!
   Und stell uns einst vor deinen Thron
   Sammt deinem ganzen Schmerzenslohn,
   Wann Erd und Himmel fliehen!

271 **Ich weiß an wen mein Glaub sich hält.**

Versmaß: 8, 7, 8, 7, 8, 8, 7.

1. Ich weiß, an wen mein Glaub sich hält, Kein Feind soll mir ihn rau = ben; Als Bür = ger ei = ner bes = sern Welt Leb ich hier nur im Glau = ben; Dort schau ich, was ich hier ge = glaubt, Wer ist, der mir mein Erb = theil raubt? Es ruht in Je = su Hän = den.

2 Mein Leben ist ein kurzer Streit
  Und herrlich ist die Krone;
Das Glück der ganzen Ewigkeit
  Wird mir zum frohen Lohne.
Der du für mich den Tod geschmeckt,
Durch deinen Schild werd ich bedeckt,
  Was kann mir denn nun schaden?

3 O Herr! du bist mein ganzer Ruhm,
  Mein ganzer Trost auf Erden,
In jener Welt mein Eigenthum,
  Was kann mir Größers werden?
Von fern glänzt mir mein Kleinob zu,
Du schaffst mir nach dem Streite Ruh
  Und reichst mir meine Krone.

4 Herr! lenke meines Geistes Blick
  Von diesem Weltgetümmel
Auf dich, auf meiner Seele Glück,
  Auf Ewigkeit und Himmel.
Die Welt mit ihrer Herrlichkeit
Vergeht und währt nur kurze Zeit:
  Im Himmel sei mein Wandel!

5 Jetzt, da mich dieser Leib beschwert,
  Ist mir noch nicht erschienen,
Was jene bessre Welt gewährt,
  Wo wir Gott ewig dienen:
Dann, wann mein Auge nicht mehr weint,
Und mein Erlösungstag erscheint,
  Dann werd ichs froh empfinden.

272 Das Abendmahl.
8, 7, 8, 7, 8, 8, 7.

1 Wie heilig ist die Stätte hier,
Wo ich voll Andacht stehe!
Sie ist des Himmels Pforte mir,
Die nun ich offen sehe.
O Lebensthor, o Tisch des Herrn!
Vom Himmel bin ich nicht mehr fern
Und fühle Gottes Nähe.

2 Wie heilig ist dies Lebensbrod,
Dies theure Gnadenzeichen,
Vor dem des Herzens Angst und Noth
Und alle Qualen weichen!
O Brod, das meine Seele nährt,
O Manna, das mir Gott bescheert,
Dich will ich jetzt genießen!

3 Wie heilig ist doch dieser Trank,
Der mein Verlangen stillet,
Der mein Gemüth mit Lob und Dank
Und heilger Freud erfüllet!
O Lebenstrank, o heilges Blut,
Das einst geflossen mir zu gut,
Dich will ich jetzt empfangen!

4 Welch unaussprechlich Glück ist mein,
Welch Heil hab ich gefunden!
Mein Jesus kehret bei mir ein,
Mit ihm werd ich verbunden.
Wie ist mein Herz so freudenvoll,
Daß ich in Jesu leben soll,
Und er in mir will leben!

V. E. Löscher.

273 Ecksteinlegung.
8, 7, 8, 7, 8, 8, 7.

1 O Herr! wir sind versammelt hier
Zu bitten dich um Segen;
Weil im Vertrauen wir zu dir
Den Eckstein wollen legen
Zu einem Haus, wo reine Lehr,
Zu deines Namens Lob und Ehr,
Soll stets verkündigt werden.

2 Herr Christ, der du der Eckstein bist
Der Kirche hier auf Erden,
Denn sie auf dich erbauet ist,
Ach, laß auch uns hier werden
Ein geistlich Haus zu deinem Ruhm,
Daß wir das wahre Christenthum
Stets üben, weil wir leben!

3 So wollen wir nach dieser Zeit,
Dort in dem Himmel oben,
Die heilige Dreieinigkeit
Mit Freuden ewig loben.
Hilf uns dazu, o Gottes Lamm!
Du hast ja uns am Kreuzesstamm
Die Seligkeit erworben.

274 Ich bin getrost und zage nicht.
8, 7, 8, 7, 8, 8, 7.

1 Ich bin getrost und zage nicht,
Mein Herz gibt sich zufrieden;
Weil mir mein Bundesgott verspricht,
Daß er mich will behüten
In aller Trübsal, Kreuz und Noth,
Ja selbsten mitten in dem Tod:
Er kann und will mich schützen.

2 Er hat mich schon von Ewigkeit
Zum Eigenthum erkoren
Und nachmals in der Gnadenzeit
Durchs Wort und Geist geboren:
Den Gnadenrath, den festen Grund
Und ewig festen Friedensbund,
Mag Niemand je umstoßen.

3 Der Schluß ist unveränderlich,
Der mich zum Heil bestimmet;
Die Liebe Gottes gegen mich
Auch nie ein Ende nimmet:
Drum wird die starke Vaterhand
Auch mich gewiß im Gnadenstand
Beständiglich bewahren.

4 Mein Bürge hat sich im Gericht
Umsonsten nicht verpfändet:
Er hat fürwahr vergeblich nicht
Sein Blut an mich gewendet:
Mein Sündenschuld ist abgethan,
Wer klaget mich nun weiter an?
Wer kann mich nun verdammen?

5 Mein Erbtheil ist die Seligkeit,
Die Jesus mir erworben
Und bei dem Vater zubereit't,
Da er für mich gestorben:
Davon hat er mir auch den Geist,
Der mich stets lehrt und unterweist,
Zum Unterpfand gegeben,

1. { Wo = hin, Pil = ger, geht die Rei = se, Mit dem Sta = be in der Hand? }
   { Auf Be = fehl von un = srem Kö = nig Rei = sen wir ins bes = sre Land! }

Ue = ber Hü = gel, Thal und Au = en Gehn wir, bis wir wer = den schau = en,

Gehn wir, bis wir wer = den schau = en, Das ver = heiß = ne bes = sre Land.

Gehn wir, bis wir wer = den schau = en, Das ver = heiß = ne bes = sre Land.

2 Fürchtet ihr denn nicht Gefahren,
  Weil gering und schwach ihr seid?
Nein, uns schirmen Engelscharen,
  Die zu unsrem Schutz bereit.
Jesus selbst wird uns begleiten,
Uns zu schützen und zu leiten,
  Leiten in das bessre Land?

3 Was wird eure Mühe lohnen
  In dem fernen, bessern Land?
Weiße Kleider, Lebenskronen
  Von des Heilands milder Hand.

Ewig sprudelt dort die Quelle,
Lebenswasser, klar und helle,
  In dem ewgen Heimathsland.

4 Pilger, dürfen wir mitreisen
  In das schöne bessre Land?
Seid willkommen! seid willkommen:
  Enger schließen wir das Band.
Keiner müsse treulos weichen,
Jesus wird die Hand uns reichen,
  In dem schönen bessern Land.

276   Der Glaube.
8, 7, 8, 7, 8, 8, 7.

1 Der Glaub ist eine Zuversicht
  Zu Gottes Gnad und Güte,
Die seines Geistes Kraft und Licht
  Uns bringet ins Gemüthe;
Er ist der Kindschaft fester Grund
Auf Gottes Wort und ewgen Bund,
  In seinem Sohn gestiftet.

2 Es ist ein göttlicher Beweis,
  Den Gottes Zeugniß gibet,
Daß er uns selbst zu seinem Preis
  In seinem Sohne liebet;
Der macht das Herz so ganz gewiß,
Daß es ohn alle Hinderniß
  Zu Gott in Christo eilet.

3 Der Glaube höret, schmeckt und schaut
  Die unsichtbaren Dinge,
Darauf mein Herze traut und baut;
  Macht, daß ich fröhlich singe:
Gott ist mein Gott, sein Sohn mein Heil!
Der heilge Geist hat mir mein Theil
  Im Himmel schon versiegelt.

4 In diesem Glauben will ich nun
  Getrost und freudig leben;
In Gottes Liebe will ich ruhn
  Und Jesu Blut erheben.
Sein Geist ist mein, und ich bin sein,
Und so will ich in Gott allein
  Durch meinen Glauben leben.
                J. H. Schrader.

277   Das Predigtamt.
8, 7, 8, 7, 8, 8, 7.

1 Wie liebst du doch, o treuer Gott!
  Die Menschen hier auf Erden:
Du lässest ihnen dein Gebot
  Und Willen kundbar werden:
Du pflanzest dein so theures Wort
Durchs Predigtamt beständig fort,
  Das uns zur Buße locket.

2 Nun, Herr, du wollst uns gnädig sein
  Und immer Lehrer geben,
Die heilig, unverfälscht und rein
  Im Lehren und im Leben.
Verleih uns deinen Geist, daß wir
Sie freudig hören und allhier
  Auch heilig danach leben.

3 Laß uns den Lehrern, die dir treu,
  Gehorsam sein, sie lieben,
Uns, ihnen ohne Heuchelei
  Zu folgen, treulich üben:
Sie wachen auf des Herrn Befehl
Und müssen wegen unsrer Seel
  Einst schwere Rechnung geben.

4 Regier uns auch, daß wir sie nun
  Versorgen, lieben, ehren;
Daß sie ihr Amt mit Freuden thun
  Und nicht mit Seufzen lehren;
Denn Solches ist uns ja nicht gut,
Wenn Jemand ihnen Uebels thut;
  Davor behüt uns gnädig.

278   Der Hoffnung Grund.
8, 7, 8, 7, 8, 8, 7.

1 Herz, prüfe deiner Hoffnung Grund,
  Ists Hoffnung jenes Lebens?
Der Unglaub hoffet mit dem Mund,
  Hofft aber ganz vergebens;
Wie einer, dem vom Essen träumt,
Und wann er wacht, ists weggeräumt,
  Da fühlt er erst den Hunger.

2 Wer Hoffnung außer Christo hat,
  Deß Hoffnung ist verloren;
Das Herz bleibt leer und wird nicht satt
  Und redet wie die Thoren;
Nur Jesus Christus muß allein
Im Glauben unsre Hoffnung sein,
  So wird man nicht zu Schanden.

3 Das, was der Vater uns verheißt,
  Will uns der Sohn erfüllen,
Und dies versiegelt dann sein Geist;
  Man hofft nach Gottes Willen:
Man hofft, wo nichts zu hoffen scheint,
Und doch wird, eh die Welt es meint,
  Die Hoffnung noch zur Freude.

4 Mach, Jesu, meine Hoffnung fest,
  So hoff ich nie vergebens;
Denn, wenn du mich auch sterben läßt,
  Sterb ich als Erb des Lebens;
Da wird das Herz auf ewig satt,
Es hat, was es gehoffet hat,
  Und wacht nach deinem Bilde.

279 **Ich will streben.**

Versmaß: 4, 4, 5, 4, 4, 5, 7, 7, 4, 4, 5.

P. F. Hiller.

1. Ich will stre-ben nach dem Le-ben, Wo ich se-lig bin.

Ich will rin-gen Ein-zu-brin-gen, Bis daß ichs ge-winn.

Hält man mich, so lauf ich fort; Bin ich matt, so ruft das Wort:

Nur im Hof-fen Fort-ge-lof-fen, Bis zum Klei-uob hin.

2 Als berufen Zu den Stufen
   Vor des Lammes Thron,
Will ich eilen; Das Verweilen
   Bringt oft um den Lohn.
Wer auch läuft, und läuft zu schlecht,
Der versäumt sein Kronenrecht.
Was dahinten, Das mag schwinden
   Ich will nichts davon.

3 Jesu, richte Mein Gesichte
   Nur auf jenes Ziel;
Leuk die Schritte, Stärk die Tritte
   Wenn ich Schwachheit fühl.

Lockt die Welt, so sprich mir zu;
Schimpft sie mich, so tröste bu;
Deine Gnade Führ gerade
   Mich aus ihrem Spiel.

4 Du mußt ziehen; Mein Bemühen
   Ist zu mangelhaft.
Wo ihrs fehle, Spürt die Seele;
   Aber du hast Kraft,
Weil dein Blut ein Leben bringt,
Und dein Geist das Herz durchbringt.
Dort wirds tönen Bei dem Krönen:
   Gott ists, der es schafft!

Betgemeinde, heilige dich.

Versmaß: 7, 6, 7, 6, 3, 3, 6, 6.

v. Pfeil.   Johannes Rosenmüller.

1. { Bet=ge=mein=be, heil=ge dich Mit dem heil=gen Oe = le!
   { Je = su Geist er=gie=ße sich Dir in Herz und See = le! } Laß den Mund

Al = le Stund Von Ge = bet und Fle = hen Hei = lig ü = ber = ge = hen.

2 Das Gebet der frommen Schar,
    Was sie fleht und bittet,
  Das wird auf dem Rauchaltar
    Vor Gott ausgeschüttet;
        Und da ist
        Jesus Christ
    Priester und Versühner
    Aller seiner Diener.

3 O der unerkannten Macht
    Von der Heilgen Beten!
  Ohne das wird nichts vollbracht,
    So in Freud als Nöthen.
        Schritt vor Schritt
        Wirkt es mit:
    Wie zum Sieg der Freunde,
    So zum Sturz der Feinde.

4 O, so betet Alle drauf!
    Betet immer wieder!
  Heilge Hände hebet auf, .
    Heiligt eure Glieder!
        Bleibet stet
        Im Gebet,
    Das zu Gott sich schwinget,
    Durch die Wolken dringet!

281
Wachsamkeit.
7, 6, 7, 6, 3, 3, 6, 6.

1 Wache dich, mein Geist, bereit!
    Wache, fleh und bete,
  Daß dich nicht die böse Zeit
    Unverhofft betrete:

        Denn es ist
        Satans List
    Ueber viele Frommen
    Zur Versuchung kommen.

2 Wache! daß dich nicht die Welt
    Durch Gewalt bezwinge,
  Oder, wenn sie sich verstellt
    Wieder an sich bringe.
        Wach! und sieh,
        Damit nie
    Viel von falschen Brüdern
    Unter deinen Gliedern.

3 Bete aber auch dabei
    Mitten in dem Wachen;
  Denn es muß der Herr dich frei
    Von dem Allen machen,
        Was dich drückt
        Und bestrickt,
    Daß du schläfrig bleibest
    Und sein Werk nicht treibest.

4 Drum so laß uns immerdar
    Wachen, flehen, beten,
  Weil die Angst, Noth und Gefahr
    Immer näher treten;
        Denn die Zeit
        Ist nicht weit,
    Da der Herr wird richten
    Und die Welt vernichten!

                              J. B Freystein.

Das Heimathland.

Versmaß: 8, 7, 8, 7.

C. C. Magaret. Mrs. Harriet E. Jones. J. H. Meredith.

2. O, das Heimath-land da bro-ben, Und der Sel-gen lich-te Reihn!—

Welch ein Jauch-zen, welch ein Lo-ben, Gehn wir dort zur Ru-he ein.

Chor.

Hal-le-lu-jah, Hal-le-lu-jah! Durch des Lam-mes theu-res Blut

Hab ich ei-ne Hei-math bro-ben, Wo mein Glau-be e-wig ruht!

2 O, die Ruhe für die Müben
  In dem Heimathland voll Licht,
  Sie genießen ewgen Frieden
  Schmerz und Kummer quält sie nicht.

3 O, das fröhliche Begrüßen,
  Mit den Lieben dort vereint,
  Wo die Thränen nicht mehr fließen
  Und die Sonne ewig scheint.

4 O, das Jauchzen voller Wonne,
  Wenn wir unsern König sehn,
  Und vor ihm, des Himmels Sonne,
  Dankend und lobpreisend stehn.

5 Bald erscheinen Salems Auen
  Nach den Stürmen dieser Zeit,
  Und wir werden Jesum schauen
  Ewig in der Herrlichkeit.

283 **Köstlich ist das Sühnungsblut.**

Versmaß: 7, 7, 7, 8.

E. E. Magaret. G. E. T.   Grant C. Tullar.

1. Nichts, o, gar nichts brin - ge ich, Köst - lich ist das Süh - nungs - blut;

A - ber Je - sus starb für mich, O, köst - lich ist das Süh - nungs - blut.

Chor.

O, ich seh die Gna - ben - fluth, Je - sus gab sein theu - res Blut,

Mir und al - ler Welt zu gut; O, köst - lich ist das Süh - nungs - blut!

2 Irrend auf der Sündenbahn,
   Köstlich ist das Sühnungsblut;
Fand er mich und nahm mich an,
   O, köstlich ist das Sühnungsblut.

3 Einst in Sünden, Nacht und Leid,
   Köstlich ist das Sühnungsblut;
Jetzt hinauf zur Herrlichkeit,
   O, köstlich ist das Sühnungsblut.

4 Bis mein Auge Jesum sieht,
   Köstlich ist das Sühnungsblut;
Sing ich laut mein Freudenlied:
   „O, köstlich ist das Sühnungsblut.“

Es ist noch eine Ruh vorhanden.

Versmaß: 9, 8, 9, 8, 9, 9, 8, 9, 9, 8.

Knuth.

1. { Es ist noch ei = ne Ruh vor = han = den! Auf, mü = des Herz, und
Du senf = zest hier in schwe = ren Ban = den, Und kei = ne Son = ne

wer = de Licht! } { Sieh auf das Lamm, das dich mit Freu = den Dort
schei = net nicht. } { Bald ist der hei = ße Kampf ge = en = det, Bald

wird auf sei = nen Au = en wei = den, Wirf hin die Last und eil hin = zu. }
ist der schwe = re Lauf voll = en = det, Und du gehst ein zur ew = gen Ruh. }

2 Gott selber hat sie uns erkoren,
  Die Ruhe, die kein Ende nimmt,
Eh noch ein Mensch zur Welt geboren,
  Hat uns die Liebe sie bestimmt,
Der Heiland wollte darum sterben,
  Uns diese Ruhe zu erwerben.
    Er ruft und lockt uns allzumal:
  Kommt her zu mir, ihr müden Seelen,
  Bei mir soll euch die Ruh nicht fehlen,
    Ich mach euch frei von aller Qual.

3 Dann ruhen wir und sind im Frieden,
  Von Arbeit, Müh und Sorgen los.
Ach, fasset dieses Wort, ihr Müden:
  Kurz ist die Müh, der Lohn ist groß.
Drum schwingt euch auf, wir müssen
    eilen,

Wir dürfen hier nicht länger weilen
  Dort wartet schon der Selgen Schar.
Wohlauf, mein Geist, zum ewgen Lohne
  Erkämpfe deine Siegeskrone;
    Auf, auf, es kommt das Ruhejahr.

4 Dort wird man Freudengarben bringen,
  Denn unsre Thränensaat ist aus.
O, welch ein Jubel wird erklingen!
  Das Kind kehrt ein ins Vaterhaus.
Schmerz, Leid und Tod muß von uns
    weichen,
Wir werden unser Ziel erreichen
  Und Jesum, den Erlöser, sehn.
Da wird er trocknen unsre Thränen
  Und stillen seiner Freunde Sehnen
    Und mit uns ein zur Freude gehn.

285 Schlußlied.
8, 9, 8, 8, 9, 8, 6, 6, 4, 4, 4, 8.

1 Sprich du selber, Herr, das Amen
Und laß in deinem großen Namen
Uns reich erquickt von hinnen gehn!
Was du uns ins Herz gesäet,
Laß, wenn dein Geist darüber wehet,
Auch bald in vollen Halmen stehn.
Nah ist der Ernte Zeit:
O, mach uns, Herr, bereit,
Frucht zu tragen!
Dein Tag bricht an
Und Niemand kann
Bestehn, wer nichts für dich gethan.

2 Bleibe, Herr, in unsern Kreisen
Und zieh mit Denen, die da reisen,
Wir können ja nichts ohne dich!
Segne unsre fernen Brüder,
Schau gnädig auf die nahen nieder,
Halt uns zusammen ewiglich!
Zu deiner Macht und Stärk
Gedeihet unser Werk
Aus der Schwachheit.
Dann rufen wir:
Der Herr ist hier!
Zeuch uns voran, wir folgen dir!

Dr. Barth.

286 Das Licht in Jesu Lehre.
8, 9, 8, 8, 9, 8, 6, 6, 4, 4, 4, 8.

1 Sieh das Licht in Jesu Lehre,
Die fördert seines Vaters Ehre,
Ihr Zweck ist unsre Seligkeit.
Sie verheißt uns Heil und Frieden,
Wenn unser Herz nur stets hienieden
Im Glauben sich der Tugend weiht.
Doch sichern Sündern droht
Sie Jammer, Schmach und Tod.
Gott ist heilig!
Wer gläubig ehrt,
Was Jesus lehrt,
Den hält er seines Segens werth.

2 Preis dem Freundlichen und Guten!
Um sich für Sünder zu verbluten,
Ging er zur Schädelstätte hin.
Glaubt an ihn, ihr bangen Sünder.
O glaubt und werdet Gottes Kinder
Und bessert freudig Herz und Sinn!
Wer glaubt und sich bekehrt,
Dem wird das Heil beschert.
Gott ist heilig!
Den Bösewicht
Errettet nicht
Des Sohnes Opfer im Gericht.

287 Selig sind des Himmels Erben.
8, 9, 8, 8, 9, 8, 6, 6, 4, 4, 4, 8.

1 Selig sind des Himmels Erben,
Die Todten, die im Herren sterben,
Zur Auferstehung eingeweiht!
Nach den letzten Augenblicken
Des Todesschlummers folgt Entzücken,
Folgt Wonne der Unsterblichkeit!
Im Frieden ruhen sie,
Los von der Erde Müh
Hosianna!
Vor Gottes Thron,
Zu seinem Sohn
Begleiten ihre Werke sie.

2 Dank, Anbetung, Preis und Ehre,
Macht, Weisheit, ewig, ewig Ehre
Sei dir, Versühner, Jesu Christ!
Ihr, der Ueberwinder Chöre,
Bringt Dank, Anbetung, Preis und Ehre
Dem Lamme, das geopfert ist.
Er sank wie wir ins Grab,
Wischt unsre Thränen ab!
Alle Thränen!
Er hats vollbracht!
Nicht Tag, nicht Nacht
Wird an des Lammes Throne sein.

288 Das Abendmahl.
8, 9, 8, 8, 9, 8, 6, 6, 4, 4, 4, 8.

1 Herr! du wollst uns vorbereiten
Zu deines Mahles Seligkeiten,
Sei mitten unter uns, o Gott!
Laß uns, Leben zu empfahen,
Mit glaubensvollem Herzen nahen
Und sprich uns los von Sünd und Tod.
Wir sind, o Jesu, dein,
Dein laß uns ewig sein,
Amen, Amen!
Anbetung dir,
Einst feiern wir
Das große Abendmahl bei dir.

2 Nehmt und eßt zum ewgen Leben
Das Brod, das euch der Herr gegeben;
Die Gnade Jesu sei mit euch!
Nehmt und trinkt zum ewgen Leben
Den Kelch des Heils, auch euch gegeben;
Ererbt, erringt des Mittlers Reich!
Wacht, eure Seele sei
Bis in den Tod getren,
Amen, Amen!
Der Weg ist schmal;
Bleibt in der Zahl,
Die dort eingeht zum Abendmahl.

Klopstock.

Wachet auf!

Versmaß: 8, 9, 8, 8, 9, 8, 6, 6, 4, 4, 4, 8.

Philipp Nicolai.   Ph. Nicolai.

1. { Wa = chet auf! ruft uns die Stim = me Der Wäch = ter sehr hoch auf der
   { Mit = ter = nacht heißt die = se Stun = de, Sie ru = fen uns mit hel = lem

Zin = ne, Wach auf, du Stadt Je = ru = sa = lem! } Wohl = auf, der Bräutgam
Mun = de: Wo seid ihr klu = gen Jung=frau=en? }

kömmt, Steht auf, die Lam = pen nehmt, Hal=le = lu = jah! Macht euch be=reit Zur

Hoch = zeit = freud; Geht ihm ent = ge = gen, es ist Zeit.

2 Zion hört die Wächter singen,
  Das Herz will ihr vor Freuden springen;
  Sie wachet und steht eilend auf.
  Ihr Freund kommt vom Himmel prächtig,
  Von Gnaden stark, von Wahrheit mächtig:
  Ihr Licht wird hell, ihr Stern geht auf.
  Nun komm, du werthe Kron,
  Herr Jesu, Gottes Sohn!
        Hosianna!
  Wir folgen All
  Zum Freudensaal
  Und halten mit das Abendmahl.

3 Gloria sei dir gesungen,
  Mit Menschen= und mit Engelzungen,
  Mit Cymbeln und mit Harfenton!
  Von zwölf Perlen sind die Thore
  An deiner Stadt, wir stehn im Chore
  Der Engel hoch um deinen Thron.
  Kein Aug hat je gesehen,
  Kein Ohr hat je gehört
        Solche Freude.
  Drum jauchzen wir
  Und singen dir
  Das Hallelujah für und für.

290

290 Schaffet daß ihr selig werdet.

Versmaß: 8, 7, 8, 7, 7, 7, 8, 8.

L. A. Gotter.   Franz. Volksweise.

1. { Schaf=fet, schaf=fet, Men=schen=kin = der, Schaf=fet eu = re Se = lig=keit,}
   { Bau = et nicht, wie sich = re Sün = der, Auf die un = ge=wiß=se Zeit.}

Un = ver=weilt be = keh = ret euch, Rin = get nach dem Him=mel=reich Und be=

müht euch hier auf Er = ben, Wie ihr mö=get se = lig wer = den.

2 Soll nun dies an euch geschehen,
  So bekämpfet Fleisch und Blut;
Und der Welt zu widerstehen,
  Rüstet euch mit Kraft und Muth.
Gottes Wille muß allein
Eures Lebens Richtschnur sein,
Mag es dem bethörten Herzen
Freude bringen oder Schmerzen.

3 Selig, wer im Glauben kämpfet,
  Selig, wer im Kampf besteht,
Wer des Fleisches Lüste dämpfet
  Und den Reiz der Welt verschmäht.
Unter Christi Kreuzesschmach
Jaget man dem Frieden nach.
Wer den Himmel will ererben,
Muß zuvor mit Christo sterben.

4 Sich der Welt noch gleich zu stellen,
  Findet nicht bei Christen statt,
Denn es schwächt in allen Fällen
  Unsern Geist und macht ihn matt.

Auf der schmalen Glaubensbahn
Kommt man keinen Schritt voran,
Wenn man mit getheiltem Herzen
Will mit Welt und Sünde scherzen.

5 Zittern will ich vor der Sünde
  Und dabei auf Jesum sehn,
Daß ich seinen Beistand finde
  In der Gnade zu bestehn;
Ach, mein Heiland! geh doch nicht
Mit mir Armen ins Gericht;
Gib mir deines Geistes Waffen,
Meine Seligkeit zu schaffen.

6 Amen! es geschehe, Amen!
  Gott versiegle dies in mir,
Auf daß ich in Jesu Namen
  So den Glaubenskampf vollführ.
Er verleihe Kraft und Stärk
Und regiere selbst das Werk,
Daß ich wache, bete, ringe
Und also zum Himmel dringe.

Troſtlied.

Versmaß: 8, 7, 8, 7, 7, 7, 8, 8.

J. Pauli.   Johann Schop.

1. Zi = on! gib dich nur zu = frie = ben, Gott iſt noch bei dir da = rin,

Du biſt nicht von ihm ge = ſchie = ben, Er hat ei = nen Va = ter = ſinn;

Wenn er ſtraft, ſo liebt er auch, Dies iſt ſein be = lieb = ter Brauch:

Zi = on, ler = ne dies be = den = ken, Wa = rum willſt du dich ſo krän=ken?

2 Treiben dich die Meereswellen
   Auf der wilden, tiefen See;
Wollen ſie dich gar zerſchellen,
   Mußt du rufen ach und weh!
Schweigt dein Heiland ſtill dazu,
Gleich als in der ſanften Ruh:
Zion, laß dich nicht bewegen,
Solche Fluth wird ſich ſchon legen.

3 Berg und Felſen müſſen weichen,
   Ob ſie noch ſo feſt da ſtehn;
Ja, die ganze Welt deßgleichen
   Möchte gar auch untergehn;

Dennoch hat es keine Noth
   In dem Leben und im Tod:
Zion, du kannſt doch nicht wanken
Aus den wohlgefaßten Schranken.

4 Dränt man dir mit Schmach und Banden,
   Mit viel Qual und Herzeleid:
Ei, du wirſt doch nicht zu Schanden,
   Denk nur an die Ewigkeit;
Sei vielmehr recht wohlgemuth,
Wenn man dir gleich Solches thut:
Zion, Gott wird dich ſchon ſtärken,
Dieſes mußt du eben merken.

292 Der am Kreuz ist meine Liebe.
8, 7, 8, 7, 7, 7, 8, 8.

1 Der am Kreuz ist meine Liebe,
  Und sonst nichts in dieser Welt!
O, daß er doch ewig bliebe,
  Der mir jetzt so wohl gefällt!
Nun, mein Herz soll immer fort
Fest bestehn auf diesem Wort,
Sei es heiter, oder trübe:
Der am Kreuz ist meine Liebe!

2 Zwar es ist mir nicht verborgen,
  Was die Lieb oft nach sich zieht:
Schmach, Verfolgung, Noth und Sorgen,
  Kreuz und Armuth bringt sie mit.
Ja, wenn er, mein Heiland, will,
Ist kein bittrer Tod zu viel!
Doch es komme noch so trübe:
Der am Kreuz ist meine Liebe!

3 Lieber wähl ich solche Plage
  Und der Liebe schweren Stand,
Als ohn ihn die besten Tage
  Und der Ehre eitlen Tand.
Heißt mich immer wunderlich,
Spotte man auch über mich,
Daß ich, was er haßt, nicht übe,—
Der am Kreuz ist meine Liebe!

4 Diese Liebe lohnet endlich,
  Führt zu ihm ins Vaterhaus,
Ist zur letzten Zeit erkenntlich
  Und theilt Kränz und Kronen aus.
Ach, ach wollte Gott, daß doch
Alle Welt bereinit sich noch
Dieses in das Herz einschriebe:
Der am Kreuz ist meine Liebe!

                          J. E. Grebing.

293 Beständigkeit.
8, 7, 8, 7, 7, 7, 8, 8.

1 Nicht der Anfang, nur das Ende
  Krönt des Christen Glaubensstreit.
Ach, getreuer Gott! vollende
  Meinen Lauf in dieser Zeit;
Hab ich dich einmal erkannt,
So verleih mir auch Bestand,
Daß ich, bis ich einst erkalte,
Glauben, Lieb und Hoffnung halte.

2 Laß mich einem Felsen gleichen,
  Der in Sturm und Wellen steht;
Laß mich nicht zurücke weichen,
  Wenn mich Noth und Tod umfäht.
Sei mein Anker, der nicht bricht,
Sei mein Stern und helles Licht,
Daß ich nie von dir mich scheide
Und am Glauben Schiffbruch leide.

3 Es ist gut, ein Christ zu werden,
  Besser noch ein Christ zu sein;
Doch den besten Ruhm auf Erden
  Gibt der Herr nur Dem allein,

Der ein Christ beständig b l e i b t
Und den Kampf zum Siege treibt;
Solchen wird mit ewgen Kronen
Christus droben einst belohnen.

4 Laß mich halten, was ich habe,
  Daß mir nichts die Krone nimmt.
Es ist deines Geistes Gabe,
  Daß mein Glaubensdocht noch glimmt;
Lösche nicht das Fünklein aus,
Mach ein helles Feuer drau;
Laß es ungestöret brennen,
Dich vor aller Welt bekennen.
                          B. Schmolck.

294 Meine Seele ist so herrlich.
Eigene Melodie.

1 Mein Seel ist so herrlich,
  Mein Herze voll Lieb,
Nun wünsch ich zu singen
  Den Engeln ein Lied;
Ja, singen von Jesu,
  Er hat mich erkiest:
Ach, daß sie mich trügen,
  Wo Jesus hin ist!

2 Mich dünkt sie h'rabfahren,
  Zu hören den Ton
Vom Lied, das ich singe
  Vor dem Gnaden-Thron,
Mein'm Jesu zu Ehren,
  Mein Herz ist entflammt!
O, preiset sein'n Namen,
  Ihr Brüder allsammt!

3 O Jesu, mein Jesu,
  Du salbendes Oel!
Du hast, lieber Heiland!
  Geheilt meine Seel.
Ach bring mich zu schauen
  Dich, ewige Zier!
Dort auf jenen Auen
  Der selgen Revier.

4 Geist Gottes! erhalt mich
  Zu Jesu ganz rein,
Und sei mein Beschützer,
  Bis er mich holt heim!
Ob Würmer hinnehmen
  Mein Leib als ein Raub,
Wird er doch schön scheinen
  Obwohl er nun Staub.

5 Ich komm nun zum Scheiden:
  Es rufet mich schon
Mein Jesus von weitem,
  Und spricht zu mir: „Komm!"
Ich geh nun zu schauen
  Den Heiland hinfort.
O Wonne, o Wonne!
  O seliger Ort!

Geist vom Vater und vom Sohne!

Versmaß: 8, 7, 8, 7, 7, 7, 8, 8.

G. Hoffmann.   Jomabi.

1. Geist vom Va=ter und vom Soh=ne! Der du un=ser Trö=ster bist

Und von un=sers Got=tes Thro=ne Hülf=reich auf uns Schwa=che siehst;

Ste=he du mir kräf=tig bei, Daß ich Gott er=ge=ben sei,

Und mein gan=zes Herz auf Er=den Mög ein Tem=pel Got=tes wer=den.

2 Laß auf jedem meiner Wege
   Deine Weisheit mit mir sein,
Wenn ich bange Zweifel hege,
   Deine Wahrheit mich erfreun.
Lenke kräftig meinen Sinn
Auf mein wahres Wohlsein hin.
Lehrst du mich, was recht ist, wählen,
Werd ich nie mein Heil verfehlen.

3 Heilige des Herzens Triebe,
   Daß ich, meinem Gott getreu,
Ihn stets über Alles liebe;
   Daß mir nichts so wichtig sei,
Als in seiner Huld zu stehn;
Seinen Namen zu erhöhn,
Seinen Willen zu vollbringen,
Müsse mir durch dich gelingen.

Ausbreitung der Kirche Christi.

Versmaß: 8, 7, 8, 7, 8, 8, 7, 7.

Dr. Barth.

1. Kir = che Chri = sti, brei = te, brei = te Dei = ne Gren = zen weit hin = aus!
Söh = ne, Töch = ter dir zur Sei = te Wal = len still in dei = nem Haus.

Preis sei e = wig bei = nen Tho = ren! Kin = der wer = ben dir ge = bo = ren,

Wie der Mor = gen = rö = the Thau Träu = felnd auf die Früh = lings = au.

2 Sieh, schon eilt die Schar der Boten,
   Die du ausgesendet hast,
Zu den Sündern, Geistlichtodten,
   Abzunehmen Schuld und Last!
Selig, die du schon erledigt!
Kirche Christi, ja man predigt
Großes, Herrliches in dir!
Wachse, wachse für und für!

3 O, aus allen Sprachen, Zungen,
   Werde dir, Herr Zebaoth,
Hallelujah stets gesungen:
   Lob dem treusten Bundes=Gott.
Eine lichte Zeugenwolke
Sammle dir aus allem Volke!
Huldigten doch nah und fern
Alle dir, dem besten Herrn.

297 Die Demuth.
8, 7, 8, 7, 8, 8, 7, 7.

1 Demuth ist die schönste Tugend,
   Aller Christen Ruhm und Ehr;
Denn sie zieret unsre Jugend
   Und das Alter noch viel mehr;

Pflegen sie nicht auch zu loben,
Die zu großem Glück erhoben?
Sie ist mehr als Gold und Geld
Und was herrlich in der Welt.

2 Siehe, Jesus war demüthig,
   Er erhob sich selbsten nicht,
Er war freundlich, liebreich, gütig,
   Wie uns Gottes Wort bericht't;
Man befand in seinem Leben
Gar kein Prangen und Erheben,
Drum spricht er zu mir und dir:
Lerne Demuth doch von mir!

3 Demuth bringet großen Segen
   Und erlanget Gottes Gnad;
An ihr ist gar viel gelegen,
   Denn wer diese Tugend hat,
Der ist an der Seel geschmücket
Und in seinem Thun beglücket:
Er ist glücklich in der Zeit,
Selig auch in Ewigkeit.

Denkst du noch dran?

Versmaß: 11, 10, 11, 10, 10, 6.

A. Lutz.

I. M. B.

1. Denkst du noch dran, als dich der Herr in Gna=den Aus Sündennacht ins hel=le Licht ge=

führt? Als er, da du auf dunklen Sündenpfaden, Dein Herz durch seine Lie=be hat ge=

rührt? Als er ins Herz dir sprach: Ich nehm dich an! Mein Herz denkst du noch dran?

2 Denkst du noch dran, als er auf deine Lippen
  Den Feuerkuß der ersten Liebe hat ge=
  drückt?
Und wie dein Herz auf ihn, den Holden,
  Lieben,
  Voll Wonne jauchzend, dankend aufge=
  blickt?
Als er dir zugeflüstert: 's ist kein Wahn!
Mein Herz, denkst du noch dran?

3 Denkst du noch dran, als er dein Herz ge=
  füllet,
  Mit seinem Geist, der dir als Unter=
  pfand
Der Kindschaft allen Zweifel hat gestillet,
  Dein Geist die lang ersehnte Ruhe fand?
Als du geweint, gejauchzt bei Jesu Nahn!
Mein Herz, denkst du noch dran?

4 Denkst du noch dran, wie treu er dich ge=
  leitet
  In Freud und Leid, so huldreich, väterlich?
Wie er so manchen Gnadentisch gebreitet
  Daran du oft gelabt, gesättigt dich.
Auf rauher, dornenvoller Pilgerbahn?
Mein Herz, denkst du noch dran?

5 Ja, denk daran, wenn Nacht auch dich
  umhüllet,
  Wenn Sturm und Wellen drohend um
  dich tost,
Wenn Bangigkeit und Angst dein Herz er=
  füllet,
  Der Herr dich dennoch schützend liebt
  und kost;
Und dich durch Licht wie Nacht führt him=
  melan.
O Herz, denk doch daran!

299 Kennst du den Ort.
11, 10, 11, 10, 10, 6.

1 Kennst du den Ort, wo ich in frohen Stun=
    den,
 Mit Dank erfüllt, mich zu dem Heiland
    nah,
 Ihn preis für das, was ich schon hier em=
    pfunden
 Und was aus lauter Gnad an mir ge=
    schah,
 Da er mich wusch von allen Sünden rein?
 Es ist das Kämmerlein.

2 Kennst du den Ort, wo ich im schweren
    Leiden
 Mich oft so bemuthsvoll vor Gott ge=
    beugt,
 Um dort am Thron der Gnade mich zu
    weiden,
 Wo mir der Herr viel Trost und Heil
    erzeigt,
 Mich huldreich schließt ins Vaterherze ein?
 Es ist das Kämmerlein.

3 Kennst du den Ort, wo mir viel Glück be=
    reitet,
 Wenn ich mit Glaubensmuth zum Hei=
    land geh,
 Vertrauungsvoll durch Gottes Geist gelei=
    tet,
 Um einen Segen ernstlich hoffend fleh;
 Wo er mich labt mit süßem Freudenwein?
 Es ist das Kämmerlein.
                        J. F. Schloßstein

300 Folget dem Heiland.
Melodie No. 235.

1 Folget dem Heiland, dem ewigen König
    der Gnade;
 Folgt ihm, ihr Seelen, mit Lust auf dem
    himmlischen Pfade;
  Er führet euch
  Sicher ins himmlische Reich,
 Wo euch kein Kummer mehr drücket.

2 Wachet und betet mit Ernst auf der müh=
    vollen Reise;
 Singet die Lieder von Zion nach göttlicher
    Weise;
  Schreitet voran,
  Bleibt auf der siegreichen Bahn,
 Bis ihr die Krone empfanget.

3 Ruhe erwartet den kämpfenden Pilger der
    Erden;
 Freude und Wonne und ewiges Glück wird
    ihm werden;
  Dort in dem Licht,
  Wo ihm kein Gutes gebricht,
 Wird er sich ewig erfreuen.
                        J. F. Schloßstein.

301 Ists auch eine Freude.
Eigene Melodie.

1 Ists auch eine Freude,
    Mensch geboren sein?
 Darf ich mich auch heute
    Meines Lebens freun;
 Wo so viele Thränen,
    So viel Angst und Noth,
 So viel banges Sehnen,
    Schmerz und endlich Tod?

2 Ja, es wär zum Weinen,
    Wenn kein Heiland wär,
 Aber sein Erscheinen
    Bracht den Himmel her!
 Wer zu ihm kann sagen:
    Mein Gott und mein Herr!
 Der darf nimmer klagen,
    Stets wirds herrlicher.

3 Möcht vor Liebe weinen,
    Jesu, Schmerzensmann,
 Nahmst auch mich in deinen
    Ewgen Liebesplan;
 Hast mein Herz gerühret,
    Daß ichs gern dir gab,
 Hast mich treu geführet
    Aus der Sünde Grab.

4 Ich hab selge Stunden
    Oft bei dir, o Herr!
 Aus dir Kraft empfunden,
    Wenn mein Herz war schwer;
 Hast mir viel vergeben,
    Mir, dem schnöden Kind,
 Brachtest mich zum Leben,
    Der ich Tod verdient.

5 Ists nicht so auf Erden
    Gut ein Mensch zu sein?
 Wagts auch, ihr Gefährten,
    Ganz des Herrn zu sein!
 Wüßtens doch die Leute,
    Wies beim Heiland ist,
 Sicher würde heute
    Mancher noch ein Christ.

6 Doch hat bei der Freude
    Auch der Christ viel Schmerz,
 Aber auch im Leide
    Blickt er himmelwärts;
 Und vom Himmel nieder
    Blickt sein Herr ihn an,
 Daß er fröhlich wieder
    Weiter ziehen kann.

7 Endlich kommt er leise,
    Nimmt dich bei der Hand,
 Führt dich von der Reise
    Heim ins Vaterland.
 Dann ists ausgerungen,
    Ach, dann sind wir ja
 Droben, wo gesungen
    Wird Hallelujah!
                        R. Flath.

Der Tag des Herrn.

Versmaß: 11, 11, 11, 11, 8, 11.

1. O se-li-ger Sab-bath, du Tag mei-nes Herrn! Wie in-nig er-freust du mein Herz schon von fern! Viel mehr, wenn mein Au-ge beim Mor-gen-roth blickt! Fühl ich mich be-se-ligt, be-lebt und be-glückt. Preis, Preis, Preis, Preis sei dir ge-bracht, Dem Herrn, der den Sab-bath für Men-schen ge-macht!

2 Zu eng wird die Kammer, es treibt mich hinaus,
Mit Kinder des Höchsten zu gehn in sein Haus.
Dort lodert das Lob, wie im himmlischen Chor,
Von vielen Altären der Herzen empor!
Preis, Preis, Preis, Preis sei dir gebracht,
Dem Herrn, der den Sabbath für Menschen gemacht.

3 Ein Bote, vom König des Friedens gesandt,
Macht Sünder mit ihrer Erlösung bekannt.
Der Geisteswind rauschet! der Todte erwacht
Und schmecket den Frieden, den Jesus gebracht.

Preis, Preis, Preis, Preis sei dir gebracht,
Dem Herrn, der den Sabbath für Menschen gemacht.

4 O Sabbath! Ein herrliches Vorbild der Ruh
Des Sabbaths auf Edens Gefilden bist du!
Und wird einst in Gnaden mein Heimweh gestillt,
Dann sing ich, von himmlischer Wonne erfüllt:
Preis, Preis, Preis, Preis, Ehr, Kraft und Macht
Sei Jesu, dem Heiland der Sünder, gebracht.

Eines wünsch ich mir vor allem Andern.

Versmaß: 10, 7, 10, 7, 10, 10, 7, 7.

A. Knapp.   Brüdergemeinde.

1. { Ei = nes wünsch ich mir vor al = lem An = dern, Ei = ne
   { Se = lig läßts im Thrä = nen = thal sich wan = dern, Wenn dies

Spei = se früh und spät;)
Ei = ne mit uns geht: } Un = ver = rückt auf ei = nen Mann zu

schau = en, Der mit blut = gem Schweiß und To = des = grau = en Auf sein

Ant = litz nie = der = sank Und den Kelch des Va = ters trank.

2 Ewig soll er mir vor Augen stehen,
  Wie er als ein stilles Lamm
Dort so blutig und so bleich zu sehen,
  Hängend an des Kreuzes Stamm;
Wie er dürstend rang um meine Seele,
Daß sie ihm zu seinem Lohn nicht fehle,
Und dann auch an mich gedacht,
Als er rief: Es ist vollbracht!

3 Ja, mein Jesu, laß mich nie vergessen
  Meine Schuld und deine Huld!
Als ich in der Finsterniß gesessen,
  Trugest du mit mir Geduld;

Hattest längst nach deinem Schaf getrachtet,
Eh es auf des Hirten Ruf geachtet,
Und mit theurem Lösegeld
Mich erkauft von dieser Welt.

4 Ich bin dein! sprich du darauf ein Amen!
  Treuster Jesu, du bist mein!
Drücke deinen süßen Jesusnamen
  Brennend in mein Herz hinein!
Mit dir Alles thun und Alles lassen,
In dir leben und in dir erblassen,
Das sei bis zur letzten Stund
Unser Wandel, unser Bund!

Ich weiß es.

Versmaß: 12, 12, 12, 12.

E. G. Woltersdorf.

J. M. B

1. Ich weiß es, ich weiß es, und werd es be=hal=ten: So wahr Got=tes Hän=de das Reich noch ver=wal=ten, So wahr sei=ne Son=ne am Him=mel noch pran=get, So wahr hab ich Sün=der Ver=ge=bung er=lan=get. Hal=le=lu=jah,....

Chor.

Hal=le=lujah,Hal=

Hal=le=lu=jah,Hal=le=lu=jah, Hal=le=lu=jah, Lobt den Herrn!

le lu=jah,....

2 Ich fühlte mich gottlos, kalt, blind und er=storben,
Da dacht ich, es ist wohl mit dir schon ver=dorben,
Du trachtest vergeblich, dich recht zu bekehren;
Es schien auch als wollte mich Jesus nicht hören;

3 Doch hielt er mich selbst mit verborgenen Händen,
Und half mir mich bald zur Verheißung zu wenden.
Da sucht ich ihn recht bei den Worten zu fassen,
Die er für Elende hat aufschreiben lassen.

4 Er half mir die Glaubenshand dreister zu strecken,
Er gab mir sein Liebesherz freundlich zu schme=cken.

Er schenkte mir endlich das völlige Siegel,
Da brachen des Unglaubens sämmtliche Rie=gel,

5 Er ließ mich das Zeugniß des Geistes em=pfinden;
Da hieß es: Wo sind nun die Schulden der Sünden?
Sie sind in die Tiefe des Meeres versenket,
Durch Christi Verführung dir ewig geschenket.

6 So wahr mir das Wort der Verheißung nicht lüget,
So wahr mich das Zeugniß des Geistes nicht trüget,
So wahr mir mein Jesus auch beides gegeben,
So wahr bin ich Erbe vom ewigen Leben.

305

Der Hausstand.

Versmaß: 8, 8, 7, 8, 8, 7, 2, 2, 4, 4, 4, 8.

K. J. P. Spitta.   J. M. B.

1. { Ich und mein Haus, wir sind bereit, Dir, Herr, die ganze Lebenszeit Mit Seel und
   Du sollst der Herr im Hause sein; Gib deinen Segen nur darein, Daß wir dir

Leib zu die = nen, }
will = lig die = nen, } Ei = ne Klei = ne, From = me, rei = ne

Haus = ge = mei = ne Mach ans Al = len! Dir nur soll sie wohl = ge = fal = len.

2 Gieß deinen Frieden auf das Haus
  Und Alle, die drin wohnen, aus;
    Im Glauben uns verbinde;
  Laß uns in Liebe allezeit
  Zum Dulden, Tragen sein bereit,
    Demüthig, sanft, gelinde.
      Liebe   Ilebe
        Jede Seele;
        Keinem fehle,
      Dran man kennet
  Den, der sich den Deinen nennet.

3 Und endlich flehn wir allermeist,
  Daß in dem Haus kein andrer Geist,
    Als nur dein Geist regiere;
  Daß er, der Alles wohlbestellt
  Und gute Zucht und Ordnung hält,
    Uns Alles lieblich ziere.
      Sende,   Spende
        Ihn uns Allen,
        Bis wir wallen
      Heim und droben
  Dich in deinem Hause loben.

306 **Sei uns gesegnet, Tag des Herrn!**
     8, 8, 7, 8, 8, 7, 2, 2, 4, 4, 4, 8.

1 Sei uns gesegnet, Tag des Herrn!
  Zu Gottes Preise, nah und fern,
    Erwacht der Christen Menge.
  Ihr Lobgesang tönt spät und früh,
  Zum Heiligthume wallen sie
    In festlichem Gedränge.
      Froher   Schallen
        Hier die Lieder,
        Wo die Brüder
      Anzubeten,
  Sind vereint vor Gott getreten.

2 Komm, Geist der Andacht und der Ruh,
  Auch unsern Tempel weihe du
    Zu feierlicher Stille.
  Mach unser Herz vom Irrthum los
  Uns werde Gottes Name groß,
    Sein Wille unser Wille.
      Fromme   Liebe,
        Brüdertreue
        Mög aufs Neue
      Uns beleben,
  Jesu Vorbild nachzustreben.
                        A. H. Niemeyer.

307 Das Predigtamt.
8, 8, 7, 8, 8, 7, 2, 2, 4, 4, 4, 8.

1 Füll, Geist des Herrn, die Diener all,
Durch die des Lebenswortes Schall
In alle Welt sich dränget!
Tilg aus den Herzen Sünd und Wahn!
Zerstör des bösen Geistes Plan,
Der sich ans Eitle hänget!
Eins nur Wolle,
Dich nur wähle
Jede Seele,
Dir nur traue,
Wer da hilft am großen Baue.

2 Verzehr all Eigenheit und Sucht!
Gemächlichkeit und Leidensflucht,
Tilg du, o Mann der Schmerzen!
All Zwietracht, die der Höll entstammt,
Du Flamme, die zum Himmel flammt,
Zerstör in Aller Herzen,
Daß durch Liebe
Ernst und Wahrheit
Deiner Klarheit
Voll die Erde
Und dein Reich vollendet werde!

308 Das Haus des Herrn.
8, 8, 7, 8, 8, 7, 2, 2, 4, 4, 4, 8.

1 Steig auf, du Lied im höhern Chor!
Ihr Herzen wallet mit empor
In süßen Dankesweisen!
Kommt, ihn, der seines Volks gedenkt,
Ihn, der uns einen Tempel schenkt,
Zu loben und zu preisen!
Heilig, Heilig!
Singt dem Vater,
Dem Berather!
Singt dem Sohne!
Singt dem Geist in einem Throne.

2 O wie so lieblich steht dies Haus,
Wo seine Hand uns ein und aus
Mit Vaterhänden leitet;
Wo sein Wort uns zum Himmel weist,
Sein Abendmahl die Seele speist,
Sein Geist uns vollbereitet!
Freut euch! Weiht euch
Ihm, dem Treuen!
Laßt erneuen
Eure Seelen!
Euch will er zum Tempel wählen.

3 Ja, du in uns, und wir in dir!
Du höchstes Gut, dich suchen wir;
Komm, unser Herz zu stillen!
Von dir laß ausgeschlossen keins,
In dir mach unsre Herzen eins
Um deines Blutes Willen!

Alle, Alle!
Den, der lehret,
Den, der höret,
Eltern, Kinder,
Zieh zu dir, du Heil der Sünder.

4 Einst sammelst du die Garben ein;
Einst wird ein Tag der letzte sein,
An dem wir hier erscheinen;
O Jesu, dann verlaß uns nicht!
Dann wollst du dort im Himmelslicht
Uns rein um dich vereinen!
Dir, dir, Weihn wir
Herz und Sinne;
Keins entrinne
Deinen Händen!
Herr, beginn und hilf vollenden!

A. Knapp.

309 O heiliger Geist! kehr bei uns ein.
8, 8, 7, 8, 8, 7, 2, 2, 4, 4, 4, 8.

1 O heilger Geist! kehr bei uns ein
Und laß uns deine Wohnung sein!
O komm, du Herzenssonne!
Du Himmelslicht, laß deinen Schein
Bei uns und in uns kräftig sein,
Zur steten Freud und Wonne;
Daß wir, In dir
Recht zu leben,
Uns ergeben
Und mit Beten
Oft in Andacht vor Gott treten.

2 Du Quell, draus alle Weisheit fließt,
Die sich in fromme Seelen gießt,
Laß deinen Trost uns hören,
Daß wir in Glaubenseinigkeit
Mit Andern in der Christenheit
Dein wahres Zeugniß lehren!
Höre, Lehre,
Daß wir können
Herz und Sinnen
Dir ergeben,
Dir zum Lob und uns zum Leben.

3 Gib, daß in wahrer Heiligkeit
Wir führen unsre Lebenszeit,
Sei unsres Geistes Stärke,
Daß uns forthin sei wohl bewußt
Die Eitelkeit der Fleischeslust
Und ihrer todten Werke.
Rühre, Führe
Unser Sinnen
Und Beginnen
Von der Erden,
Daß wir Himmelserben werden.

M. Schirmer.

Wie schön leuchtet der Morgenstern.

Versmaß: 8, 8, 7, 8, 8, 7, 2, 2, 4, 4, 4, 8.

P. Nicolai.   Phil. Nicolai.

1. { Wie schön leuch = tet der Mor = gen = stern Voll Gnad und Wahr = heit
O gu = ter Hir = te, Da = vids Sohn, Mein Kö = nig auf dem

von dem Herrn, Uns herr = lich auf = ge = gan = gen!
Him = mels = thron, Du hast mein Herz um = pfan = gen;

Lieb = lich, Freund = lich, Schön und präch = tig, Groß und mäch = tig

Reich an Ga = ben, Hoch und wun = der = voll er = ha = ben!

2 Gieß sehr tief in mein Herz hinein,
O du mein Herr und Gott allein,
   Die Flamme deiner Liebe,
Daß ich in dir noch immer bleib
Und mich kein Zufall von dir treib,
   Nichts kränke, noch betrübe:
     In dir   Laß mir
  Ohn aufhören   Sich vermehren
    Lieb und Freude,
Daß uns selbst der Tod nicht scheide.

3 Du hast mich, Gott, mein starker Held,
Schon eh gegründet war die Welt,
   In deinem Sohn geliebet,
Dein Sohn hat mich ihm selbst vereint,
Er ist mein Schatz, ich bin sein Freund,

Den nun nichts mehr betrübet.
   Heil mir!   Heil mir!
Himmlisch Leben   Wird er geben
    Mir dort oben;
Ewig soll mein Herz ihn loben.

4 O wie mein Herz so fröhlich ist,
Daß du mein Herr und Heiland bist,
   Der Anfang und das Ende!
Du wirst mich auch zu deinem Ruhm
Ganz bringen in dein Heiligthum,
   Daß sich dein Werk vollende.
   Amen,   Amen!
Komm, o Sonne,   Meine Wonne,
    Ich verlange,
Daß ich ewges Licht empfange.

Wie wird uns sein?

Versmaß: 11, 10, 11, 10, 11, 10, 11, 10.

K. J. P. Spitta.

1. Wie wird uns sein, wann endlich nach dem schweren, Doch nach dem letzten ausgekämpften Streit Wir aus der Frem = be in die Hei=math keh = ren Und ein=ziehn in das Thor der E = wig = keit. Wenn wir den letz = ten Staub von un=sern Fü = ßen, Den letz = ten Schweiß vom An = ge = sicht ge = wischt, Und in der Nä = he se=hen und be=grü=ßen, Was oft den Muth im Pil=ger=thal er=frischt!

2 Wie wird uns sein, wann wir mit Beben
    lauschen
Dem höhern Chor, der uns entgegen tönt;
Wann goldne Harfen durch die Himmel rau=
    schen
    Das Lob des Lammes, das die Welt ver=
      söhnt;
Wenn weit und breit die heilge Gottesstätte
    Vom Hallelujah der Erlösten schallt,
Und dort der heilge Weihrauch der Gebete
    Empor zum Thron des Allerhöchsten wallt!

3 Wie wird uns sein, wann nun dem Liebes=
    zuge
Zu Dem, der uns den Himmel aufgethan,
Mit ungehaltnem, sehnsuchtsvollem Fluge
    Die freigewordne Seele folgen kann;
Wenn nun vom Aug des Glaubens lichte
    Hülle
Wie Nebel vor der Morgensonne fällt,
Und wir den Sohn in seiner Gottesfülle
    Erblicken auf dem Thron als Herrn der
      Welt!

4 Wie wird uns sein, wann wir ihn hören
    rufen:
Kommt, ihr Gesegneten! Wenn wir im Licht
Dastehend an des Gottesthrones Stufen,
    Ihm schauen in sein gnädig Angesicht!
Die Augen sehn, die einst von Thränen
    flossen
Um Menschennoth und Herzenshärtigkeit,
Die Wunden, die das theure Blut ver=
    gossen,
    Das uns vom ewgen Tode hat befreit!

5 Wie wird uns sein, wann durch die Him=
    melsräume
Wir Hand in Hand mit Selgen uns er=
    gehn,
Am Strom des Lebens, wo die Lebensbäume
    Frisch, wie am dritten Schöpfungstage
    stehn;
Da, wo in ewger Jugend nichts veraltet,
    Nicht mehr die Zeit mit scharfem Zahne
    nagt,
Da, wo kein Auge bricht, kein Herz erkaltet,
    Kein Leid, kein Schmerz, kein Tod die Sel=
    gen plagt?

6 Wie wird uns sein?—O, was kein Aug
    gesehen,
Kein Ohr gehört, kein Menschensinn em=
    pfand:
Das wird uns werden, wird an uns geschehen,
    Wann wir hineinziehn ins gelobte Land.
Wohlan, den steilen Pfad hinangeklommen!
    Es ist der Mühe und des Schweißes werth,
Dahin zu eilen und dort anzukommen,
    Wo mehr, als wir verstehn, der Herr be=
    schert!

312   O Strom des Lebens!
11, 10, 11, 10, 11, 10, 11, 10.

1 O Strom des Lebens, Quelle aller Freuden,
    Du Geist des Herrn, du Kraft der Him=
    melswelt!
Wir Pilger bitten in der Welt voll Leiden,
    Die uns das Leben mannigfach vergällt;
Ergieße dich in uns mit deiner Fülle,
    Durchfluthe uns nach Seele, Geist und Leib,
Denn unsre Heiligung ist Gottes Wille;
    O daß sie stets auch unser Wille bleib.

2 Wir weihen uns in dieser heilgen Stunde
    Zum Opfer dir—nur dir auf immerdar,
Geloben feierlich mit Herz und Munde
    Nur Dem zu leben, der da ist und war,
Vor dem sich längst die Engelwelt schon beugte;
    Der uns auf Golgatha mit Blut erkauft;
Von dem Johannes in der Wüste zeugte,
    Daß er sein Volk mit Geist und Feuer tauft.

3 Wir flehen, Ewiger, in Jesu Namen
    Send deinen Geist vom Thron der Herr=
    lichkeit.
O sprich zu unsrer Bitt dein göttlich Amen
    Und wirke in uns wahre Heiligkeit.
Schon hören wir von fern ein sanftes Sausen,
    Wies bei Elia in dem Felsen war.
O komme doch in wunderbarem Brausen,
    Wie einst zu deiner ersten Jüngerschar.
                      J. Maurer.

313   Süß ist's zu sterben.
11, 10, 11, 10, 11, 10, 11, 10.

1 Süß ist's zu sterben, wenn im Herzen Friede-
    Der Friede wohnt, den uns die Welt nicht
    gibt,
Da legt zur Ruhe sich der Lebensmüde,
    Die Seele scheidet froh durch nichts getrübt;
Sie will zu jenen strahlenvollen Höhen,
    Entgegen Dem, auf den sie hier vertraut;
Sieht jauchzend dort die Friedenspalme wehen,
    Ihr Seufzen wandelt sich in Wonnelaut.

2 Süß ist's zu sterben-Seele, kannst du fühlen
    Des schlichten Wortes unerkannten Sinn?
Vermags die Trangsalshitze dir zu kühlen?
    Ist für dich Sterben wirklich ein Gewinn?
Wenn so, dann Friede dir! Bald wirst du
    sehen,
    Daß Gott getreu, der die Verheißung hält,
Mußt du gleich hier durch viele Trübsal gehen-
    Nur still, die dunkle Nacht wird bald erhellt.

3 Sie wird erhellt von jenem Friedensscheine,
    Der dort von Golgatha herniederströmt,
Wo Jesus unter tiefstem Schmerz alleine
    Des Zornes Kelter trat und Gott versöhnt;
Dort schaue hin, wenn dich mit List zu fangen
    Der Arge sucht, o laß ihm keinen Raum,
Schau auf zum Ziele, bleib an Jesu hangen,
    So schlummerst du hinüber wie im Traum.

314 **Netze kein Aug, wann dein Freund ist erblaßt.**

Versmaß: 10, 8, 10, 8, 10, 10, 10, 8.

1. Net = ze kein Aug, wann dein Freund ist er = blaßt, Wann ich nicht mehr,
   Läch = le nur sanft, wann der Tod mich um = faßt, Wann ich nicht mehr,

Wann ich nicht mehr,)
Wann ich nicht mehr.} Weint nicht für mich, wann ich sin = ke ins Grab

Je = sus am Kreuz, der sich für uns hin = gab, Trock = net auf e = wig die

Thrä = nen mir ab, Wann ich nicht mehr, Wann ich nicht mehr.

2 Blickst du dorthin, wo mein Grabhügel ist,
   ‖: Wann ich nicht mehr, :‖
   Rufe—hier ruhet, hier ruhet ein Christ;
   ‖: Wann ich nicht mehr. :‖
   Gehe oft hin und beschaue die Gruft,
   Daß sich dein Freund ins Gedächtniß dir
   ruft,
   Treu ihm verbleibest und folgst ihm zur
   Gruft,
   ‖: Wann ich nicht mehr. :‖

3 Wähle zu lieben dein Heiland und Gott,
   ‖: Wann ich nicht mehr, :‖
   Traue nur seiner im Leben und Tod;
   ‖: Wann ich nicht mehr. :‖

Sei nicht verzagt, wenn ein Sturm sich
   erhebt,
Habe Geduld, wenn dein Jesus nur lebt:
Wenn er gebietet, der Sturmwind sich
   legt,
   ‖: Wann ich nicht mehr. :‖

4 Endlich wird kommen die herrliche Zeit,
   ‖: Wann ich nicht mehr, :‖
   Daß dir die selige Stunde nicht weit;
   ‖: Wann ich nicht mehr. :‖
   Jesus wird dich, wann er Engel bestellt,
   Bringen zu mir in die himmlische Welt:
   Wo es uns beiden auf ewig gefällt.
   ‖: Alles dann wohl. :‖

315

Die selige Zeit.

Versmaß: 8, 8, 8, 8, 6, 8, 8, 8, 6, 8.

1. { O wonnevolle selge Zeit, Da ich mein Herz dem Herrn geweiht! }
   { Kommt Alle her von nah und fern, Mein Herze jauchzt und sagts so gern: }

Selge Zeit, selge Zeit! Da Jesus mich von Sünd befreit! Ich lernte

beten, wachsam sein Und in dem Herrn mich allzeit freun.

Selge Zeit, selge Zeit, Da Jesus mich von Sünd befreit!

2 Umschlungen von der Liebe Band,
  Hält mich des treuen Heilands Hand,
  Mich sieht sein Aug, mich hört sein Ohr,
  Wenn im Gebet ich schau empor.
  Selge Zeit, selge Zeit,
  Da Jesus mich von Sünd befreit! 2c.

3 Mein Herz, weich nicht mehr von ihm ab,
  Bleib Jesu treu bis in das Grab,
  So bleibt er dein hier in der Zeit

Und dein in alle Ewigkeit.
Selge Zeit, selge Zeit
Da Jesus mich von Sünd befreit! 2c.

4 Ihr Engel in dem Himmelreich,
  Kommt, schaut herab und freuet euch!
  Ich sing, was jetzt mein Herz verspricht,
  So lang, bis einst mein Auge bricht:
  Selge Zeit, selge Zeit,
  Da Jesus mich von Sünd befreit! 2c.

Freudenvolle Wallfahrt.

Versmaß: 10, 10, 10, 10, 10, 10, 10, 10.

J. C. Lyon.

1. Freu=den=voll, freu=ben=voll wal = le ich fort, Hin zu dem Lan = be der
Land der Ver=hei=ßung, wie lieb=lich bist du, End mei = ner Pil=grim=schaft,
Se = li = gen bort;
se = li = ge Ruh! Chö = re der En = gel mit fröh = li=chem Reim,
Sin = gen ent = ge = gen mir, ho = len mich heim! Freu = ben=voll zieh ich mein
Pil = ger=kleib aus, Freu = ben=voll, freu = ben=voll ei = lenb nach Haus!

2 Herzlich Geliebte schon brüben ich weiß,
Fröhlich und selig im himmlischen Kreis;
Glücklich vollendet, sie zogen voran,
Warten am Ufer, auch mich zu em=
pfahn.
Höret! sie singen so süß in mein Ohr,
Winken mir freundlich zu ihnen empor.
Werfe ich Anker am himmlischen Strand,
Freudenvoll jauchzend: O seliges Land!

3 Streckst bu, o Tob, mich ins büstere Grab,
Haue zu, Mörder, mich schreckt nicht bein
Stab!
Jesus, der Held, hat zertreten bein Haupt.
Selig, o selig ist, wer an ihn glaubt!
Hell wird der Morgen der Ewigkeit graun,
Hell wird mein Auge die Krone einst schaun;
Schmiegend an Jesu Brust, ruhe ich aus,
Freudenvoll, freudenvoll selig zu Haus!

317   Die Heimath der Seele.

Versmaß: 11, 11, 11, 11, 8, 11.

1. Wo fin-det die See-le die Hei-math, die Ruh? Wer deckt sie mit schü-tzen-ben Fit-ti-gen zu? Ach! bie-tet die Welt ei-ne Frei-statt uns an, Wo Sün-be nicht herr-schen, nicht an-fech-ten kann? Nein, nein! Nein, nein! Hier ist sie nicht; Die Hei-math der See-le ist bro-ben im Licht!

2 Verlasset die Erbe, die Heimath zu sehn,
Die Heimath der Seelen, so herrlich, so
schön:
Jerusalem broben, von Golde gebaut,
Ist dieses die Heimath der Frommen, der
Brant?
Ja. ja! Ja, ja! Dieses allein
Kann Ruhplaß und Heimath der Seele
nur sein!

3 Wie selig die Ruhe bei Jesu im Licht!
Tod, Sünde und Schmerzen, die kennt man
dort nicht;
Das Rauschen der Harfen, der liebliche
Klang

Bewillkommt die Seele mit süßem Gesang,
Ruh, Ruh! Ruh, Ruh! Himmlische Ruh,
Im Schooße des Mittlers, ich eile dir zu.

4 Bei aller Verwirrung und Klage allhier
Ist mirs, o mein Heiland, so wohl stets bei
dir
Im Kreise der Deinen sprichst Frieden du
aus,
Da bin ich in beiner Gemeinschaft zu
Haus.
Heim, heim! Heim, heim! Ach ja nur
heim!
O komm dann, mein Heiland, und hole
mich heim.

Wer überwindet, soll vom Holz genießen.

Versmaß: 11, 10, 11, 10, 5, 5, 5, 4.

G. Arnold. W. A. Auberlen.

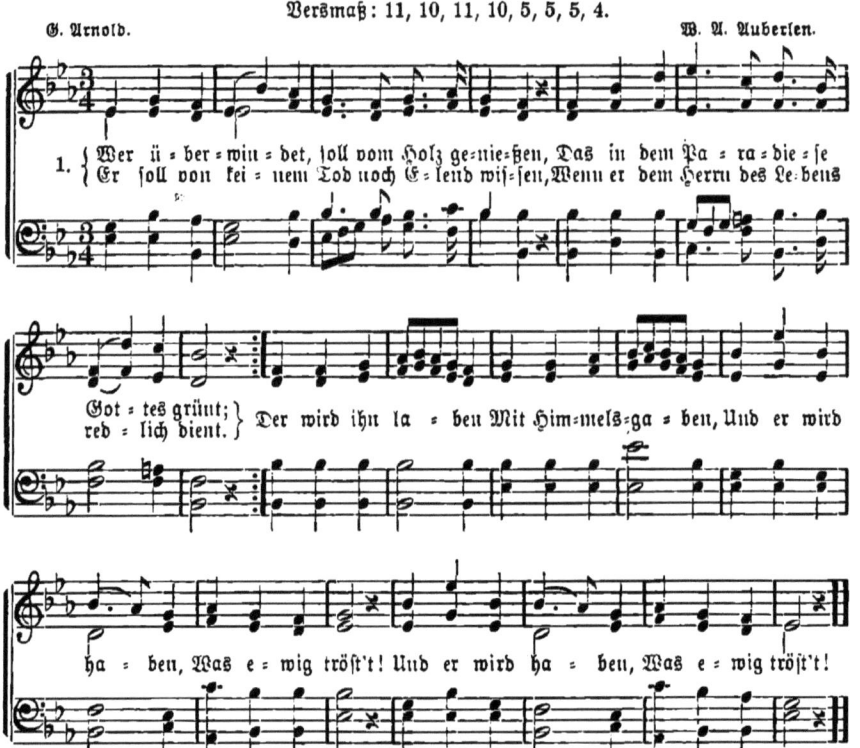

1. Wer ü=ber=win=det, soll vom Holz ge=nie=ßen, Das in dem Pa=ra=die=se
Er soll von kei=nem Tod noch E=lend wis=sen, Wenn er dem Herrn des Le=bens

Got=tes grünt; }
red=lich dient. }
Der wird ihn la=ben Mit Him=mels=ga=ben, Und er wird

ha=ben, Was e=wig tröst't! Und er wird ha=ben, Was e=wig tröst't!

2 Wer überwindet, dem soll nichts geschehen
   Vom andern Tode, der die Seele quält;
Er soll mein Angesicht vom Throne sehen,
Wo das erwählte Heer mein Lob erzählt;
   Nach treuem Ringen
   Soll er mir singen
   Und Opfer bringen
      In Heiligkeit!

3 Wer überwindet, dem will ich zu essen
   Vom Manna geben, das verborgen liegt;
Sein gutes Zeugniß wird niemals vergessen,
Ein neuer Name wird ihm beigefügt,
   Den nur verstehet,
   Wer ihn empfähet,
   Und wen erhöhet
      Des Lammes Blut!

4 Wer überwindet, der soll weiß gekleidet
   Im Buch des Lebens eingeschrieben sein,
Woraus nichts seinen Namen tilgt noch
      scheidet,
Den ich bekennen will, daß er ist mein,

   Vors Vaters Throne,
   Bei dem ich wohne,
   Der ihm die Krone
      Des Lebens schenkt!

5 Wer überwindet, soll ein Pfeiler bleiben
   Im Tempel meines Gottes früh und spät;
Ich will auf ihn den Namen Gottes schreiben,
Jerusalems, das Gott erwählet hat;
   Mein Namenszeichen
   Soll er erreichen
   Und nimmer weichen,
      Noch von mir gehn!

6 Wer überwindet, soll im Himmel prangen
   Auf meinem Stuhl, gleich wie ich über=
      wand;
Nachdem ich in der Welt am Kreuz gehangen,
Sitz ich nun zu des Vaters rechter Hand.
   Hier soll ich laben
   An Himmelsgaben
   Und Ruhe haben,
      Wer recht gekämpft!

319   Der gute Hirte.

Eigene Melodie.

1 Der Herr ist mein Hirte,
O glücklicher Stand!
Mir mangelt nicht Würde,
Ihm bin ich verwandt:
Drum er mich auch weidet
Auf Auen schön grün,
Zu Wassern mich leitet,
Frisch fließend dahin.

2 Mein'n Geist er erquicket,
Und richtig mich führt
Auf Straßen beschicket,
Wie es sich gebührt.
Sein Name ist mächtig,
Rühmt ihn alle Welt,
Sehr herrlich und prächtig,
Heißt Rath, Kraft und Held.

3 Obgleich ich muß wandern
Im finsteren Thal,
Folg ich doch den Andern
Zum himmlischen Saal.
Ich fürchte kein Unglück,
Der Herr ist bei mir,
Sein Stab und sein Stecken
Mich trösten allhier.

4 Vor mir er bereitet,
Den Feinden zur Schmach,
Ein'n Tisch und mich leitet,
Drum folg ich ihm nach.
Mein Haupt er auch salbet
Mit Oel schön und rein,
Den Feind er zermalmet
Und schenkt mir voll ein.

5 Ja, Gutes die Fülle
Und Barmherzigkeit
Bestimmt mir sein Wille
Im Lauf dieser Zeit:
Drum bleib ich mit Frieden
Im Hause des Herrn,
Im Leben hienieden,
Bis er mich holt heim.

       W. B. Orwig.

320   Es ist vollbracht.

Melodie No. 198.

1 Von dem Kreuze Jesu schallet
Weit der Ruf: „Es ist vollbracht;"
Und das Echo wiederhallet:
„Was die Sünder selig macht."
Hehr und heilig tönt das Wort
Durch die Welt von Ort zu Ort.

2 Tief durch meine Seele bringet
Jesu Ruf: „Es ist vollbracht."
Wenn verzweiflungsvoll sie ringet,
In dem Kampf der Sünden-Nacht.
Glorreich dann auch triumphiert
Seine Macht und mich heimführt.

3 In des Satans Reich auf Erden
Laut ertönt: „Es ist vollbracht."
Lichthell muß das Dunkel werden
Freundlich schon die Sonne lacht.
In dem düstern Heidenland
Klingt die Botschaft wohlbekannt.

4 Wenn letztenblich im Gerichte
Laut erschallt: „Es ist vollbracht,"
Und der Vater macht zu nichte
Was erbaut des Satans Macht,—
Dann regiert, trotz Spott und Hohn
Sieges mächtig Gottes Sohn.—

       C. A. Fueßle.

321   Ihr Engel, zu Hütern bestellt.

Mel. Wie lange und schwer wird die Zeit.

1 Ihr Engel, zu Hütern bestellt,
Zum Troste gesandt in dem Leid;
Ihr Freunde aus besserer Welt,
Kommt, höret mein Lied voller Freud!
Erhabenes singet der Mund,
Mein Lied übertönt allen Schmerz!
Ich sing von der seligen Stund,
Da Jesus sprach Frieden ins Herz!

2 Mein Herz war zerrissen von Schuld,
Ich hatte vom Herrn mich gewandt,
Verscherzt war die göttliche Huld,
Durch Sünde die Freude verbannt.
Da rief ich: „Erbarme dich mein,
Und lindre des Elenden Schmerz!"
Drauf wusch er im Blute mich rein
Und sprach mir den Frieden ins Herz.

3 Wie Wolken des Morgens verschwand
Die Schuld vor der Gnade des Herrn.
Wie Helle des Tages erstand
Die Freude, die vormals so fern.
Mit seiner allmächtigen Hand
Will Jesus mich völlig befrein!
Er schenkte ein seliges Pfand,
Den Frieden ins Herz mir hinein.

4 Nun kann ich so selig mich freun,
Kein Reichthum beglücket so sehr!
Er kehret voll Lieb bei mir ein;
Ich hab ihn, und wünsche nichts mehr!
Bis einstens mein Odem entflieht,
Möcht ihm nur mein Leben ich weihn!
Er machte so froh mein Gemüth,
Sprach Frieden ins Herz mir hinein.

322 **Kommt, Brüder, kommt!**
Melodie No. 172.

1 Kommt, Brüder, kommt, wir eilen fort
Nach Neu=Jerusalem!
Vermerkt ihr nicht die goldne Pfort,
· Die dorten vor euch glimmt?

2 Stracks eure Augen wendet hin,
Folgt Jesu treuer Lehr;
Halt't Wachen, Beten in dem Sinn,
So fällt die Reis nicht schwer.

3 Bald landen wir am Jordan an!
Der an der Stadt hinläuft;
Wer Glauben hält, darüber kann,
Das Wasser selbst ihm weicht.

4 Dort liegt die goldne Himmelsstadt,
Wo Alles springt und fleucht,
Die lauter goldne Gassen hat,
Und Christus sie belencht't.

5 Ach, wär ich dort, ach, stänb ich schon
Bei solcher schönen Schar,
Die dort vor Gott und seinem Thron
Stets schwinget sich empor!

6 Dort ist ihr Kummer, Noth und Leid,
Auf ewig abgewandt;
Dort tragen sie ein weißes Kleid
Und Palmen in der Hand.

7 Dort singen sie ja immerbar
Die schönste Melodie,
Die niemals je gesungen war
Im ganzen Leben hie.

J Walter.

323 **Wer will mit uns nach Zion gehn.**
Melodie No. 174.

1 Wer will mit uns nach Zion gehn,
Wo Christus selbst uns weid't,
Wo wir um seinen Thron her stehn
In höchst verklärter Freud?

2 Wo der Märtyrer große Zahl
In lauter Prangen gehn,
Und die Propheten allzumal,
Auch die Apostel stehn.

3 Wo wir so manche schöne Schar,
Dort werden treffen an;
Wo sie erzählen wunderbar,
Was Gott für sie gethan.

4 Ach, Gott! was wird für Freude sein
In jenem Land und Ort,
Da wo kein Tod, noch Schmach, noch Pein
Wird herrschen mehr hinfort.

5 Ihr Gotteskinder, freuet euch!
Hier seid ihr wohl verlacht;
Dort werden wir im Himmelreich
Geziert in Seidenpracht.

6 Ach, Gott! wann wird das frohe Jahr
Doch endlich brechen ein,
Daß Zions vielgeliebte Schar
Im Triumph ziehet heim?

324 **Einen Tag im Himmel leben.**
Melodie No. 222.

1 Einen Tag im Himmel leben,
Freuet mehr als tausend hier,
Sollt ich an der Erde kleben?
Nein, vor dieser ekelt mir.
Könnt ein Mensch auch tausend Jahre
Hier in eitler Freude sein,
Wär es gegen jene wahre
Doch fürwahr nur eine Pein.

2 Hier ist Seufzen, hier sind Schmerzen,
Tausendfältiger Verdruß,
Und kein Mensch freut sich von Herzen,
Der den Tod befürchten muß.
Aber dort sind keine Thränen,
Noch ein Leid, noch ein Geschrei;
Und der Tod kommt allen Denen,
Die dort leben, nicht mehr bei.

3 Ewig währet da die Wonne,
Ewig in der Gottesstadt,
Die die Herrlichkeit zur Sonne,
Und das Lamm zur Leuchte hat.
Jetzt noch kanns kein Herz erkennen,
Wie man Ewigkeiten mißt,
Noch ein Mund die Größe nennen,
Die bei solcher Freude ist.

4 Gott zu schauen, Gott zu dienen,
Das ist ihre Lust allein;
Denn er selber, Gott mit ihnen,
Wird ihr Gott auf ewig sein.
Herr! entzünde mein Verlangen,
Zieh auf Erden meinen Sinn,
Nur dem Himmel anzuhangen,
Bis ich ewig freudig bin.

325 **Herr! entlaß uns mit dem Segen.**
Eigene Melodie.

1 Herr! entlaß uns mit dem Segen,
Den du uns verheißen hast.
Führ uns deine Liebes=Wegen,
Außer dir ist keine Rast.
O, erquick uns, o, erquick uns
Arme Pilger dieser Welt.

2 Dir sei Dank, Herr! und Anbetung,
· Für dein theures, werthes Wort,
Mag sich Frucht von der Versöhnung
An uns zeigen hier und dort;
Und dein Nahsein, und dein Nahsein
Uns erquicken fort und fort.

3 Wann wir einst das Zeichen spüren,
Das uns von der Erde ruft;
Unsre Kräfte sich verlieren,
Und wir eilen durch die Luft;
Mag der Leib auch, mag der Leib auch
Sanfte ruhn in seiner Gruft!

Lobsprüche.

Jehova, Jehova, Jehova!

Silcher.

Je = ho = va, Je = ho = va, Je = ho = va! Dei = nem Na = men sei

Eh = re, Macht und Ruhm, sei Eh = re, Macht und Ruhm: A = men, A =

men. Bis einst der Tem = pel die = ser Welt Auf dein Wort in Staub zer =

fällt, Soll in uns = ren Hal = len Das Hei = lig, hei = lig,

hei = lig! er = schal = len. Hal = le = lu = jah! Hal = le = lu = jah!

2 ## Preist Gott, der uns viel Guts beschert!

G. Frank.

Preist Gott, der uns viel Guts be=schert! Preist ihn, ihr Menschen auf der Erd! Preist
ihn, ihr Sel=gen al=ler=meist! Preist Va=ter, Sohn und heil=ger Geist!

3 ## Mein Gott und Vater! segne doch.

Eigene Melodie.

Mein Gott und Vater! segne doch,
Was wir gehöret haben!
Dein Sohn ertheil uns ferner noch
Die edlen Gnadengaben;
Dein Geist erleuchte unsern Sinn,
Führ uns auf Gottes Wegen hin,
‖: Bis wir einst zu dir kommen. :‖

4 ## Lob, Preis und Dank sei Gott gebracht.

J. H. Schein.

Lob, Preis und Dank sei Gott ge=bracht, Der Al=les, Al=les wohl ge=macht! Ihn
prei=se, was durch Je=sum Christ Im Him=mel und auf Er=den ist!

5

Lasset uns mit Jesu ziehen!

Mäß.   J. M. B

Las = set uns mit Je = su zie = hen! Den eit = len Tand der Er = de
Herr = lich strahlt die Le = bens = kro = ne Her = nie = der von des Him = mels

flie = hen Und wan = deln auf der schma = len Bahn.
Thro = ne, Und winkt uns heim nach Ca = na = = an; Uns ruft Im=

ma = nu = el—Kommt, laßt uns Leib und Seel Ihm er = ge = ben!

Die Welt zer=stäubt; Doch e = wig bleibt, Wer sich dem Hei = land ein = ver = leibt.

6

Zieht im Frieden eure Pfade!

Zieht im Frieden eure Pfade!
Mit euch des großen Gottes Gnade
Und seiner heilgen Engel Wacht!
Wenn euch Jesu Hände schirmen,
Gehts unter Sonnenschein und Stürmen,
Getrost und froh bei Tag und Nacht.
Lebt wohl, lebt wohl im Herrn!
Er sei euch nimmer fern,
        Spät und frühe.
    Vergeßt uns nicht
    In seinem Licht,
Und wenn ihr sucht sein Angesicht.

7 **Unser Gott und Vater du!**

Rud. Ahle.

(Musiknotation)

1. { Un = ser Gott und Va = ter du! Der uns leh = ret,
   Schenk uns dei = ne Kraft da = zu, Gib zum Wis = sen

was wir sol = len, }
auch das Wol = len, } Und zum Wol = len das Voll=

brin = gen, So wird Al = les wohl ge = lin = gen.

2 Gib uns, eh wir gehn nach Haus,
Deinen väterlichen Segen!
Breite deine Hände aus,
Leite uns auf deinen Wegen!
Laß uns hier im Segen gehen
Und einst fröhlich auferstehen.

8 **Die Gnade unsers Herrn Jesu Christi.**

Die Gna = be un = sers Herrn Je = su Chri = sti, Und die Lie = be

Die Gnade unsers Herrn Jesu Christi. Schluß.

Got = tes, Und die Ge = mein = schaft des hei = li = gen Gei=
stes, Sei mit uns Al = len, mit uns Al = len! A = = men.

9 **Die Gnade sei mit Allen.**

Die Gna = de sei mit Al = len, Die Gna = de un = sers Herrn,

Des Herrn, dem wir hier wal = len, wal = len Und sehn sein Kom=men gern!

Chorus.

1   Lobt den Herrn!

Mel.—Wer Jesum liebt der hat es gut.

Chorus:—Lobt den Herrn,
       O mein Seel!
       Glorie Hallelujah!
       Lobt den Herrn
       O mein Seel,
       Lobet den Herrn!

2   'Sist Freude.

Mel.—Wer Jesum liebt der hat es gut,
       Wir reisen fort zum Himmel;
       Und steht in einer treuen Hut;
       Wir reisen fort zum Himmel, 2c.

Chorus:—'Sist Freude, Freude
       Auf dem Weg des Lebens,
       'Sist Freude, Freude
       Zu loben Gottes Sohn.

3   Singt fort.

Mel.—
       Wer Jesum liebt der hat es gut,
       Folge dem Lamme Immanuels nach,
       Und steht in einer treuen Hut,
       Folge dem Lamme nach.

Chorus:—
       Singt fort, bet't fort,
       Folge dem Lamme Immanuels nach,
       Singt fort, bet't fort,
       Folge dem Lamme nach.

4   Wir gehen nach Neu-Jerusalem.

Mel.—Wer Jesum liebt der hat es gut.

Chorus:—
       Wir gehen nach Neu-Jerusalem
       Wo wir auf ewig bleiben dort,
       Selig, selig wann die Christen gehen heim.

5   Glaube nur.

Mel.—Wer Jesum liebt der hat es gut.

Chorus:—
       ‖: Glaube nur so wirst du erlöst, :‖
       Der Himmel ist dein auf ewig.

6   Jesus war schon mit uns.

Mel.—
       Wer Jesum liebt der hat es gut,
       Jesus sagt, er will sein bei uns bis ans
           End, 2c.

Chorus:—
       Jesus war schon mit uns,
       Und er ist noch bei uns,
       Und er sagt er will sein bei uns bis ans
           End.

7   O Herr, schenk uns die Gnade.

Mel.—Wer Jesum liebt der hat es gut.

Chorus:—
       Und, o Herr, schenk uns die Gnade,
       Und, o Herr, schenk uns die Gnade,
       Und, o Herr, schenk uns die Gnade,
       Von oben her, vom Himmel herab.

8   Singet Hallelujah, Gloria.

Mel.—Wer Jesum liebt der hat es gut.

Chorus:—Singet Hallelujah, Gloria
       Zur Freude überall;
       Singet Hallelujah, Gloria
       Zur Freude überall!

9   Der gute, alte Weg.

Mel.—Wer Jesum liebt der hat es gut.

Chorus:—
       Der gute, alte Weg geht himmelan,
       Glorie, Glorie, Gloria;
       Der gute, alte Weg geht himmelan,
       Glorie, Glorie, Gloria!

10   O, wie wirds so herrlich sein.

Mel.—Wer Jesum liebt der hat es gut,
       'Sist herrlich auf der Reise;
       Der steht in einer treuen Hut,
       'Sist herrlich auf der Reise.

Chorus:—
       Und o, wie wirds so herrlich sein
       Wenn die Christen gehen heim,
       Zu bleiben ewiglich.

11   **'Sift Freude im Himmel.**

Mel.—Wer Jesum liebt der hat es gut,
    O, Glorie, Hallelujah! 2c.

Chorus:—
    'Sift Freude im Himmel
    Und ich fühls in meiner Seel,
    Und ich lieb Gott, Glorie, Hallelujah!

12   **Weit über dem Jordan.**

Mel.—Wer Jesum liebt der hat es gut,
    Schaut das Land, schaut das Land;
    Und steht in einer treuen Hut,
    Schauts verheißne Land.

Chorus:—
    Weit über dem Jordan,
    Schaut das Land, schaut das Land; ·
    Weit über dem Jordan,
    Schauts verheißne Land.

13   **Gott, schenk uns neues Leben.**

Mel.—Wer Jesum liebt der hat es gut,
    O, Glorie, 2c.

Chorus:—Gott schenk uns neues Leben,
    Halle— Hallelujah!

14   **O Gott! laß herunter deine Kraft.**

Mel.—Wer Jesum liebt der hat es gut,
    Glorie, Halle— Hallelujah!

‖: O Gott! laß herunter deine Kraft,
    Hallelujah! :‖

15   **O, kommt mit uns.**

Mel.—Kommt, Brüder, kommt, wir eilen
    fort.

Chorus:—O, kommt mit uns
    Es gehet nach dem Himmel,
    Wo Jesus ist, wo Jesus ist;
    O, kommt, kommt mit uns.

16   **Komm Herr Jesu Christ.**

Mel.—Kommt, Brüder, kommt, wir eilen
    fort.

Chorus:—Komm, Herr Jesu Christ,
    Der du Alles bist,
    Und wohne in mir,
    Deine Liebe, süße Triebe
    Vermehre in mir.

17   **Willkomm heim!**

Mel.—Kommt, Brüder, kommt, wir eilen
    fort.

Chorus:—
    Willkomm heim! Willkomm heim!
    Und die Engel sie stehen
    Auf den himmlischen Höhen,
    Und singen ihr. Willkomm heim!

18   **Am Ende von der Reise.**

Mel.—Kommt, Brüder, kommt, wir eilen
    fort.

Chorus:—Und am Ende von der Reise
    ‖: Tragen wir die Kron :‖
    In Neu-Jerusalem.

19   **Amen, Amen.**

Mel.—Wenns doch alle Seelen wüßten.

Chorus:—Amen, Amen,
    Hallelujah! Amen.

20   **Jesus soll mein Herze haben.**

Mel.—Wenns doch alle Seelen wüßten.

Chorus:—
    Jesus soll mein Herze haben,
    Er alleine soll es sein;
    Er alleine soll es laben
    Mit dem süßen Freudenwein.

21   **O, wie köstlich.**

Mel.—Wenns doch alle Seelen wüßten,

Chorus:—
    O, wie köstlich, und wie edel
    Ist die wahre Religion
    Ja, sie tröstet mich im Leiden
    Und führt mich zur Himmelswonn.

22   **O, süß Canaan.**

Mel.—Ach, wär ich doch schon droben.

Chorus:—O, süß Canaan,
    ‖: Und o, süß Canaan :‖
    Es geht nach dem Himmel zu.

23   **O, wie lieblich.**

Mel.—Ach, wär ich doch schon droben.

Chorus:—O, wie lieblich, wie lieblich,
    Wie lieblich ist Jesus,
    Er ist mein Erlöser,
    Mein Herr, und mein Freund.

24   **Heim, seliges Heim.**

Mel.—Ach, wär ich doch schon droben.

Chorus:—‖: Heim, seliges Heim! :‖
    Heim meines Erlösers;
    Heim, seliges Heim!

25   **Ich will geben Gott die Ehre.**

Mel.—Mein Gott, du Brunnen aller Freud.

Chorus:—
    Und ich will geben Gott die Ehre,
    Und du sollst geben Gott die Ehre,
    Und wir geben ihm all die Ehre
    In Neu-Jerusalem.

26 Ich weiß eine Hoffnung.

Mel.—Mein Gott, du Brunnen aller Freud.

Chorus:—
Ich weiß eine Hoffnung die Gott gibt.
Eine Hoffnung, die ist mein;
Eine Hoffnung wenn die Welt vergeht.
Sie führt zum Himmel ein.

27 Jesus errettet mich jetzt.

Mel.—Mein Gott, du Brunnen aller Freud.

Chorus:—
‖: Jesus errettet mich jetzt, :‖
Ja, Jesus errettet mich allezeit,
Jesus errettet mich jetzt.

28 Wir liegen vor dem Gnadenthron.

Mel.—Mein Gott, du Brunnen aller Freud.

Chorus:—
Wir liegen vor dem Gnadenthron,
Gnadenthron, Gnadenthron,
Wir liegen vor dem Gnadenthron,
Wo Gott Gebet erhört.

29 Schneeweiß.

Mel.—Mein Gott, du Brunnen aller Freud.

Chorus:—
Scheeweiß, schneeweiß,
Durch Christi Blut ganz rein
Muß das Gewand gewaschen sein,
Um dort zu gehen ein.

30 Ich wart bis Jesus kommt.

Mel.—Mein Gott, du Brunnen aller Freud.

Chorus:—
‖: Ich wart bis Jesus kommt. :‖
Und er mich holet heim.

31 'Sist seliges Leben.

Mel.—Mein Gott, du Brunnen aller Freud.

Chorus:—
'Sist seliges Leben in meiner Seel,
Es kommt von Jesu her,
Das macht daß ich so selig fühl,
Drum geb ich Gott die Ehr.

32 Ja wir erlangen die Lebenskron.

Mel.—Mein Gott, du Brunnen aller Freud.

Chorus:—
Ja, wir erlangen die Lebenskron,
Lebenskron, Lebenskron,
Ja, wir erlangen die Lebenskron;
Halt nur ein wenig aus.

33 Hier kämpfen wir.

Mel.—Mein Gott, du Brunnen aller Freud.

Chorus:—
‖: Hier kämpfen wir, :‖
Wir kämpfen um die Kron,
Und tragen sie einst, im Himmel dort,
Zum ewigen Gnadenlohn.

34 Ein Freund verläßt dich nie.

Mel.—Jesum nur alleine lieben.

Chorus:—
Doch ein Freund verläßt dich nie,
Er verläßt dich nie,—zage, zage nie,
Ja, ein Freund verläßt dich nie, zage nie,
Er verläßt dich nie, zage nie.

35 Jesus lebt.
TUNE:—"Depth of Mercy."

Mel.—Jesum nur alleine lieben.

Chorus:—
Jesus lebt und liebet mich,
Ja, er lebt und liebet dich,
Jesus lebt, er lebt und liebet mich.

36 Hallelujah!

Mel.—Jesum nur alleine lieben.

Chorus:—Hallelujah, Hallelujah!
Hallelujah, Hallelujah!
Seele, schwinge dich empor,
Ja, Seele, schwinge dich empor.

37 Ja wir kommen in den Himmel.

Mel.—Jesum nur alleine lieben.

Chorus:—
Ja, wir kommen in den Himmel,
Schöner, schöner Himmel,
Ja, wir kommen in den Himmel,
Wenn wir treu sind bis ans End.

38 'Sist ein beßrer Tag am kommen.

Mel.—Jesum nur alleine lieben.

Chorus:—
'Sist ein beßrer Tag am kommen,
Herrlich wirds im Himmel sein;
'Sist ein beßrer Tag am kommen,
Die ewige Ruh.

39 Bald gehen wir Heim zu schauen.

Mel.—Jesum nur alleine lieben.

Chorus:—
‖: Bald, ja, bald gehen wir heim zu schauen :‖
Das verheißene, beßere Land.

40   Eilet vorwärts!

Mel.—Der Herr ist mein Hirte.

Chorus:—Eilet vorwärts, eilet vorwärts!
     Das Kleinod ist nah,
     Die Krone des Lebens
     ‖: Wartet auf euch allda, :‖
     Die Krone des Lebens
     Wartet auf euch allda.

41   O Lebenswort.

Mel.—Von allen Himmeln tönt dir, Herr.

     O Lebenswort, O Seelenspeis,
     Wir bringen dir Lob, Ehr und Preis,
     Schon hier auf Erd, in dieser Zeit,
     Und dort in alle Ewigkeit.

42   Die Welt ist nicht mein Heim.

Mel.—Wie lange und schwer wird die Zeit.

Chorus:—
     ‖: Die Welt ist nicht mein Heim, :‖
     Ich such eine bessere Heimath als die
     Die Welt ist nicht mein Heim.

43   O, kommt zu eurem Jesu.

Mel.—Ermuntert euch ihr Frommen.

Chorus:—‖: O, kommt zu eurem Jesu, :‖
     Er ist der euch erlöst.

44   Lieben ist der Weg.

Mel.—Mein Gemüth erfreuet sich.

Chorus:—
     Lieb, o Lieb, Lieben ist der Weg,
     Der Weg, der führt zum Himmel, durchs
     gläubige Gebet.

45   O, wie lieb ich mein Jesus.

Mel.—Was mich auf dieser Welt betrübt.

Chorus:—
     ‖: O, wie lieb ich mein Jesus :‖
     Weil er mich erst geliebt.
     ‖: Ich verlasse ihn nimmer; :‖
     O Herr, gedenk an mich.

46   Paradies.

Mel.—Wer will mit uns nach Zion gehen.

Chorus:—Paradies, Paradies,
     Schnell entgegen eil ich dir,
     Paradies, Paradies,
     Schnell entgegen eil ich dir.

47   Herrlicher Ort.

Mel.—Ihr jungen Helden, aufgewacht!

Chorus:—
     Herrlicher Ort, herrlicher Ort,
     O, Hallelujah!
     Wie herrlich wirds im Himmel sein.
     O, Hallelujah!

48   Laß deinen Heiland jetzt ein.

Mel.—Es klopft ein Fremdling an der Thür.

Chorus:—
     O, laß deinen Heiland jetzt ein,
     Er wäscht von der Sünde dich rein,
     Drum laß an der Thür ihn warten nicht
        mehr;
     Komm, laß deinen Heiland jetzt ein.

49   Dir, o Herr, vertraue ich.

Mel.—Herr, ich nahe mich zu dir.

Chorus:—
     Dir, o Herr, vertraue ich,
     O Lamm Gottes, ohne Sünd,
     Unterm Kreuz gebeugt ich lieg,
     Rette, Herr, dein armes Kind.

50   Bet wer beten kann.

Mel.—Mein Jesus nimmt die Sünder an.

Chorus:—
     Bet, bet wer beten kann,
     O, Halle— Hallelujah!
     Mein Jesus nimmt die Sünder an,
     O, Halle— Hallelujah!

51   Hallelujah dem Lamm!

Mel.—Mein Seel ist so herrlich.

Chorus:—‖: Hallelujah dem Lamm! :‖
     Hallelujah, Hallelujah!
     Hallelujah! Amen.

52   Singet Hallelujah.

Mel.—Mein Seel ist so herrlich.

Chorus—‖: Singet Hallelujah! :‖
     Singet Halle—Hallelujah!

53   O, seliges Leben.

Chorus:—Und, o, seliges Leben,
     Glorie, Hallelujah!
     Und, o, seliges Leben,
     In meiner Seel.
                Seybert.

54   Brüder, habt nur Muth.

Chorus:—
     Ei, Brüder, habt nur Muth,
     Es geht gut, es geht gut,
     Ei, Brüder, habt nur Muth,
     Es geht gut.
     Ei, Brüder, habt nur Muth,
     Durchs Kreuz dem Himmel zu;
     Bald landen wir auch dort
     In der Ruh, in der Ruh,
     Bald landen wir auch dort
     In der Ruh.

Sachregister.

Alphabetisches Register.